Meditando
NO RITMO DO
Coração

Puran Bair

Meditando
NO RITMO DO
Coração

Um Método Novo para Aumentar sua Paz,
Energia, Felicidade e Força Interior

Tradução
SÍLVIO NEVES FERREIRA

EDITORA CULTRIX
São Paulo

Título do original: *Living from the Heart*.

Copyright © 1998 Puran Khan Bair.

Publicado mediante acordo com a Harmony Books, uma divisão da Crown Publishers, Inc. Nova York.

Todos os direitos reservados. Nenhuma parte deste livro pode ser reproduzida ou usada de qualquer forma ou por qualquer meio, eletrônico ou mecânico, inclusive fotocópias, gravações ou sistema de armazenamento em banco de dados, sem permissão por escrito, exceto nos casos de trechos curtos citados em resenhas críticas ou artigos de revistas.

O primeiro número à esquerda indica a edição, ou reedição, desta obra. A primeira dezena à direita indica o ano em que esta edição, ou reedição, foi publicada.

Edição	Ano
1-2-3-4-5-6-7-8-9-10-11	03-04-05-06-07-08-09

Direitos de tradução para o Brasil
adquiridos com exclusividade pela
EDITORA PENSAMENTO-CULTRIX LTDA.
Rua Dr. Mário Vicente, 368 — 04270-000 — São Paulo, SP
Fone: 272-1399 — Fax: 272-4770
E-mail: pensamento@cultrix.com.br
http://www.pensamento-cultrix.com.br
que se reserva a propriedade literária desta tradução.

Impresso em nossas oficinas gráficas.

Para Christina, Asatar, Kahlil, Ethan e Gerred

Agradecimentos

Este livro baseia-se nos ensinamentos de Pi-o-Murshid Hazrat Inayat Khan, um músico e místico hindu, o primeiro a ensinar o Sufismo no Ocidente, de 1910 a 1927, e Pir Vilayat Inayat Khan, um místico contemporâneo e professor de meditação em todo o mundo. Ele é o produto de meus vinte e cinco anos de estudo e prática como discípulo de Pir Vilayat. Sou profundamente grato pela sua contínua orientação, encorajamento, instrução e inspiração durante toda a minha vida adulta. Agradeço também a valiosa contribuição de minha esposa, Susanna, co-fundadora do Instituto PSI, com quem pratico o viver com o coração. Seus comentários e informações e sua colaboração tornaram este livro possível.

Expresso minha gratidão às críticas sugestões que recebi de meus amigos e colegas, principalmente destes que generosamente dedicaram o seu tempo no sentido de melhorar este livro: Halim Provost, Ishtar Dvorak, Hayra e Silke Fuchshofen, Catherine Warrick, Elizabeth Sorenson, Asatar Bair e Ken Carrier. Debbie Distin fez as ilustrações utilizadas no livro.

A vida com o coração ocorre quando a consciência está focalizada no sentimento. [Hazrat Inayat Khan][1]

Quanto mais a essência do coração é despertada numa pessoa, mais ela percebe os sentimentos de outras. Essa pessoa torna-se sensível porque para ela os pensamentos e os sentimentos dos outros são transparentes. Aquele que vive na superfície não percebe os sentimentos nitidamente. Há também uma diferença na evolução de quem vive na superfície e de quem vive no âmago do coração. Em outras palavras: um vive na mente e o outro vive no coração. [Hazrat Inayat Khan][2]

Sumário

Agradecimentos 7
Introdução 11

1ª PARTE: COMO FUNCIONA A PRÁTICA DO RITMO DO CORAÇÃO 29

   1. O que é a Prática do Ritmo do Coração? 31
   2. Os Benefícios e os Elementos 56

2ª PARTE: A PRÁTICA 85

   3. Postura e Ambiente (Preparação) 87
   4. Respiração Consciente (Purificação da Mente) 105
   5. Respiração Rítmica (Direcionamento da Mente) 123
   6. Exalação Plena (Realização) 134
   7. Retenção da Respiração (Conservação de Energia) 145
   8. Respiração e Batimentos Cardíacos (Paz) 153
   9. Respiração Direcionada (Cura) 162

3ª PARTE: OS ELEMENTOS DO CORAÇÃO 173

    10. Os Quatro Elementos 175
    11. O Elemento Terra 182
    12. O Elemento Água 197
    13. O Elemento Fogo 212
    14. O Elemento Ar 229

4ª PARTE: CONTINUAÇÃO DA PRÁTICA POR TODA A VIDA 249

    15. Problemas Comuns com a Meditação 251
    16. Prática Individual ou em Grupo 263

NOTAS 279

Introdução

Os batimentos do coração

O objetivo deste livro é ensinar-lhe a Prática do Ritmo do Coração: como se tornar consciente dos batimentos de seu coração e por meio disso entrar em contato com o seu ritmo mais essencial e com os seus sentimentos mais profundos. Você vai adquirir a capacidade de sintonizar sua atitude, seu modo de agir e suas ações para expressar essa harmonia e as outras qualidades do coração, especialmente amor, criatividade e coragem. Você pode aprender a prática por si mesmo ou com um grupo e depois utilizá-la em benefício de sua saúde, de seus relacionamentos e de seus objetivos. O sucesso naquilo que você escolher chegará mais facilmente, permitindo que assuma maiores desafios com menos *stress*.

Se eu lhe perguntasse: "Você consegue sentir os batimentos do seu coração?", você responderia: "É claro que sim!", e pressionaria os dedos no pulso. Se eu perguntasse: "Você consegue perceber os batimentos do seu coração no peito?", talvez você pedisse um estetoscópio. Mas você pode sentir os batimentos do seu coração diretamente, no peito, sem usar nenhum instrumento, apenas usando a sua consciência? Eu descobri que podemos aprender a sentir os batimentos do coração, o relógio fundamental do corpo, na hora que quisermos, durante o tempo que quisermos. Eu chamo a esse método de Prática autoconsciente do Ritmo do Coração.

Se você aprender a Prática do Ritmo do Coração, ela irá mudar a sua vida.

- Primeiro, ela irá ampliar a sua concepção de quem você é e estender o alcance da sua percepção. Você terá feito algo, que não pensava ser possível, que o

levará a enfrentar outras limitações. Pode praticá-la no trabalho, mesmo durante uma reunião, e todos irão notar os efeitos (sem conhecer-lhe a causa).
- Segundo, ela irá criar um profundo estado de tranqüilidade com atenção, enchendo-o de paz e contentamento. Essa é uma excelente terapia para o *stress* da vida, que tanto oprime as pessoas. Ter consciência dos seus batimentos cardíacos irá fortalecer fisicamente o seu coração e estabilizar o seu ritmo, o relaxamento irá desobstruir o seu sistema circulatório e a forma de respiração plena irá gerar uma oxigenação do coração muito maior. Por todos esses motivos, a Prática do Ritmo do Coração irá lhe proporcionar muitos dos benefícios cardiovasculares, sem que você tenha de sair de casa, mudar de roupa ou fazer qualquer esforço físico.
- Terceiro, ela dará lucidez à sua mente, produzindo freqüentes lampejos surpreendentes e o máximo de compreensão. Esses são produtos derivados da conexão das mentes consciente e inconsciente. Quando a porta da sua consciência subliminar se abre, a inspiração começa a fluir para ambos os lados. Você poderá então ver na sua consciência imagens mentais das faculdades criativas e intuitivas do inconsciente — e elas são excitantes!
- Quarto, sentir o incessante bater do coração irá proporcionar-lhe uma inabalável autoconfiança, e pensar a respeito do coração fará com que fique concentrado nele. Você se tornará mais acessível e útil para os outros, se tornará mais compreensivo e corajoso. Isso irá transformar a sua saúde, os seus relacionamentos e as suas capacidades. Manter a atenção no coração irá ampliar o seu campo magnético, produzindo atração ou carisma pessoal. Você irá aprender a projetar os batimentos do seu coração para o espaço à sua volta, o que irá transformar a sua atmosfera pessoal numa presença que harmoniza, cura e facilita o crescimento. O sucesso naquilo que você escolher virá facilmente, com menos *stress*, quando estiver fortalecido pelos batimentos do seu coração.

Você poderá aprender a Prática do Ritmo do Coração sem comprar nenhum equipamento ou fazer qualquer pagamento mensal. Poderá desenvolver essas quatro experiências com o seu coração, usando o ritmo dele.

> A paz vem quando você está em harmonia com o ritmo do coração. Isso se consegue em silenciosa meditação, entrando-se no fluxo de vida do coração.
> Se existe alguma forma de concentração a ser utilizada na meditação, ela consiste, antes de tudo, em entrar no ritmo do coração, observando os seus batimentos, sentindo-os e harmonizando-se com eles.

A pessoa concentra todos os sentidos no coração físico e, através dos sentidos, seleciona o amor e, pelo amor, o Amor Divino. [Hazrat Inayat Khan)[1]

A prática de ouvir os batimentos do coração vai tornar você consciente de uma das funções-chave da mente inconsciente, e isso irá criar um veículo de trabalho entre os seus recursos conscientes e inconscientes. A mente inconsciente levará o seu coração a bater e adaptará o ritmo cardíaco às suas condições físicas e emocionais. Quando você se tornar consciente dos batimentos do coração, irá testemunhar diretamente o comportamento do seu inconsciente. Algo que estava inconsciente torna-se consciente porque foi aberta uma passagem entre as mentes consciente e inconsciente. Através desse portal, você poderá visualizar o poder do seu inconsciente e começar a controlá-lo e direcioná-lo para seus objetivos.

Nós dependemos sempre da mente inconsciente. Enquanto estamos fazendo escolhas conscientes, como escolher um local de destino quando estamos dirigindo, o inconsciente está controlando os pequenos movimentos que fazemos para controlar o carro. O inconsciente continua a procurar as chaves do carro quando você as esquece em algum lugar. Ele o faz lembrar de suas experiências de vida e armazena cada acontecimento, cada rosto, cada desilusão e cada objetivo alcançado como um recurso a ser utilizado no futuro. Ele também tenta fazer conexões entre os seus vários e provavelmente conflitantes desejos, no sentido de integrar os múltiplos elementos da vida num todo harmonioso.

Acho que cada um tem uma missão na vida, e essa missão inclui e requer que conheçamos a nós mesmos, em profundidade. Por que sentimos da maneira que o fazemos? Qual a relação entre nossas atitudes e os acontecimentos da nossa vida? Onde está o limite da nossa persuasão e da nossa imaginação? De que maneira podemos contribuir para a missão maior da humanidade? Quando você partilhar esse veemente desejo de conhecimento de si próprio, irá deleitar-se ao usar as pulsações do coração para investigar o seu discernimento e as suas virtudes. Convenientemente, o coração tem um batimento que você pode sentir de uma maneira nítida e excitante, de modo que saiba quando tiver dirigido com sucesso os pensamentos para o coração em vez de dirigi-los para uma outra coisa.

As questões que você possa ter a respeito do objetivo de sua vida não podem ser respondidas com sua mente lógica, mas você sentirá as respostas surgindo das profundezas da mente inconsciente, que contém os mais profundos sentimentos que nós chamamos de *coração*. A grande busca espiritual, a jornada para si mesmo, começa com a descoberta do *coração*, o que é muito difícil para a maioria das pessoas. A Prática do Ritmo do Coração oferece um simples princípio orientador: você pode descobrir o seu *coração*, meditando sobre o seu coração físico.

EIS UMA HISTÓRIA VERDADEIRA *para ilustrar o caminho do coração.*

Joan estava caminhando pelos corredores do tribunal, respirando através do coração enquanto andava (uma técnica descrita no Capítulo 6). O processo contra ela estava "a todo vapor", e seu advogado e o advogado da outra parte estavam reunidos numa sala. Joan sabia que o que tinha feito fora correto — sua intenção tinha sido a de ajudar o cliente de sua empresa, e seu chefe havia lhe asseverado que a empresa também iria se beneficiar. Até o chefe de seu chefe havia aprovado. Mas, quando ela se demitiu para associar-se à firma do cliente, o presidente da empresa acusou-a de violar o contrato de trabalho e de roubar informações privadas. Era falso, uma mentira. Mas nenhuma das aprovações que havia recebido tinha sido por escrito, e agora ninguém estava querendo repeti-las. O cliente que ninguém quisera, era agora descrito como uma aliança crucial, e o projeto do qual a empresa havia tentado sair tornara-se subitamente a orientação para o futuro da empresa. Depois ela soube que a empresa havia perdido quatro executivos de outras divisões, e compreendeu que estava sendo usada como uma mensagem para outros que também poderiam querer sair de que a empresa iria dificultar essas deserções. Seu advogado estava pessimista a respeito de suas chances; a empresa poderia arruiná-la, se quisesse.

Joan parou do lado de fora da sala de reuniões e mais uma vez examinou o seu coração. Através da Prática do Ritmo do Coração ela havia gerado uma vigorosa sensação do seu coração. Em conseqüência da sua respiração consciente e da sua pulsação cardíaca, o coração parecia-lhe ter um poder magnético. Nesse estado de consciência ela não sentia culpa nem raiva, tampouco se considerava criminosa ou vítima. Sentia-se magnetizada e impávida, com um poder maior que si mesma. Embora seu advogado a tivesse aconselhado veementemente a deixar as negociações por conta dele, ela abriu a porta. Quando ficou parada no vão da porta, todos os olhos voltaram-se rapidamente para ela. Seu olhar lentamente moveu-se de um olho para outro por entre aquela sala repleta de homens. Ela não conhecia alguns deles. Assim, disse: "Sou Joan" e, depois, cheia de confiança, "acho que podemos resolver isso."

O impacto que ela causou foi enorme. Por alguns segundos, ninguém falou ou desviou o olhar. Ela não disse nada mais e, na verdade, não poderia tê-lo feito porque o seu coração falava muito alto naquele silêncio. Então um advogado da demandante disse subitamente: "Eu não sabia que era você. Isso muda tudo". Seu próprio advogado observou atentamente o homem e acenou com a cabeça para ele. Depois voltou-se e disse a Joan: "Obrigado por ter vindo. Acho que agora tudo está bem". Ela saiu da sala e fechou a porta. O coração estava batendo-lhe no peito, não aceleradamente por medo, mas com o batimento forte de uma rainha que acabara de libertar os prisioneiros. Seu advogado juntou-se a ela alguns minutos depois. "Eles desistiram do processo. Antes de você abrir a porta, estávamos negociando o valor da multa e dos honorários. Não sei o que você fez, mas agora desistiram de tudo. Você conhece o advogado que falou com você?" "Não", disse Joan. Ela sabia que fora o seu coração que fizera a mágica, e não o que quer que houvesse dito. Seu coração a havia libertado, e também os advogados.

O coração físico que bombeia o sangue e o *coração* inspirador no centro de sua experiência emocional estão interligados pela mente inconsciente. Está claro para mim que essa homonímia não é acidental. O *coração* inspirador é um instrumento mais sagaz do que a mente. Nós o denominamos como as profundezas daquela faculdade da qual a mente é a superfície. As emoções fluem como correntes através do lago do *coração*. Essas correntes agitam as profundezas do lago e produzem ondulações na sua superfície: a mente. As imagens mentais são inspiradas e até determinadas pelo *coração*, mas a mente mostra apenas a superfície do que está acontecendo nas profundezas. A força que produz as correntes do lago possui uma palpitação, uma pulsação, uma vibração. Essa pulsação pode ser produzida de maneira consciente.

> A diferença entre mente e coração é igual à que existe entre a superfície e as profundezas. A mente é a superfície do coração e o coração é a profundeza da mente. A mente expressa a faculdade de pensar; o coração, a de sentir. [Hazrat Inayat Khan][2]

Embora sua existência física receba a maior parte da sua atenção, você também existe como um campo de energia e luz que são, ambas, irradiadas pelo corpo físico e têm por objetivo o contínuo descanso do corpo. Você pode começar a sentir a reciprocidade entre os aspectos da matéria e da energia dentro de si mesmo tornando-se consciente do seu campo magnético. O corpo possui um campo magnético mensurável que pulsa de acordo com os batimentos do coração. Os batimentos cardíacos mostram-lhe onde procurar o corpo magnético e limita a sua busca àquilo que pulsa do mesmo modo que o coração. A descoberta de si mesmo como um campo magnético é uma das grandes realizações na vida. Ela traz a nossa concepção que temos de nós mesmos para mais perto da realidade.

Você está preocupado com a saúde do seu corpo físico? Já se descobriu que podemos controlar o mecanismo que regula nossos batimentos cardíacos dando a ele a atenção da mente consciente. Ao tornar conscientes os batimentos cardíacos, seu coração será fisicamente fortalecido. Cada batimento cardíaco que você possa sentir é um passo em direção a um coração mais saudável. Um batimento cardíaco irregular torna-se menos irregular porque a automonitoração cria um circuito elétrico regenerador.

Sem jamais cessar, o ritmo dos batimentos do coração é rico em sentimento e significado. Mesmo nos batimentos cardíacos estáveis, sem aumentar ou diminuir, os batimentos individuais variam ligeiramente com o tempo por causa dos efeitos de outras vibrações dentro do corpo. Os batimentos cardíacos contêm em seu ritmo as freqüências da cadência da respiração e as sutis freqüências do sistema nervoso.

Os batimentos cardíacos são percebidos com mais intensidade no peito, mas você pode senti-los em qualquer parte do corpo para a qual dirija a atenção: nas mãos, no rosto, nos pés, e assim por diante. Para onde quer que você dirija a atenção, pode sentir o eco dos batimentos do coração, e a qualidade desse eco revela o estado dessa parte do corpo, bem como dos sistemas circulatório e nervoso. O sistema circulatório leva os batimentos do coração para todas as partes do corpo, e o sistema nervoso leva a sutil modulação do eco de volta ao cérebro. Assim, o batimento cardíaco que você sente é um sinal permanente de autodiagnóstico que revela a saúde de todo o seu corpo.

O PÉ DE SAMUEL ESTAVA embaixo do bloco do motor quando este caiu atingindo-lhe um dos dedos do pé. Em meio à intensa dor, ele também sentiu um estranho e doloroso latejar no dedo. Depois de algumas horas, o latejar desapareceu e ele ficou apenas com uma forte dor no dedo. No dia seguinte, ele ainda sangrava ligeiramente e estava muito dolorido. Quando Samuel realizou a Prática do Ritmo do Coração, tentou sentir o batimento cardíaco em várias partes do corpo, como usualmente fazia, porém, embora prestasse especial atenção ao dedo, ele não sentia pulsação naquele lugar. Essa situação persistiu por três dias: o sangue continuava a gotejar-lhe do dedo que não tinha nenhuma pulsação. No quarto dia, ele voltou a sentir os batimentos do coração no dedo quando fazia a Prática do Ritmo do Coração. Naquele dia, o sangramento cessou e a dor diminuiu. No dia seguinte, ele estava de volta ao trabalho.

SOU PARTICULARMENTE SUSCETÍVEL a resfriados que provocam dor de cabeça e congestão nasal. Posso dizer que esse mal está chegando quando a pulsação na minha cabeça assume um ritmo peculiar. A intensidade dos batimentos torna-se irregular e alguns deles desaparecem completamente. Normalmente, durante a Prática do Ritmo do Coração, sinto cada batimento em minha cabeça de uma maneira

> *nítida e forte. Quando as pulsações nessa região tornam-se descompassadas e irregulares, utilizo a Prática do Ritmo do Coração para restaurar a sensação normal. Depois de me concentrar nos batimentos em minha cabeça e dirigir a minha respiração para lá por alguns minutos, a pulsação na minha cabeça volta ao normal. Dessa maneira, posso curar a indisposição que, não fosse isso, poderia resultar num resfriado. Quando esqueço de fazer a Prática do Ritmo do Coração e sofro de um resfriado, lembro-me do seu poder.*

O batimento cardíaco também pode dizer muito a respeito de suas emoções. Ao ouvir o seu batimento cardíaco e, então, pensar em várias pessoas e situações da vida, você notará que ele muda. Essa mudança no batimento cardíaco revela qual dos seus relacionamentos necessita de atenção e qual a situação que teria mais prioridade. Essa técnica também pode ajudá-lo a decidir quando falar ou escutar, quando agir ou ficar prestando atenção e quando fazer confidências ou retrair-se. É muito reconfortante ouvir o seu batimento cardíaco. É um método simples para diminuir a ansiedade e o medo.

FRED DESEJAVA *falar com o seu chefe a respeito do novo projeto da empresa, no qual ele queria desempenhar um papel mais importante, mas enfrentava um dilema. Iria seu chefe interpretar seu desejo como autopromoção e demiti-lo, ou ele o teria menosprezado anteriormente e aceitaria com prazer sua boa vontade em cooperar e sua ansiedade? Fred usou a Prática do Ritmo do Coração para chegar até seu coração e imediatamente surgiu uma forte sensação de inutilidade e de falta de confiança em si mesmo. O que quer que dissesse ao seu chefe, fossem quais fossem as palavras que utilizasse, essa combinação de inutilidade e falta de confiança em si mesmo iria ser transmitida e poderia influenciar a decisão dele.*

Continuando com a prática, batida após batida, as sensações de Fred começaram a mudar. Como todas as pessoas, ele possuía camadas de emoções — uma camada envolvendo outra. Por debaixo de suas sensações de inutilidade e falta de confiança em si mesmo havia uma sensação de rejeição e frustração, sob a qual jazia uma sensação de insatisfação e, sob essa, uma sensação de capacidade e habilidades não utilizadas. Quando chegou a esse núcleo, sua confiança retornou. Durante todo esse processo de descoberta, como o de escavar o chão, seu batimento cardíaco foi o seu guia, sua pá e seu objetivo. Quando descobriu o profundo reservatório de capacidade que transcende o individual sob a capa de insatisfação e frustração, soube que poderia transmiti-la.

Fred conversou com seu chefe e tratou-o de igual para igual. Sorriu confiante e francamente, e suas palavras fluíram com facilidade: "Possuo algumas habilidades que poderiam ser utilizadas no novo projeto", disse ele. "Estou certo de que o senhor

> *irá precisar de toda a ajuda possível, e eu posso colaborar mais." Seu chefe falou: "Também penso assim, mas não sabia que o senhor faria isso". O papel de Fred foi ampliado e daí por diante ele utilizou a Prática do Ritmo do Coração para manter o alto nível da tarefa e da responsabilidade que lhe tinham sido confiadas.*

Se ouvir o coração é tão útil na vida, por que isso não é uma prática comum? Porque as pessoas não sabem como fazê-lo, nem mesmo que isso pode ser feito, e nunca relacionaram as pulsações com a situação em que vivem. Algum dia, espero, as crianças em idade escolar irão aprender como monitorar seus batimentos cardíacos para obterem as reações físicas e emocionais que eles podem oferecer. Se você tem filhos, talvez possa ensinar a eles como entrar em sintonia com seus batimentos cardíacos para ajudá-los em situações difíceis na escola ou nos esportes. O seu domínio da Prática do Ritmo do Coração será um recurso permanente, como um patrimônio da família, que você pode transmitir a seus filhos e desfrutar juntos. Isso não apenas irá intensificar a sua própria vida, mas pode tornar-se parte daquela experiência especial e da sabedoria que você transmite a eles e que ajuda a caracterizar a sua família.

Mas, por que se preocupar em aprender uma técnica para ouvir o coração sem um estetoscópio ou um monitor eletrônico, que seriam utilizados de modo muito mais fácil? Primeiro: com o uso de um aparelho, você receberá só metade das informações que iria conseguir com a Prática do Ritmo do Coração. Quando você ouve os batimentos do seu coração internamente, você está observando o sistema nervoso bem como o sistema circulatório. O modo como você sente o seu coração é uma parte importante da informação que obtém. Em que regiões do corpo você sente seus batimentos cardíacos, e qual a intensidade deles? Eles são sinais da sua consciência, refletidos no seu sistema nervoso. (Detalhes sobre como interpretá-los são fornecidos no Capítulo 9.)

Segundo: para ouvir os batimentos cardíacos, você deverá se encontrar num estado que, por si mesmo, lhe traga grandes benefícios. É um estado de calma e tranqüilidade, de concentração e conforto. Você pensa de uma maneira diferente, sente de uma maneira diferente e o mundo parece ser um lugar diferente. A ansiedade e o medo diminuem, e a corrente de pensamentos e emoções que provêm desses sentimentos como que se evapora. Sentir a harmonia interior faz com que você se sinta em harmonia com o mundo à sua volta e com você mesmo. Essa sensação de harmonia lhe proporciona a capacidade de agir com ela, o que gera sucesso nos afazeres da vida. Desse modo, o batimento cardíaco é o farol que o orienta para um estado de ser que é, por si mesmo, o mais proveitoso. Iremos usar o batimento cardíaco como parte de uma técnica para criar o estado de meditação e, inversamente, o estado de meditação irá permitir que o batimento cardíaco seja sentido.

Ouvir o batimento do seu coração pode tornar-se o fundamento para a sua vida mais pessoal e íntima, uma vez que ele revela o seu ritmo mais essencial e intensifica os seus sentimentos mais profundos. Além do mais, como uma atividade para meditação em grupo, ele assume uma outra dimensão. À medida que começa a sentir os batimentos cardíacos de outras pessoas e sintoniza os seus batimentos em harmonia com os delas, surge um ritmo totalmente unificado. Uma pesquisa feita em Massachusetts pelo físico Dr. Beryl Payne revelou que os batimentos cardíacos das pessoas que estão meditando juntas tendem a se igualar automaticamente.

Num ambiente retirado, após dias de contínua meditação, você pode atingir o ápice da Prática do Ritmo do Coração: um estado no qual você sente o bater do coração da Terra no próprio peito. (Provavelmente, você sente a harmonia das lentas mudanças periódicas do campo magnético da Terra.) Seus batimentos cardíacos, irradiando uma vida pulsante, parece que recriam as ondas do oceano, os cintilantes raios do Sol, as rajadas do vento e a fertilidade da terra. Nesse estado, não há fronteira entre o você e o mundo, entre o interior e o exterior. Trata-se de um estado místico de unidade, e os batimentos cardíacos mostram o caminho. A obtenção dessa experiência de unidade é o verdadeiro objetivo deste livro, ouvir as batidas do coração é o caminho. Ao longo dele, você irá aprender muito a respeito de ritmo, vibração, energia, emoção e a respeito de si mesmo.

A Prática do Ritmo do Coração

A Prática do Ritmo do Coração é uma meditação centralizada no coração na qual a pessoa toma consciência dos batimentos cardíacos da respiração. Para começar, vamos tentar um exercício preliminar para verificar se você pode realmente sentir os seus batimentos cardíacos. O que vem a seguir é uma pequena parte da Prática do Ritmo do Coração, do mesmo modo que mergulhar a cabeça embaixo d'água é uma pequena parte do aprendizado da natação.

> De início, você pode sentir melhor seus batimentos cardíacos quando estiver retendo a respiração. Quanto mais tempo você retiver a respiração, mais forte sentirá as batidas do coração. Inspire profundamente e retenha a respiração. Provavelmente, você irá reter a respiração de 20 a 30 segundos, e durante esse tempo sentirá seus batimentos cardíacos.
>
> Você poderá sentir a pulsação no rosto, no pescoço, ou em qualquer outro lugar além do peito. Isso é útil — agora você identificou as batidas que estava procurando. Mas continue buscando a fonte das batidas no seu coração físico.

> **"EMBORA ELE SEJA** apenas um primeiro passo, para mim esse exercício foi uma incrível experiência quando senti pela primeira vez as batidas do meu coração. Tudo o que eu queria depois disso era que a experiência fosse constante, e não um acontecimento isolado." — Ken, Meditador PSI.

Essa breve experiência lhe dá confiança para que possa, na verdade, tornar-se consciente das contrações do músculo do coração do lado de dentro do peito. Você poderá achar essa experiência surpreendente e divertida, ou descobrir que ela pode causar ansiedade por ter de reter a respiração. No entanto, quando aprender a Prática do Ritmo do Coração no seu todo, você irá descobrir que ela pode ser feita por tempo prolongado e de maneira confortável. Seguindo as instruções contidas neste livro, você poderá sentar-se calmamente e ter uma nítida e contínua experiência dos batimentos do seu coração pelo tempo que desejar. Esses batimentos irão transformar-se numa rica e profunda experiência de tudo o que existe no seu interior e você irá se maravilhar com o que o som do seu coração irá lhe revelar.

Vamos tentar mais uma vez.

> Adote um ritmo de respiração que tenha uma pausa, na qual você reterá a respiração por um tempo equivalente à metade do ciclo respiratório. Para isso, você precisa fazer uma inspiração profunda. É fácil reter a respiração quando os pulmões estão cheios. (Nunca a retenha quando os pulmões estiverem vazios — você pode morrer.)
>
> Para conseguir uma inspiração profunda, você precisa expirar mais plenamente.
>
> Não tente fazer uma inspiração excepcionalmente longa. Em vez disso, procure prolongar a expiração por três segundos além do normal. Depois, deixe a inspiração retornar imediatamente a seguir. Ela será muito maior em volume e irá ajudá-lo entre as respirações. Quando sentir a necessidade de expirar, faça-o de maneira suave e silenciosa e sempre prolongue a expiração. Nunca retenha a expiração, só a inspiração.
>
> Então, enquanto estiver retendo a inspiração, observe dentro do peito, com a imaginação, as batidas do seu coração. É provável que vá senti-las perto do fim do tempo em que estiver retendo a respiração. O movimento da respiração irá ocultar o batimento, mas você o sentirá novamente depois da próxima respiração. Depois de tentar algumas vezes, você descobrirá que a sensação do batimento virá mais facilmente e persistirá durante todo o intervalo. Tente manter o ritmo do batimento cardíaco mentalmente enquanto expira e inspira novamente e verá que o seu batimento mental coincide com a sua próxima sensação dele.

Se necessitar de uma prova, segure o pulso esquerdo com a mão direita e pressione suavemente o polegar contra a artéria (sob a pulseira do relógio) próxima ao tendão. Você irá sentir a pulsação nitidamente nesse lugar até que possa sentir o mesmo batimento em qualquer parte do corpo, quando deverá parar de pressionar o pulso. O objetivo é sentir seu batimento cardíaco dentro do peito.

Com um pouco de prática, você descobrirá que pode sentir seus batimentos cardíacos durante todo o ciclo respiratório. Com um pouco mais de prática, você poderá fazer isso muito facilmente. É aí que os benefícios começam — quando ouvir as batidas do seu coração não representarem mais um esforço.

A experiência de sentir os batimentos cardíacos é uma das principais realizações interiores. Você terá obtido um recurso para toda a vida, um instrumento que pode utilizar para seu desenvolvimento pessoal e para as realizações na vida. Poderá contar com uma experiência que poucas pessoas acreditam ser possível, mas que não é uma fantasia nem uma coisa do outro mundo. O aprendizado da Prática do Ritmo do Coração pode beneficiar a todos. Ela destina-se às pessoas que trabalham no comércio ou na indústria, aos educadores, artistas, *designers*, cientistas, donas de casa e administradores. É uma técnica que você pode assimilar e utilizar para conseguir o que quer na vida. Ela não o leva para um outro mundo; ela o ajuda a ser eficiente por si mesmo, de comum acordo com o mundo.

O aprendizado e a utilização da Prática do Ritmo do Coração estão em constante progressão. Para torná-la útil e para ser capaz de desenvolver outras experiências de meditação a partir dela, precisamos voltar ao início, explorar cuidadosamente os passos e compreender o que estamos fazendo e por quê. Então os batimentos do coração farão sentido num contexto mais amplo e, quando surgirem problemas ou dificuldades, você estará preparado.

Nos capítulos seguintes, começaremos com o exame básico da teoria da Prática do Ritmo do Coração e, depois, dos preparativos. Então, concentraremos a atenção na nossa respiração, tornando-a consciente, rítmica, plena e controlada. Assim estaremos prontos para nos concentrarmos mais uma vez nos batimentos cardíacos: descobrindo-os, utilizando-os para acompanhar o ritmo da respiração e adotando o Ritmo Equilibrado da Respiração. Isso nos levará à prática minuciosa de utilizar os batimentos cardíacos para desenvolver os Elementos do Coração: Terra, Água, Fogo e Ar, que terão intensos efeitos práticos na sua vida.

Você também pode alcançar o estado que resulta da Prática do Ritmo do Coração através de outros métodos; isso pode até ocorrer de maneira espontânea. Para muitos, um momento de mudança de vida acontece quando sentem um simples impulso do coração. A razão para adotar uma prática específica, como a Prática do Ritmo do Coração, é tornar mais segura essa valiosíssima experiência. Quando puder vivenciar esse estado sempre que desejar, então você começará a viver realmente com o coração. Muitos métodos diferentes funcionam, muitos caminhos conduzem essencialmente à mesma experiência. Mas, quando você usa freqüentemente o mesmo método, repetindo-o a cada manhã, meses a fio, ele atua no seu inconsciente para prolongar o estado de meditação durante todo o dia. Por isso o estado de meditação torna-se a sua casa; ela é sua e você pode valer-se dela sempre que desejar. Em contraposição, o impulso instantâneo é como estar com os olhos vendados e ser levado de um cortiço para um palácio, e depois ser forçado a voltar para o cortiço, apenas com uma lembrança do palácio e sem poder retornar a ele. A experiência torna a vida ainda mais miserável, até que a pessoa encontre por si mesma o caminho que leva de um lugar para o outro.

Como acontece com qualquer meditação, as técnicas desta prática não garantem a transferência para o estado de meditação, pois ela não se resume apenas às técnicas. Além das técnicas, é necessário um estado de espírito. Algumas pessoas já o possuem, ao passo que outras que praticam as técnicas com habilidade não conseguem progredir porque não desenvolveram essa predisposição. Se o estado de espírito não for atingido, então pode ser melhor criá-lo no coração pelo contato com outras pessoas que meditam.

A meditação não pode ser ensinada, mas pode ser aprendida.

O leitor poderá aprender a Prática do Ritmo do Coração seguindo as instruções contidas nestas páginas. Na verdade, esta é a minha expectativa e o meu objetivo. Mas isso não pode ser garantido. O que podemos esperar é que você aprenda tanto a respeito da prática e do estado de meditação que a Prática do Ritmo do Coração surja de uma maneira fácil quando a situação de um grupo ou um mestre a apresentem.

Talvez você não possa encontrar um verdadeiro mestre ou um grupo digno de confiança na sua região. Nesse caso, você estará autorizado a iniciar um grupo, no qual, junto com os outros membros, poderão aprender a Prática do Ritmo do Coração. Este livro foi escrito com a finalidade de ser um recurso para grupos como esse. Sua abordagem passo a passo permite que qualquer pessoa comece a praticar e ele avança para um nível que desafia meditadores com anos de experiência. As metas bem definidas permitem que uma pessoa avalie o seu progresso e desenvolva a sua confiança.

A Descoberta da Prática do Ritmo do Coração

Concebi a Prática do Ritmo do Coração durante um retiro de duas semanas em Novo México, em 1982, sob a orientação do meu mestre da meditação. Tive ali uma experiência que jamais tivera antes da afinidade entre o meu coração e o sol. Nesse estado de consciência, senti que meu coração era o sol, e o sol, que estava no céu, era a minha lua, um espelho da luz que se irradiava de mim. Depois, quando olhei para o alto da cadeia de montanhas à minha direita, vi o meu braço e as minhas artérias transformarem-se em seus raios. Meu corpo em letargia se alongou até onde a vista alcançava, e todo ele pulsava, palpitava, com as batidas do coração.

O que descobri foi que, ao meditar a respeito do meu coração, pude encontrar nele o poder do coração do Sol e o ritmo do coração da Terra. O que começara como uma prática direcionada ao interior atingira "aquilo" que está oculto dentro de mim, que não é pessoal, mas é partilhado com todas as coisas. Compreendi que "aquilo" é o que eu sou e que tudo "aquilo" pulsa no ritmo do coração.

Depois da minha experiência do ritmo do coração do planeta, mantive a percepção dos meus batimentos cardíacos como um foco na meditação. Isso me levou a descobrir os benefícios da prática para o meu coração físico e a continuar concentrado no meu *coração* emocional. Depois, descobri que o mestre do meu mestre escrevera extensamente a respeito desse tipo específico de meditação: nos anos 20, ele recomendara a atenção nos batimentos cardíacos como uma técnica para desenvolver uma vida tendo como centro o coração. Suas instruções estão incluídas neste livro.

Em 1988, Pir Vilayat Inayat Khan pediu a minha esposa e a mim que aproveitássemos o que havíamos aprendido para dar início a uma nova escola que iria desenvolver a aplicação da meditação no trabalho e na vida prática. Minha esposa, Susanna, é uma psicoterapeuta que usa a Prática do Ritmo do Coração como instrumento terapêutico. Sabíamos que a experiência dos batimentos cardíacos poderia ser ensinada a outras pessoas para favorecer o bem-estar físico e emocional e o desenvolvimento espiritual. A essência daquilo que havíamos vivenciado no deserto poderia ser transmitida sem os anos de treinamento que foram exigidos de mim. Tudo diz respeito ao coração, e concentrar-se nos batimentos cardíacos é a trilha segura para o coração.

As técnicas aqui apresentadas são de origem sufi. O sufismo será analisado na seção a seguir. Porém, porque a palavra sufi pode ter, para alguns leitores, um significado diferente do que é utilizado aqui, porque um livro sobre meditação representa um ponto de partida do princípio sufi de transmissão direta do mestre para o discípulo, e porque o método aqui apresentado é relativamente exato e, por isso, limitado, é necessário um novo nome para diferençar este tipo de meditação das outras meditações, quer sejam sufis ou não.

Uma vez que esta prática é uma integração de conceitos modernos e ensinamentos antigos, foi-lhe dado o nome de PSI, utilizando-se a letra grega para o elo simbólico entre ciência, psicologia e espírito, e como um acrônimo para Integração Pessoal e Espiritual (em inglês: *Personal and Spiritual Integration*). Assim, demos à nossa escola o nome de Instituto PSI.

O Instituto PSI oferece a Prática do Ritmo do Coração como seu primeiro curso, e este livro contém o material de instrução para esse curso. A Meditação PSI inclui sete cursos adicionais com experiências internas específicas, que podem ser testadas pessoalmente e com metas específicas que podem ser cumpridas na vida de uma pessoa. O leitor que quiser entrar em contato com o Instituto, seja para obter ajuda a respeito da Prática do Ritmo do Coração ou para um curso de treinamento na Meditação PSI, deve se dirigir ao PSI Institute em Ipswich, Massachusetts, pelo *e-mail*: info@psi-institute.org.

Eu acho que você ficará agradavelmente surpreso com o poder desse método e com a sua capacidade para aprendê-lo. Se você aplicar a Prática do Ritmo do Coração ao seu modo de agir, aos seus relacionamentos ou à sua saúde, eu tenho a certeza de que irá descobrir que tudo isso será beneficiado. É realmente possível viver com o coração, e a Prática do Ritmo do Coração pode ajudar a induzi-lo a isso.

Origem da Prática do Ritmo do Coração

A Prática do Ritmo do Coração é uma forma específica de um método genérico de desenvolvimento pessoal e espiritual. Somente o nome é novo. Durante milhares de anos, pesquisadores vêm investigando a natureza e os limites do ser humano através de experimentos diretos. Chamamos algumas dessas investigações de científicas, outras de espirituais e outras ainda de psicológicas. Toda essa pesquisa contribui para a nossa capacidade de atingir a suprema meta dos seres humanos do desenvolvimento da alma e, por fim, para a experiência da unidade.

Um grupo específico de pesquisadores são os místicos, que têm uma experiência direta e pessoal da unidade da realidade e que podem retomar a experiência a seu bel-prazer. A experiência dos místicos é a base para todas as religiões e filosofias. Em completo contraste com a concepção popular dos místicos como pessoas dedicadas ao mundo transcendental, um místico está fundamentalmente preocupado em como viver uma vida melhor, aqui nesta existência, neste planeta, nesta época, e em como auxiliar aqueles que procuram ajuda.

Um exemplo de um místico norte-americano foi Walt Whitman que disse: "Em cada homem vejo a mim mesmo".

Walt Whitman expressou a concepção da unidade que têm os místicos. A experiência mística da vida é de que ela é unificada, com cada pessoa tendo influência sobre todas as outras pessoas, cada ação repercutindo em todas as outras ações, cada pensamento ecoando no pensamento de todas as outras pessoas e cada coração sentindo tudo o que os outros corações sentem. Complementando a concepção habitual de que as flores que flutuam na superfície do lago são plantas separadas e distintas, o místico vê a malha de hastes e raízes abaixo da superfície que junta todas as flores *num único* nenúfar. A experiência mística pode ocorrer espontaneamente ou pode se desenvolver lentamente durante uma vida de estudo e reflexão. O objetivo de cada vida é saber por experiência própria que esta vida é caracterizada pela unidade. Cada um de nós chega a essa compreensão mais cedo ou mais tarde. Quando isso ocorre antes da morte, é uma grande graça, pois ela dá sentido à vida. O desenvolvimento do coração é um marco decisivo no progresso de um místico. A demonstração das formas de amor através da personalidade de uma pessoa é a meta de um místico.

Um grupo específico de místicos é o denominado de sufis. Os sufis são místicos que explicitamente aprenderam o misticismo como discípulos de um mestre. Através de seu discipulado, cada um deles aprendeu pelo menos uma maneira de desenvolver o estado místico e, por isso, de progredir no caminho espiritual em direção à Verdade que está por trás das aparências. Através de suas experiências, os discípulos podem se tornar mestres. Uma vez que um sufi tenha aprendido o misticismo, ele ou ela valoriza os estágios do processo e pode reconhecer a marca da autêntica experiência espiritual em outrem. A companhia de um mestre transforma a jornada que dura a vida toda em direção ao misticismo numa caravana de profunda amizade entre almas gêmeas que aspiram ao mesmo destino.

O sufismo é considerado pelos muçulmanos como o lado místico do Islã, e na verdade muitos sufis foram muçulmanos. Um dos maiores sufis reconhecidos pelo Islã foi Jelal-ud-Din Rumi, de Konya, Turquia, fundador da Ordem Mevlana dos "Dervixes Rodopiantes". Ele disse:

Não sou cristão nem judeu, nem hinduísta, nem muçulmano.
Não sou do Oriente nem do Ocidente, nem da Terra, nem do Sol...
Desprezei a dualidade, compreendi que o mundo é uno.[3]

Outro sufi respeitado pelo islamismo foi Moinuddin Chisti, que emigrou do Irã para a Índia e ensinou o sufismo aos hindus. Os muçulmanos dizem que ele levou o Islã para a Índia, mas os hindus da Índia afirmam que ele era um hindu. O seu túmulo é, em toda a Índia, um local de peregrinação para ambas as religiões.

Os sufis já foram punidos e até mortos por autoridades religiosas por causa de suas idéias pouco ortodoxas. Um dos maiores mestres sufis, Ibn Mansur Al Hallaj, foi torturado e crucificado pelos clérigos muçulmanos.

Muitas vezes os cristãos rotularam de "muçulmanos" aqueles, como os primeiros transcendentalistas e unitaristas, a quem queriam denegrir. Os sufis atuais têm respeito pelo rótulo de "islâmico", da mesma forma que respeitam os rótulos de "cristão", "neoplatônico", "Nova Era" e muitos outros que lhes têm sido dados. Mas a verdade é que os sufis evitam *todos* os rótulos e denominações, até mesmo a denominação de "sufis", da mesma forma que evitam todos os dogmas. Eles cultuam o amor, a harmonia e a beleza; suas escrituras são o livro da natureza e seu altar é o coração.

Uma pessoa do Ocidente que eu tenho em conta e reverencio como um sufi é São Francisco, que encontrou sufis na Espanha e entre os sarracenos e que levou o sufismo a muitos outros, inclusive Santa Clara.[4] O método de volta à essência do cristianismo que ele ensinou é uma abordagem caracteristicamente sufi. Porém, é difícil identificar os sufis porque eles nem sempre usam o nome "sufi".

Walt Whitman não teve um mestre vivo e não teve discípulos que se tornassem místicos como ele foi. Nunca identificou sua fonte de inspiração como sufi, embora os três livros que ele leu repetidamente durante a vida, *O Rubayat*, de Omar Khayyám, *Contos das Mil e Uma Noites da Arábia* e as obras reunidas de Shakespeare,[5] sejam todos recheados de ensinamentos sufis. A mesma verdade pode estar expressa em qualquer religião, ou na linguagem da ciência, da poesia ou da música.

Pelo fato de todas as tradições místicas reconhecerem a unidade como a verdade, existem "sufis" em todas as religiões e tradições. Existem muçulmanos que são sufis, e existem budistas, cristãos, judeus e indígenas norte-americanos que são sufis. Nem todo praticante de uma religião torna-se sufi — apenas os que reconhecem, como fez Thomas Merton, a afinidade entre os que buscam o coração. O padre Merton abandonou seu mosteiro jesuíta e fundou uma irmandade secreta com os budistas tibetanos, entre os quais morreu. Embora algumas pessoas cheguem ao sufismo através da religião, da filosofia ou da ciência, outras chamam a si mesmas de sufis porque reconheceram todos os caminhos como um só e ligaram-se a um mestre sufi.

UM DIA APRESENTEI *a Prática do Ritmo do Coração a um rabino. Ele me disse: "Para mim, você tornou-se Elias. Você trouxe-me esse método como o vinho na taça de Elias". Em outra ocasião eu a ensinei a um padre jesuíta que exclamou: "De-*

pois de vinte anos de busca, descobri Jesus com a ajuda de um sufi". Essas afirmações são, por si mesmas, típicas dos sentimentos dos sufis, que o rabino e o padre haviam se tornado. Um sufi é sempre um discípulo que reconhece o Único Mestre em qualquer lugar. Não importando o que está sendo realmente ensinado, o verdadeiro discípulo é estimulado a descobrir aquilo que está buscando. Eu apenas falei a respeito do coração, mas o rabino encontrou o vinho de Elias e o padre descobriu a presença de Cristo.

A descoberta que fiz da Prática do Ritmo do Coração resultou de vinte e seis anos de prática numa escola sufi. O que uma escola sufi ensina na verdade? Um *método* através do qual um discípulo pode sentir muito mais do que uma pessoa normalmente sente e, da integração dessa experiência, adquirir uma compreensão mais holística de si mesmo. Um sufi não estuda uma religião nem mesmo *todas* as religiões; um sufi estuda *religião*, pois existe apenas uma. Essa religião abranda o coração, tornando-o facilmente movido pela beleza e capaz de transmitir amor. É ela que faz o ego curvar-se e o ideal elevar-se. É ela que faz com que uma pessoa se *lembre* do prodígio do universo e sinta respeito por ele. É a religião do coração. Quem são os profetas dessa religião? Quem quer que tenha obtido a compreensão da unidade, pois não importa a qual cultura, raça ou gênero um místico pertença, o sentimento de unidade é único e o mesmo. Um sufi acha desnecessário discutir as várias abordagens de diferentes tradições. As pessoas têm várias maneiras de entendimento conforme suas diversas experiências e interpretações dessas experiências. Em vez de discutir, o sufi gosta de dialogar com cada um que tenha descoberto a realidade, sem se deixar levar por opiniões, e também gosta de partilhar seus métodos de descoberta. Além disso, os sufis consideram os encontros com outras pessoas incrivelmente enriquecedores. Eles podem tocar músicas, cantar, sentar-se em silêncio ou tentar dizer o que são de uma maneira franca capaz de ser expressa em palavras, ou nada do que está acima, pois tudo que eles necessitam fazer realmente é lembrarem-se mutuamente no coração.

Como seqüências ininterruptas de mestre para discípulo que se torna um mestre ao longo de milhares de anos e de muitas culturas, os sufis são uma arca do tesouro viva de descobertas e práticas espirituais da humanidade. Uma escola sufi ensinará os métodos utilizados para exploração pessoal e espiritual pelos hierofantes do antigo Egito, pelos zoroástricos, que iniciaram Cristo, os hesícastas do século IV A.D., que criaram o cântico do "Kyrie Eleison", pelos judeus cabalistas, que desenvolveram a "Árvore da Vida" e pelos alquimistas, que vincularam os antigos mistérios egípcios ao misticismo cristão.[6] Os tesouros espirituais dos grandes profetas, mestres e santos não são guardados pelos sufis como compiladores de um catálogo de artefatos. Os tesouros de seus métodos de autodescoberta são mantidos vivos por aqueles que os guardam no coração e continuam as práticas de seus ancestrais espirituais enquanto progridem nos domínios da espiritualidade de seu tempo.

Em 1910, o mestre de um renomado músico e mestre sufi na Índia pediu que ele fosse para o Ocidente. Por isso, Hazrat Inayat Khan tornou-se o primeiro sufi a transmitir seus ensinamentos na América do Norte. Seu filho, Vilayat, deu continuidade à missão do pai de ensinar meditação e a filosofia dos sufi e tornou-se internacionalmente conhecido por sua integração de misticismo, ciência e psicologia.[7] O seu grupo de estudos é o único ao qual pertenço.

> Com a maturidade da alma, um homem deseja investigar as profundezas da vida, deseja descobrir o poder latente dentro de si, almeja conhecer as fontes e o objetivo da vida, anseia compreender a finalidade e o significado da vida, quer entender o sentido íntimo das coisas e revelar tudo que está oculto por nome e forma. Ele busca uma compreensão clara de causa e efeito, deseja aproximar-se do mistério de tempo e espaço e almeja descobrir o elo que falta entre Deus e o homem — onde o homem termina, onde Deus começa. [Hazrat Inayat Khan][8]

Observação aos Leitores

NESTE LIVRO, *as histórias aparecem em blocos como este. Isso permite que elas sejam facilmente encontradas ou deixadas de lado. Algumas dessas histórias são a respeito de mim mesmo ou de outros meditadores que conheço, algumas são extraídas das ciências e outras são histórias de tradicionais ensinamentos sufi.*

As instruções para a prática da meditação estão indicadas por barras verticais nas margens. Para seguir a prática, apenas pule de uma dessas instruções para a seguinte. O resto do material diz respeito à preparação e ao treinamento da prática.

Pode-se obter uma fita de áudio que contém todas as instruções. Alternativamente, você mesmo poderá gravar as instruções. Assim, poderá tocar a fita para orientá-lo enquanto estiver sentado com os olhos fechados. Você pode achar também que tem condições de manter o livro aberto sobre uma mesa à sua frente e abrir os olhos por alguns instantes, de vez em quando, para aprender o estágio seguinte da prática.

 PARA VERIFICAR O SEU PROGRESSO, TESTE A SUA CAPACIDADE DE CUMPRIR AS METAS INDICADAS POR ESTE SÍMBOLO PSI.

Primeira Parte

COMO FUNCIONA A PRÁTICA DO RITMO DO CORAÇÃO

1. O QUE É A PRÁTICA DO RITMO DO CORAÇÃO?

A condição inata ideal

> É maravilhoso o fato de a alma já saber, até certo ponto, que existe algo por trás do véu, o véu da perplexidade, que existe algo a ser procurado nas mais altas esferas da vida, que existe algo de belo a ser visto, que existe Alguém a ser conhecido que é perceptível. [Hazrat Inayat Khan][1]

Como disse na Introdução, a Prática do Ritmo do Coração é uma meditação que utiliza o batimento cardíaco e a respiração. Ela é o caminho inicial para um treinamento completo de uma forma específica de meditação, chamada Meditação PSI, da tradição sufi.

O prazer de pensar a respeito da meditação é que a alma já sabe do que se trata e por que é útil. A alma tem um senso de familiaridade com a meditação que não provém da memória consciente. Uma vez recriada a experiência da meditação, você percebe que "este é o estado no qual já estive uma vez. Esta é a minha condição inata".

O estado de meditação é inesquecível, como as melhores horas ou os momentos mais estimulantes e inspirados que já sentimos. Essas lembranças de momentos de clímax elevam nossa atividade mental e física. As melhores idéias e os momentos mais criativos ocorrem quando você se encontra num estado meditativo, que pode acontecer espontaneamente ou devido a inspiração, exercício, relaxamento, ou mesmo quando estiver tomando uma ducha. Felizmente, qualquer pessoa pode aprender a meditar conscientemente para atingir um estado de meditação quando desejar.

Realizar a Prática do Ritmo do Coração é como nadar num infinito oceano de energia ou, como alguém poderia dizer, de amor, vitalidade ou paz. Da mesma forma que na natação, há um pouco de técnica a ser aprendida e um aventurar-se no desconhecido. Quando aprendemos a nadar, entrar na água assemelha-se a assumir um risco, embora nosso corpo seja constituído, na maior parte, de água e embora nossa tendência a flutuar faça com que nademos com facilidade. Não temos de suportar nosso peso — a água faz isso. A água que nos cerca tem um curso, fazendo que os movimentos numa direção sejam mais fáceis do que em outras. Aprendemos a confiar na água e depois a controlar nossos movimentos para navegar através dela, mergulhando profundamente, nadando para longe e geralmente desfrutando nossa natureza fluida. A natação, como a meditação, permite que nos movimentemos por um espaço que, noutras circunstâncias, seria um obstáculo e uma experiência de uma parte do mundo que, de outro modo, seria inacessível. Quando existe um obstáculo na terra, a pessoa pode ir por mar.

Os bebês sabem como nadar por instinto, mas quando crescemos, o medo bloqueia esse conhecimento. A Prática do Ritmo do Coração é semelhante. Ela é uma habilidade inata que temos de reaprender. Como na natação, nós não aprendemos a realizá-la lendo um livro, mas com a prática.

O ato da meditação está descrito nas palavras de uma famosa canção infantil:

Reme, reme, reme o seu barco, suavemente, seguindo a corrente.[2]

Essa é, na verdade, uma canção com ensinamento sufi. Não reme contra a corrente e não flutue simplesmente acompanhando a corrente, mas dirija a sua vontade seguindo a corrente. Na meditação estamos conscientemente ajudando uma experiência que não criamos com a consciência.

Para ser eficiente, o pensamento deve equilibrar a ação. Nossa vida é, na maioria das vezes, orientada para a atividade; necessitamos muito mais de reflexão, contemplação, discernimento e planejamento. Mas numa vida que, na maioria das vezes, recompensa a atividade, não há tempo suficiente para o pensamento criativo, a menos que a pessoa utilize um processo intensivo como a meditação. A Prática do Ritmo do Coração compensa muitas horas de atividade com uma experiência de meia hora. O resultado é um trabalho mais criativo, de melhor qualidade, com menos *stress* e com uma atitude melhorada para com os outros e para consigo mesmo.

O mundo em que vivemos é uma criação de nossa mente, isto é, as coisas são da maneira como as vemos. Qualquer ponto de vista pode encontrar apoio no mundo porque o mundo que vemos é um produto do nosso ponto de vista. As pessoas têm uma estranha capacidade de intuir como as vemos e de reagir a nós de maneira equivalente. Na verdade, esse mundo é uma realidade infinitamente rica que cada um de nós altera através da visão e da atitude que temos para com ele. O desenvolvimento espiritual é um processo de aprendizagem de como cada pessoa individualiza a realidade, fragmentando-a para fazê-la sua e depois reintegrando os fragmentos individuais numa única unidade mais uma vez.

> **ONDE EU MORO**, *nos subúrbios de Boston, a mesma área possui universos paralelos para seus diferentes ocupantes. As crianças ocupam-na primeiramente por uma ou duas horas na manhã e por algum tempo após a escola e ao anoitecer. A maioria dos transeuntes ocupa a mesma área pela manhã e novamente à noite. Outro tipo que poucas pessoas já viram, chega à área depois que as luzes se apagam. Surgem então os ocupantes noturnos: as ratazanas, as jaritacas, os gambás, os morcegos, as corujas e outros. Nas horas que antecedem a madrugada, os pássaros começam a cantar, com diferentes pássaros juntando-se ao coro nas suas respectivas horas. Estou entre os ocupantes da antemanhã e encanto-me com a sinfonia natural dos pássaros que glorificam a natureza com o seu canto. Não fosse por minha prática de meditação, eu perderia esse esplendor. Por mais que eu valorize o sono, estar acordado é uma coisa maravilhosa. Não existe fim para o despertar.*

O estado para o qual a Prática do Ritmo do Coração nos leva é a nossa condição inerente, o estado no qual fomos destinados a viver. Esse estado elimina o medo e a ansiedade e produz as qualidades humanas inatas de ser criativo, corajoso, ativo, generoso, lúcido, criterioso e cheio de paz. Nesse estado, lembramos nossa missão inata na vida, podemos fazer o que desejarmos, descobriremos outras pessoas nas quais veremos a nós mesmos e compreenderemos qualquer coisa na qual nos concentremos.

Esse estado existe, acessível a todos e implausível para muitos. Por que, de modo geral, ele não é conhecido? Isso ocorre porque a pessoa comum é tão inconsciente de seu potencial que esse tesouro natural e inato permanece oculto. Os sufis contam a história de um homem que vive num castelo, mas enclausurado no porão. Lá, ele vive na miséria, queixando-se constantemente do lugar, porém sem ter explorado jamais o resto do castelo. Ele não havia encontrado as escadas, não conhece os grandes salões e as encantadoras vistas dos pisos superiores. A exploração iria provocar desconforto e risco; ele acha melhor ficar no ambiente que lhe é familiar. Nem mesmo está convencido de que poderia existir um lugar muito melhor do que os únicos aposentos do porão que conhece, apesar das histórias que ouvira e dos sonhos que já tivera — nenhum deles "real" — a respeito de um reino celestial. Pobre homem, ele já vive nesse reino, e ele é o próprio rei, quer acredite nisso ou não.

A meditação é um estado ideal porque nele uma pessoa não tem limites nem começo nem fim no tempo. Todos os potenciais da alma são revelados para que a pessoa veja o divino dentro de si. A emoção é muito forte, embora impessoal. Na verdade, as maiores emoções não são pessoais, mas sensações partilhadas que circulam no universo: reverência, enlevo, êxtase, harmonia e paz.

Visto que a meditação é o estado ideal, a prática da meditação é a atividade ideal. Mas a meditação não pode ser realizada apenas pelo poder da vontade. Ela poderia ser, e na verdade seria, um estado comum, uma vez que o mundo não tivesse uma deficiência de vontade. Para atingir o estado perfeito, devemos utilizar um método perfeito, isto é, você deve usar o seu inconsciente infinito, a exuberante capacidade natural da consciência e a força do coração, e deve acreditar que o coração possui um senso inato de direção, de orientação, que já conhece o caminho.

O cavalo conhece o caminho, para puxar o trenó...[3]

Eis o principal dilema da aprendizagem da meditação. Sabemos que o estado de meditação não pode ser atingido apenas porque assim o desejamos, mas queremos tornar a prática da meditação segura, para sermos capazes de atingir aquele estado sempre que necessitarmos. Como pode uma coisa que não é intencional ser feita quando quisermos? Mas muitas ações involuntárias são praticadas de acordo com o nosso desejo, como se pode ver na administração de empresas, na criação de um filho e ao se tocar piano. Em muitas áreas, nós não temos controle mas temos influência, como quando dirigimos uma organização e em atividades onde o condicionamento pode ocorrer, como ao tocarmos piano. O inconsciente responde à intenção do consciente, da mesma maneira que universo ilimitado responde a determinados eventos.

Quando você tem uma clara intenção e segue uma prática passo a passo, sua intenção consciente atrai os recursos inconscientes necessários para mudar o estado de sua consciência. Com o passar do tempo, o inconsciente é afetado pela repetição consciente. O estado modificado da consciência chamado meditação irá também responder à sua solicitação. Embora os estados meditativos não possam ser provocados intencionalmente, existem técnicas que criam e ativam a experiência, e logo essas técnicas tornam-se tão regulares que o estado de meditação está sempre acessível. Você poderá levar sua mente ao estado meditativo sempre que desejar, em vez de esperar por uma ocorrência espontânea de introspecção ou criatividade. Assim, a Prática do Ritmo do Coração é semelhante a uma escada que o ajuda a subir de um estado emocionalmente bloqueado para um estado de inspiração, no qual você poderá agir de maneira mais eficiente e livre.

O que a Meditação não é?

Existem muitas concepções erradas por parte das pessoas a respeito do que é e do que não é a meditação.

- A meditação não é um transe; você pode aprender a manter o estado de meditação enquanto estiver falando e totalmente consciente do ambiente no qual se encontra.
- A meditação nada tem a ver com drogas. Ela é a antítese de qualquer vício ou dependência exterior.
- A meditação não faz com que a pessoa perca o controle de si mesma. Na verdade, ela é o controle perfeito. Você pode controlar o seu corpo, a sua mente e as suas emoções de uma maneira que jamais imaginou ser possível.
- A meditação não é "desligamento da mente". Sua mente continua a funcionar durante a meditação, embora com mais clareza. Sua memória fica mais ágil, e você pode usá-la quando quiser.
- A meditação não é uma crença; ela não possui dogmas. É uma série de instrumentos através dos quais você pode expandir a experiência de si mesmo no mundo. Aquilo no que você crê pode então ser baseado na experiência, não nos seus conceitos.
- A meditação não está ligada a nenhuma religião, e as pessoas que meditam não pertencem a um culto. Quando você aprende a meditar, pode fazê-lo sozinho, sem afiliar-se a nenhum grupo.
- A meditação não é perigosa. Um estado de transe pode ser perigoso, semelhante a quando uma pessoa está drogada, no qual a consciência do ambiente em que se encontra está reduzida ou distorcida. Mas um transe não é meditação, e você pode facilmente evitar um estado de transe seguindo as instruções contidas neste livro.
- A meditação não é uma técnica para controlar outras pessoas ou acontecimentos. É uma técnica para controlar a si mesmo, e isso resulta naturalmente do fato de ela ser muito influente.
- A meditação não necessita fazer com que você se sinta no outro mundo ou desorientada. Ela o torna consciente das coisas que você costumava esquecer, e melhorará em muito a sua concentração. Ficar desorientado é algo indesejável, facilmente corrigível e um sintoma de incapacidade de controlar o vasto espectro da realidade que você descobre na meditação.

A Prática do Ritmo do Coração é um Refúgio e uma Inspiração

A Prática do Ritmo do Coração pode ser feita em qualquer lugar. No início, é preferível um ambiente tranqüilo. Fisicamente, sentamo-nos numa cadeira, num banquinho ou numa almofada. Ficamos em calma e silêncio e respiramos de maneira ligeiramente diferente da respiração normal, ao mesmo tempo em que pensamos numa determinada região do corpo. Criamos e mantemos então um pensamento ou uma imagem mental específicos. Cada combinação de um ritmo particular de respiração, uma região do corpo e uma imagem sobre a qual nos concentramos define um tipo específico de meditação. Há centenas de tipos de meditação, cada uma com um efeito diferente. É surpreendente o fato de que uma atividade tão simples seja capaz de produzir esses profundos e variados resultados.

Certas combinações de respiração, concentração no corpo e imagem constituem o que denominamos de Meditação PSI. Algumas dessas combinações que incluem uma concentração no coração e nos batimentos cardíacos constituem a Prática do Ritmo do Coração.

A Prática do Ritmo do Coração cria um estado de paz que é também uma inspiração, um refúgio que recarrega nossas forças. Se pensarmos que a Prática do Coração *requer* uma atmosfera silenciosa e calma, poderemos ter o oposto disso. Através da Prática do Ritmo do Coração você *cria* uma atmosfera silenciosa e calma que penetra cada vez mais fundo na sua vida e aumenta o seu alcance à medida que a experiência se amplia. Você irá sentir-se no centro de um vasto oceano de paz.

Ninguém que medite vivencia a prática como se estivesse sozinho. No estado meditativo, a solidão não é possível. Existem muitas emoções nos vários estágios da meditação, mas a solidão não é uma delas porque a sensação de ligação com outras pessoas é muito forte. Qualquer sentimento de solidão, desolação ou ansiedade que você possa sentir se desvanecerá na poderosa luz da meditação. Isso não significa que você os está reprimindo, pois na meditação seus sentimentos tornam-se mais e não menos conscientes. Surge um novo e completo conjunto de emoções transcendentes, bem como as emoções pessoais que você traz consigo, e essas emoções transcendentes mostram-lhe, de maneira expressiva, que jamais poderá estar sozinho.

A meditação é um refúgio das pedradas e flechadas da vida. Ela acelera a cura de ferimentos emocionais permitindo-nos voltar a enfrentar os desafios da vida sem cicatrizes ou amargor. Nosso objetivo não é nos isolarmos da vida num refúgio de meditação, mas criar um refúgio que podemos levar conosco por toda a vida.

Meditar é fazer, num ambiente protegido, o que podemos fazer em qualquer lugar. [Hazrat Inayat Khan][3]

> **QUANDO COMECEI** *a meditar, passava horas tentando colocar meu banco de meditação numa posição correta. Quando tinha problemas para conseguir meditar, supunha que isso ocorria pelo fato de o banco ser muito alto ou muito baixo. Necessitava também de um ambiente que fosse adequado. Vendava meus olhos para evitar a luz, punha tampões nos ouvidos para evitar o som e usava todos os tipos de almofadas e apoios para deixar as pernas em posição confortável. A primeira suspeita de que toda aquela preparação não era necessária ocorreu-me quando vi meu mestre sentado sobre o seu calcanhar esquerdo no alto de uma rocha. Lembro-me também de sentir o efeito que ele provocava sobre um espaço — ele transformava uma grande tenda açoitada pelo vento numa catedral sagrada. Nessa tenda, para mim, era fácil meditar. Não me preocupava com a minha mente, tampouco com as minhas pernas e os meus sentidos. Ficava tão animado por estar entre as paredes do ambiente que a meditação tinha criado, que ignorava o som provocado pelos pedaços de plástico que formavam as paredes. Lembro-me de ir para lá à noite quando ela estava vazia e mesmo assim sentir em torno de mim a confortadora presença do grupo.*

Meditação para o Exterior e para o Interior

Há dois principais tipos de meditação: para o exterior e para o interior. A forma de meditação para o exterior é explicada no Budismo e na Vedanta. A popular Meditação Transcendental (MT) é uma forma extremamente modificada da Vedanta, e alguns métodos de redução clínica de *stress*, como o de Reação do Relaxamento[4] do Dr. Herbert Benson, são simplificações da MT. A meditação para o exterior desvia a atenção da pessoa do físico, do eu e do ambiente, para o abstrato, infinito e impessoal. Esses métodos exploram a consciência, produzindo relaxamento, diminuição da atividade do sistema nervoso, batimento cardíaco ligeiramente irregular e desconcentração do pensamento.

Ao contrário, a meditação para o interior concentra a consciência infinita num único ponto, fortalecendo o coração e melhorando o senso de identidade. Totalmente desenvolvida nas práticas Dhirk Sufi e Tumo Tibetano,[5] a meditação para o interior focaliza a mente no coração, produzindo aumento da atividade do sistema nervoso e um batimento cardíaco extremamente regular. Ambos os direcionamentos na meditação têm sua utilidade, mas o método para o interior é especificamente destinado à vida prática.

A Prática do Ritmo do Coração combina as meditações para o exterior e para o interior com uma certa ênfase nesta, principalmente na parte final da prática. Numa sessão, você passará pelo estado exterior, mas sua atenção estará sempre voltada para algum aspecto do coração, e a concentração no coração será o seu objetivo.

Historicamente, houve três escolas originais de religiões esotéricas: Vedanta (do hinduísmo), Budismo e Sufismo. Todas ensinavam meditação, considerando-se que as duas primeiras escolas criaram um método para ser usado num ambiente monástico protegido. O sufismo criou um método para ser utilizado em todo o mundo. No desenvolvimento histórico do misticismo, está claro que o conceito de meditação para o exterior surgiu primeiro e que milhares de anos foram necessários para desenvolver a idéia de meditação para o interior. Atualmente, alguns mestres de ioga e de budismo também incorporaram a meditação para o interior.

A meditação para o exterior corresponde ao ponto de vista transcendental de que o mundo físico é uma ilusão (*maya*) que, em miríades de formas, envolve uma unidade subjacente. Quando, através da meditação, você foge das fronteiras artificiais impostas pela identidade individual, descobre sua conexão com uma dimensão maior — uma dimensão interior, mas cósmica, de si mesmo. Esse tipo de meditação é chamado Samadhi. Muitos estágios do Samadhi foram identificados pelo iogue Patanjali, e o Samadhi foi difundido ainda mais por Gautama Buda na meditação denominada Arupa Jhanas. De acordo com essa revelação de Buda, nada mais havia para ser descoberto a respeito da transcendência, do mundo do puro espírito, da luz diáfana e da inteligência absoluta. Buda havia feito a ascensão definitiva e descoberto um caminho para a libertação da humanidade.

O desenvolvimento da meditação para o interior necessitou de uma ruptura que veio a ocorrer mais tarde no sufismo. Em vez de verem o mundo físico como uma ilusão que mascara a verdadeira realidade, os sufis consideram o mundo físico como o fim de tudo, o objetivo definitivo de toda a realidade, a culminação do plano divino. Cada um de nós é a incorporação de uma única consciência que tudo permeia, e cada um de nós contém também, dentro de si mesmo, o todo que manifestamos em parte. Devemos estar iludidos pela aparência das coisas, vendo apenas a superfície e não as profundezas por trás dela, mas nossa ilusão não se origina do mundo físico, é uma ilusão irreal. O mundo físico contém todos os outros níveis. A libertação não é a meta, mas o objetivo no meio do caminho; a meta após a libertação é vivenciar o amor total e, a partir desse amor, é possível co-criar um mundo que seja, na realidade, tão belo quanto o céu. Esse é o objetivo da meditação para o interior.

O que é mais real, a casa ou o seu projeto, a árvore ou a semente? Os iogues davam a entender que existe muito mais potencial na semente do que uma árvore é capaz de manifestar. Da mesma maneira, a alma é muito mais rica que a personalidade. Os sufis que surgiram depois deles observaram que existe muito mais beleza na flor que na semente, e que o simples ato de manifestação de parte do potencial de uma alma é motivo para uma celebração cósmica. A meditação para o exterior deve vir primeiro, para revelar a alma, mas a prova dessa descoberta é gerada no coração através da meditação para o interior.

A orientação para o interior ou para o exterior é expressa não apenas na meditação, mas também na abordagem, por parte de uma pessoa, dos problemas da vida. O budismo ensina que a solução para o contínuo sofrimento da existência é reverter a "roda da evolução", a cadeia de causa e efeito que cria a vida, a fim de obter um estado anterior à primeira causa, onde tudo é tranqüilidade e paz. A prática budista da meditação para o exterior tem como objetivo obter esse estado de serenidade e transcendência. Naturalmente, essas práticas são muito eficientes para aliviar o *stress*. Se uma pessoa *puder* se afastar para longe do que está acontecendo ou olhar a vida da posição vantajosa de um asceta no topo de uma montanha, as provações da vida parecerão ser *verdadeiramente* insignificantes. A fórmula budista para se tornar livre é transcender o campo de batalha das provações da vida, afastando-se e desapegando-se de tudo que é efêmero e sujeito a mudança. Na verdade, o que é eterno nos outros e em nós mesmos é maravilhoso e belo, mas o corpo, a mente, a psique, os sentimentos do coração — tudo aquilo que está mudando constantemente — são também belos. A renúncia ao mutável não é apenas um alto preço a ser pago pela liberdade, não é um caminho que leve à integração do céu e da terra, do espírito e da psique, dos elementos "exteriores" e "interiores" de todos nós.

A vida no mundo é considerada importante, e se o corpo e a mente são considerados valiosos, então os desejos do coração devem ser respeitados e devemos nos devotar aos sofrimentos do coração sem que seja preciso nos retirarmos para um mosteiro. No sufismo, os verdadeiros desejos são considerados a voz de nossa orientação interior. Uma vez que haja um desejo, *deverá haver sofrimento*, como disse Buda. Cristo disse: "Não resista ao sofrimento". Os sufis dizem: "O sofrimento é a condição do coração sensível; é preferível sofrer a ser uma pedra".

O sofrimento na vida é o preço pago pela revitalização do coração.
[Hazrat Inayat Khan][6]

Um dos objetivos da meditação sufi, portanto, é aliviar o coração, integrar todas as experiências da vida de uma pessoa, para que ela possa assimilar uma experiência de vida ainda mais ampla. Nós aprendemos que o coração saudável é mais forte que qualquer estímulo que cause *stress* e maior que qualquer sofrimento. Mesmo durante o pior *stress* ou sofrimento, o coração pode ainda sentir, simultaneamente, alegria, porque a alegria é a sua essência e não necessita de nenhuma causa externa. Podemos aprender a responder a quaisquer situações estressantes, utilizando a emoção e a energia do coração, para que o *stress* não seja mais estressante e o corpo não reaja a ele.

A meditação para o interior expressa o nosso atual entendimento, trazendo o potencial do universo para o nosso "interior" e para dentro de nossa vida, transformando nosso mundo às avessas. A meditação para o interior está centralizada no coração, tanto no coração físico que bombeia o sangue, quanto no chakra, ou centro do coração, que está localizado na glândula timo e no plexo solar no centro do peito. A meditação para o interior é uma experiência rica, emocional e intensa que tem um profundo efeito sobre o inconsciente. Um processo muito eficiente de efetuar mudanças, ela inspira e desperta nossos ideais. É criativa e desenvolve a flexibilidade no pensamento e na abordagem da vida. Como alimento para a mente, ela desperta uma profunda e clara compreensão de como a vida funciona ao mesmo tempo que fortalece e aumenta a desenvoltura da pessoa.

> A meditação [para o interior] atrai toda a força para o centro da vida da pessoa, para o coração, e dali ela se irradia para todas as partes do corpo e para a mente. [Hazrat Inayat Khan][7]

A Prática do Ritmo do Coração está baseada no modelo que surgiu da pesquisa dos místicos alquimistas da Idade Média: "Para que o chumbo se transforme em ouro, ele deve primeiro tornar-se nada, então pode ser transformado". Em outras palavras, a meditação para o exterior (a experiência de si mesmo como nada) vem, necessariamente, antes da meditação para o interior (a experiência de todo o universo fluindo através de você).

Embora a meditação para o exterior sozinha proporcione alívio para o *stress*, segui-la com a meditação para o interior aumenta ainda mais a capacidade da pessoa de controlar o *stress*. O que era estressante antes deixará de sê-lo ou não o será tanto. Não podemos remover tudo o que causa *stress* em nossa vida, e se o pudéssemos a vida seria tediosa. O que podemos fazer é aumentar a nossa energia física e emocional, a energia do coração, para que possamos controlar melhor o *stress* que nos afeta. Então, sem fazer nenhuma mudança no nosso modo de vida, ficamos tranqüilos quando normalmente estaríamos tensos. A Prática do Ritmo do Coração mostra-nos como controlar o *stress*, não rangendo os dentes quando ele surge nem evitando o que é difícil, mas com a força do coração. Ela é natural, agradável e qualquer um pode aprendê-la.

Concentração — Contemplação — Meditação

Há três estágios na Prática do Ritmo do Coração: concentração, contemplação e meditação.

CONCENTRAÇÃO

A concentração é o primeiro estágio.

> A concentração é o início da meditação; a meditação é o fim da concentração. Uma vez adquirida a concentração, torna-se fácil para uma pessoa meditar. [Hazrat Inayat Khan][8]

> A concentração é um exercício para treinar a mente a fim de manter um objetivo firmemente, sem vacilar, e pelo poder da concentração não há nada no mundo que não possa ser conseguido. Mas a concentração é um exercício muito difícil de ser realizado, pois a natureza da mente é de tal maneira que quando ela se ocupa por si mesma com alguma coisa, preocupação, problema, ressentimento ou ofensa contra alguém, mantém isso sem nenhum esforço, mas quando a pessoa deseja manter um objetivo em mente para efeito de concentração, ela age como um cavalo indócil. Tão logo a concentração seja controlada, a pessoa controla a vida na terra. [Hazrat Inayat Khan][9]

UM ESTRANHO *perguntou ao Mestre Hatim: "O que faço para chegar à casa de Mestre Hatim? Vim estudar com ele". Hatim deu-lhe instruções minuciosas e o homem partiu, agradecendo a sua cuidadosa explicação. No dia seguinte, o homem voltou ao mesmo local e, vendo Hatim, exclamou: "Sua orientação trouxe-me de volta a esta mesma casa onde estive ontem! Que guia deplorável você é! Irei queixar-me às autoridades. Qual é o seu nome?" "Eu sou Hatim", respondeu o mestre. O homem, surpreso por encontrar o mestre que procurava, pediu desculpas por seu rude modo de falar e perguntou: "Mestre, por que o senhor não me disse isso ontem?" "Porque", disse Hatim, "eu queria ver se você podia seguir instruções simples antes de aceitá-lo em nossa escola."*

Na concentração, você focaliza a mente num objeto que pode ser físico ou conceitual, por exemplo: numa flor à sua frente, numa pessoa que você conhece, numa estrela que você imagina, ou num conceito como a paz. A concentração definitiva ocorre quando todo o mundo desaparece de sua mente, exceto o objeto da concentração. A mente focalizada pode canalizar toda a energia do corpo para o objeto, iluminando-o.

O corpo é o instrumento da mente. [Hazrat Inayat Khan][10]

Na Prática do Ritmo do Coração, você se concentra intensamente no coração. Ao fazer isso, você concentra a energia de todo o corpo no coração, fortalecendo-o extraordinariamente. O batimento cardíaco torna-se mais regular, e a força do seu coração aumenta. Todo o seu sistema circulatório melhora, e os benefícios disso decorrentes atingem cada célula.

De maneira geral, o que é expresso comumente pela palavra *meditação* seria chamado pelos sufis de concentração. Não é de admirar que, com essa concepção errada, a "meditação" não tenha se tornado popular em todo o mundo. A concentração intencional é uma atividade mental, no entanto enfadonha. Vejam este exemplo, extraído de um livro muito conhecido sobre meditação:

> Imagine-se sentado calma e confortavelmente no fundo de um límpido lago. Você percebe como grandes bolhas sobem lentamente através da água. Cada pensamento, sensação, idéia etc. é retratado como uma bolha subindo para o espaço que você pode observar, passando através e para fora desse espaço. Ela leva de cinco a oito segundos para completar esse processo. Quando tem um pensamento ou uma sensação, você simplesmente o observa durante esse período de tempo até que ele saia do seu espaço visual. Então você espera pelo próximo e observa-o durante o mesmo tempo, e assim por diante. Você não explora, segue ou associa-se a uma bolha, apenas observa-a no cenário em que se encontra: "Oh, ela representa o que estou pensando (ou sentindo) agora. Que interessante!"[11]

Mas isso não é muito conveniente, e essa "meditação" é muito difícil, a menos que a pessoa tenha a ajuda da respiração, da maneira que fazemos na Prática do Ritmo do Coração. Observe como a prática acima desvaloriza os sentimentos da pessoa e ignora totalmente o corpo. Mantendo uma posição de observador objetivo, a pessoa não pode explorar a questão muito importante: "*Por que* estou sentindo dessa maneira?" Para piorar as coisas, esse difícil exercício mental não é mantido pelo tempo suficiente para produzir os benefícios proporcionais ao esforço. Ele é um começo, mas necessitamos ir muito mais longe, porque ele se torna fácil a partir de agora — e mais benéfico.

Outro problema com as instruções anteriores, é que elas utilizam sugestão e fantasia. Nós não estamos sentados no fundo de um lago límpido, então por que devemos imaginar que estamos nesse lugar? Temos de estar em outro lugar a fim de meditar? Não é a riqueza da realidade que nos cerca bastante para nos inspirar? A sugestão é utilizada na hipnose, e eu sei por experiência própria com a hipnose que o que quer que seja sugerido aparecerá como realidade. Por isso, a sugestão deve ser usada com muito cuidado, ou resultará numa desilusão. A única sugestão que podemos utilizar na meditação é para chamar a atenção para o que está realmente acontecendo. Não queremos enganar a nós mesmos, imaginando algo que não é real. Afinal de contas, o propósito da meditação é descobrir a realidade e incorporá-la a nós mesmos.

> A meditação tem uma grande vantagem sobre a sugestão pois ela não apenas mantém o coração em ritmo, ela coloca nele o centro da força vital. [Hazrat Inayat Khan][12]

A prática da concentração é difícil porque a mente, da mesma forma que o corpo, gosta de se movimentar e fica inquieta quando está imóvel. (Não podemos obter sucesso na concentração da mente se antes não formos capazes de manter o corpo absolutamente imóvel.) Mas os sufis descobriram um grande segredo da concentração: em vez de tentar manter a mente concentrada utilizando a sua vontade, use a sua emoção. É fácil pensar naquilo que você ama.

> Ninguém tem de trazer à memória a pessoa que ama para lembrar-se de que é amado, porque a pessoa que ama vê o rosto da pessoa amada em todos os lugares.

Segundo essa orientação, a concentração não é mais uma tarefa difícil, mas um prazer. O que quer que uma pessoa ame pode facilmente ser mantida em sua mente. Qualquer um pode fazer isso. Um estágio seguinte é tornar-se capaz de concentrar-se em qualquer coisa, descobrindo o amor que se tem por ela. A mente luta contra a vontade, mas o coração pode direcionar com facilidade a mente sem criar resistência.

A mente é o instrumento do coração.

A maior aplicação da concentração consiste em pensar em outra pessoa. Pensando geralmente na mesma pessoa, a conexão se estabelece em seu coração. Quando a outra pessoa age com reciprocidade, a conexão se estabelece em ambas as direções. Através dessa conexão, a pessoa chega a conhecer a outra, e por fim a conhecer a si mesma.

> Para descobrir a si mesmo é útil ver as suas qualidades espelhadas nas de outra pessoa. [Vilayat Inayat Khan][13]

CONTEMPLAÇÃO

Contemplação é o segundo estágio da Prática do Ritmo do Coração, em seguida à concentração.

> Você, o sujeito, troca de lugar com o objeto de sua concentração. Então você fica dentro daquilo que viu no exterior, e o objeto estuda o sujeito.

A contemplação é semelhante à concentração, mas distingue-se por um outro ponto de vista. Na concentração, o objeto é exterior à pessoa, separado e distinto. Na contemplação, a pessoa torna-se o seu próprio objeto.

- Na concentração, você olha intensamente para uma flor. Na contemplação, você se identifica com a flor e olha de volta para a pessoa que era quando estava olhando a flor. Você também sente tudo o que a flor sente dentro de si mesma, como se ela estivesse dentro do seu próprio eu. Se a flor estiver com sede, o contemplativo sente sede. O seu corpo sente com relação a você exatamente da mesma maneira que o corpo da flor sente com relação à flor.
- Na concentração, você estuda uma poça de água e como ela é cheia, gota a gota, pela chuva. Na contemplação, você sente-se fluido e absorve a chuva para dentro do seu próprio ser.
- Na concentração, você está com a mente direcionada para outra pessoa e pode perceber e apreciar todos os aspectos dessa pessoa ao mesmo tempo — os detalhes de sua forma, os movimentos, os sutis sons da voz, as minúsculas alterações na expressão facial. Na contemplação, você sente todas essas coisas dentro de si mesmo, como suas. Assim, as rápidas transições e as conexões que a pessoa faz em sua mente tornam-se suas realidades mentais. Você sente as emoções que provocam as mudanças na expressão que você vê naquela face, sente o que ele ou ela sente, pensa da mesma forma que o outro pensa. Seu corpo transforma-se no corpo do outro.
- Na concentração, você fica consciente da respiração entrando e saindo do seu corpo. Na contemplação, você se torna a respiração e sente como ela preenche e esvazia o corpo.

Um mestre escolheu um cervo como objeto de concentração para seu discípulo, Robert, uma vez que Robert lhe havia dito que amava esse animal.

Foi então ordenado ao discípulo que entrasse numa cabana para meditar e pensasse em um cervo; depois de algum tempo, ele respondeu ao chamado do mestre emitindo o som característico de um cervo.

O mestre disse então: "Saia da cabana". E Robert respondeu: "Meus chifres são muito grandes. Não posso sair pela porta". [Hazrat Inayat Khan][14]

Isso é contemplação. O mestre sabia que Robert poderia utilizar o seu amor para obter a concentração facilmente. Robert fez a transição da concentração para a contemplação quando se identificou com o cervo.

Na Prática do Ritmo do Coração, o coração é fortalecido pela concentração da mente sobre ele que encontra a maneira de se expressar e responde à mente. Então você pode sentir realmente o que é escutar o seu coração. Sua orientação é diferente da lógica e seu interesse não é egocêntrico. O modo de escutar o seu coração também é diferente. Você o escuta imaginando que está dentro dele, que você *é* o seu coração. Isso é contemplação de seu coração. Sente o que é estar intimamente interligado a cada uma das células do corpo, células que são individuais e também componentes fundamentais de um organismo. Sim, o coração não apenas abastece todas as células com o sangue que transporta todos os nutrientes de que elas necessitam, você também é sensível à sua reação, e ajusta o seu ritmo às suas necessidades. Você assimila, através do sistema nervoso, cada vibração que qualquer célula sente, e através de sua pulsação retransmite-a para todo o corpo. Da mesma maneira que os tambores de uma aldeia de índios norte-americanos transmitem uma mensagem para todas as aldeias, as concatenações em seu ritmo transmitem as condições do corpo para todas as suas células.

MEDITAÇÃO

A meditação é o terceiro estágio da Prática do Ritmo do Coração. Na meditação não existe dualidade, sujeito e objeto se fundiram. Enquanto a concentração é difícil, a meditação é simples. Ela não requer nenhum esforço, uma vez que a habilidade para meditar seja obtida. A identidade, que é mantida na concentração e revertida na contemplação, torna-se tão fluida na meditação que a pessoa tem uma "experiência oceânica". A pessoa fica consciente de seu ser e de outros seres, embora não estejam separados e distintos.

- Na contemplação, você sente o que a flor sente. Na meditação, você sente o que a flor sente na alma. Em vez da rosa, você assume as características de uma rosa, ou mesmo de uma flor, e então vivencia as qualidades desse arquétipo — a beleza, a pureza, a vivacidade, e assim por diante. Essas qualidades não são exclusivas da flor, elas existem também nas pessoas. Através da alma da flor, você descobre qualidades universais, as qualidades de sua alma.

> **JULIA SENTIA** *que estavam se aproveitando dela, mas não sabia como se impor. Ela abominava a maneira de agir para autopromoção de alguns de seus colaboradores no trabalho, e não conseguia agir da mesma maneira. Julia foi participar de um curso de Meditação PSI, onde uma das práticas era a concentração num cristal de quartzo. Ela aprendeu como contemplar o cristal, o que, segundo disse, fez com que se sentisse transparente. Na meditação, ela descobriu a genuína qualidade da pureza do cristal. Concentrou-se então em trazer essa qualidade de pureza para si mesma, em seu emprego. Quando sentiu a pureza do cristal dentro de si mesma que ela havia aprendido a conhecer tão bem, fez uma descoberta. "O cristal jamais teria um comportamento igual ao que tive", disse ela, "e agora posso agir do modo como o cristal teria agido. Como um cristal, posso simplesmente ser clara, sem arrogância ou exigências, e há muita demonstração de poder nisso." Julia marcou um encontro com o seu chefe e falou-lhe com clareza (apegando-se ao que era real, específico e objetivo) e com transparência (sendo franca, revelando-se a si mesma, sem ficar não defensiva, sem ser competitiva, com intenções puras). "Esses foram conceitos de que sempre gostei", disse ela, "mas nunca soube como aplicá-los verdadeiramente até descobrir o cristal em mim mesma."*

- Na contemplação, você sente como as outras pessoas sentem: o ponto de vista, a auto-imagem, a motivação e as atitudes delas. Na meditação, você sente o que as outras pessoas sentem quando meditam — o arquétipo do qual elas são um exemplo. Você descobre uma fonte de informações, uma realidade comum, que você partilha essencialmente. As outras pessoas não são diferentes de você, mas vocês todos são exemplos das mesmas qualidades que permeiam toda a existência.
- Na contemplação você tem um objeto específico na mente e uma intenção no coração. Na meditação, seu desejo é permitir que um conhecimento venha à tona. Na concentração e na contemplação, você faz uso de sua vontade para dirigir o conhecimento. Na meditação, você é um participante predisposto, e não o diretor.

A meditação é um treinamento da mente não em atividade mas em passividade: o treinamento da mente para receber alguma inspiração, poder ou bênção de dentro de si mesmo. [Hazrat Inayat Khan][15]

Ao compreender que a vontade pessoal deverá limitar o conhecimento a algo pessoal, você renunciará à noção de individualidade para ficar seguro da consciência que flui através de todas as coisas. A consciência tem um conhecimento, e esse conhecimento torna-se seu. Não é um conhecimento pessoal, é o conhecimento do que ocorre no interior de uma pessoa.

O terceiro estágio é a meditação. Esse estágio nada tem a ver com a mente (pessoal). Essa é a experiência da consciência (impessoal). Meditar é mergulhar profundamente dentro de si mesmo e elevar-se em direção ao alto para as esferas superiores e expandir-se em maior amplitude que o universo. É nessas experiências que a pessoa obtém o êxtase da meditação. [Hazrat Inayat Khan][16]

A pessoa que pratica a meditação não é igual à que é iniciada na meditação. O conhecimento do universo não pode ser sentido por uma pessoa, mas uma pessoa pode, através dos estágios de concentração e contemplação, tornar acessível a sua identidade para nela incluir o universo.

De que modo esses três estágios — concentração, contemplação e meditação — são alcançados?

A concentração é alcançada através da focalização da mente para que não haja lugar para nada mais além do objeto da concentração.

A contemplação é alcançada mediante a troca de lugar com o objeto da concentração: você torna-se o objeto e vê o mundo, inclusive a si mesmo, de acordo com o seu ponto de vista.

A meditação é alcançada pela introdução do conceito de perfeição, infinidade ou eternidade. O conceito de perfeição que guinda a pessoa para além do confinamento de sua limitada auto-imagem pode ser comparado à eternidade, em tempo, e à infinidade, em espaço. [Vilayat Inayat Khan][17]

Esses três conceitos fundamentais que iniciam a meditação — infinidade, eternidade e perfeição — são, todos eles, aspectos da mesma coisa. Infinidade é perfeição da distância, eternidade é o tempo infinito e a perfeição é eterna.

Na Prática do Ritmo do Coração, a pessoa atinge o estágio da meditação quando o coração se expande para além de sua identidade individual a fim de transformar-se no coração da humanidade. De início, você permanece consciente de seu coração dentro de si mesmo (concentração). Depois, torna-se consciente de si mesmo dentro de seu coração, que está desmedidamente expandido (contemplação). Finalmente, você descobre que o mundo todo abrange um único e coeso coração-realidade (meditação). Então você sente a experiência não apenas do seu coração pessoal, mas do coração de tudo, o coração que é infinito.

> A meditação pura auxilia a pessoa a atingir os recessos mais profundos do coração. A concentração leva em consideração principalmente a mente, enquanto a meditação, embora não deixe totalmente de levar em conta a mente, centraliza-se na alma que é o lugar do coração. [Hazrat Inayat Khan][18]

Ao penetrar profunda e intimamente na experiência pessoal de seu batimento cardíaco, você pode descobrir o ritmo fundamental de toda a existência. Isso exige um esforço que não faz sentido "a sangue-frio", uma expressão que meu mestre sempre usa, mas torna-se totalmente acessível quando a pessoa passa pelos estágios iniciais de concentração e contemplação.

Meditação para o exterior e para o interior

Como já vimos, na meditação para o exterior ou transcendental, a pessoa tem como objetivo tornar-se transpessoal e ilimitada, obtendo uma experiência plena de quem é. Isso é um pré-requisito da meditação para o interior (centrada no coração).

A meditação para o exterior, nesses termos, está nesta seqüência:

3. Meditação

2. Contemplação

1. Concentração

A meditação para o interior, em contraste, está na seqüência oposta, a ser seguida após a seqüência da meditação para o exterior:

1. Meditação

2. Contemplação

3. Concentração

Na Prática do Ritmo do Coração, a pessoa acaba por retornar à contemplação e depois à concentração, mas com uma diferença. Na meditação para o exterior, o indivíduo é penetrado pelo todo; na meditação para o interior, o todo transforma-se no indivíduo.

O arco-íris, concentrando-se no sol, reconhece algo de si mesmo no sol: a luz que é a própria essência do arco-íris é mostrada com muito mais intensidade pelo sol.

Contemplando o sol, identificando-se com ele, o arco-íris deleita-se com a experiência de uma forma muito mais brilhante de luz, com todas as cores integradas no branco.

Meditando agora como o sol, o arco-íris desfruta reinos de luz além das formas de arco-íris e sol. Ele descobre a própria natureza da luz, antes que ela se irradie por todo o universo ou se mostre diferenciada pelas cores.

O sol, que agora está vivenciando a si mesmo como pura luz, lembra-se mais uma vez da sua forma de arco-íris. Da mesma maneira que o arco-íris ansiava ser livre, a luz anseia agora ser expressa.

Contemplando o arco-íris, a luz do sol sente que está sendo mostrada num esplendor que lhe era um potencial desconhecido. O arco-íris revela as cores interiores da pura luz branca solar, que agora o sol pode sentir através da contemplação.

Finalmente, o sol, num ato de jubiloso amor pelo arco-íris, **concentra** seus raios de luz através do céu nublado para iluminar o arco-íris com todo o seu esplendor. Ele projeta-se para o arco-íris sem limite ou reserva. O sol transforma-se no arco-íris e o arco-íris é recriado como uma expressão do sol.

Nossa personalidade, comparada com nossa alma, é o mesmo que o arco-íris comparado com o sol. Nosso objetivo é iluminar a personalidade com a luz da alma. A meditação para o exterior nos conduz para dentro da alma; a meditação interior conduz a alma para a vida.

Na meditação para o exterior, você sente primeiro o batimento do coração no peito, depois o batimento preenche o seu corpo. Todo o seu corpo parece estar dentro do seu coração. Então o batimento do seu coração mostra-se como o ritmo do Coração, o infinito coração que tudo permeia e cujo batimento cria o ritmo de tudo na vida.

Na meditação para o interior, você desenvolve uma consciência simultânea do batimento do Coração cósmico e do seu próprio coração em ritmo sincopado, dentro de si mesmo. Então o batimento do Coração que a tudo envolve dá ritmo ao seu coração, fortalecendo e aperfeiçoando o seu ritmo. Nesse ponto, você sente a experiência de todos os corações, de todas as emoções, dentro do seu coração. O seu coração está em seu peito, embora não mais lhe pertença. Você sente e age como o coração de todos. Finalmente, o seu coração mostra-se como o Coração do universo. É o batimento do coração que marca o compasso de todos os corações e que movimenta as águas do oceano em ondas e o ar em rajadas de vento. O mundo todo suspira quando você suspira e sorri quando você sorri. Esse é um estado extraordinário que parece ser metafórico ou poético até que a pessoa perceba ser verdadeiro.

> Tua música fez minha alma dançar; no murmúrio do vento ouço tua flauta; **as ondas do mar mantêm o ritmo dos meus passos de dança**. Por toda a natureza, ouço a música que tocas, minha Amada; minha alma ao dançar expressa sua alegria na canção. [Hazrat Inayat Khan][19]

> Quando meu coração está inquieto, perturba todo o universo. Quando meu coração está adormecido, ambos os mundos caem num sono profundo. Toda a natureza desperta com o despertar do meu coração. Quando a concha de meu coração se quebra, pérolas se espalham por toda parte. [Hazrat Inayat Khan][20]

O Terceiro Estado da Consciência

No passado, as pessoas achavam que aquilo que não era palpável não era real, ou se era real não era relevante. Agora, a ciência já demonstrou que o universo é incrivelmente complexo e que nossas idéias comuns a respeito dele são mais limitadas do que a percepção de uma rosa sem cor e sem fragrância. Por exemplo: o contraste entre a percepção normal e o que é possível na meditação.

Situação normal	Estado de meditação
Utilizamos apenas parte do cérebro e apenas um dos dois hemisférios cerebrais de cada vez.	Ambos os hemisférios funcionam simultaneamente, e algumas ondas cerebrais envolvem todo o cérebro.
Temos apenas um acesso muito limitado à memória em nossa mente inconsciente, inclusive a memória que está armazenada em nosso tecido muscular.	A memória pode ser liberada dos músculos e podemos "agitar" a memória inconsciente.
Não podemos controlar o ritmo necessário que regula nosso metabolismo, nível de energia e assim por diante.	Podemos adaptar melhor o corpo para a tarefa que temos pela frente.
Identificamo-nos somente com o aspecto muscular de nosso corpo físico localizado no espaço, o que proporciona uma auto-imagem limitada.	Descobrimos o aspecto de onda de nosso corpo, coexistente a todas as outras ondas, o que proporciona uma auto-imagem ampliada.

Os estágios da meditação podem ser descritos em termos de padrões de ondas do cérebro:

- No início, a meditação aparece como um EEG, com a maioria das ondas alfa em ambos os hemisférios cerebrais, simultaneamente, indicando relaxamento. A pressão sangüínea cai.
- A meditação mais avançada mostra ondas beta e teta simultaneamente com as ondas alfa, indicando percepção lúcida, elevados poderes mentais e criatividade.
- Na meditação ainda mais avançada surgem também ondas delta, que normalmente só aparecem no sono profundo, embora o meditador esteja desperto e possa mais tarde relatar o que ocorreu no aposento. A velocidade dos batimentos cardíacos diminui consideravelmente.

QUANDO PIR VILAYAT *foi examinado na Fundação Menninger, descobriu-se que ele podia se lembrar de uma conversa que ocorrera enquanto ele estava produzindo ondas delta e teta. Mais tarde, ele foi testado na clínica do Dr. Herbert Benson, em Boston. Relatou ele: "A amplitude das ondas delta que eu produzi durante a Meditação PSI era tão alta quanto a amplitude das ondas alfa por mim produzidas. Eu fiquei totalmente consciente do ambiente no qual me encontrava durante toda a sessão.*

Pelo fato de os padrões dessas ondas cerebrais serem muito característicos, é possível identificar estados de consciência meditativa com alguma segurança e distinguir os estados de meditação do transe, do sono ou da consciência normal, por exemplo.

Se tivéssemos de classificar o nível de deliberada intencionalidade que se encontra presente em nossa consciência, poderíamos ordená-la a partir do sono profundo sem sonho, no qual não há percepção, até a concentração em problemas matemáticos ou outros problemas mentais, nos quais a mente está totalmente absorvida numa determinada tarefa. Geralmente, os diversos estados de consciência, mostrados no gráfico da página seguinte, podem ser divididos em duas categorias denominadas "adormecida" e "desperta". A meditação é, portanto, um terceiro estado, com as características de ambos ou de nenhum dos outros dois estados. O gráfico mostra minha avaliação subjetiva desses estados.

Como consciência desperta, a consciência na meditação tem memória e percepção do ambiente. Mas o controle dos pensamentos durante a meditação não é igual ao controle ou à falta de controle que temos na consciência adormecida ou desperta.

Lembramos alguns dos nossos sonhos e esquecemos algumas experiências de devaneio, mas ninguém poderá negar que nossa memória é mais limitada quando estamos dormindo do que quando estamos acordados. Durante o sono, nossos pensamentos não se formam de uma maneira deliberada ou intencional, mas seguem seu próprio curso. Nosso sono pode ser interrompido por fatores ambientais como barulho ou temperatura, mas não podemos fazer com que "prestemos atenção" enquanto estamos dormindo. Os sonhos têm muito pouco de intenção deliberada, mas no devaneio, onde permanecemos despertos e estamos como que sonhando, podemos modificar esse "sonho" que, até certo ponto, tem alguma intenção. Em um devaneio, temos memória e percepção, mas controlamos nossos pensamentos apenas parcialmente. No estado de consciência normal, na maioria das vezes controlamos nossos pensamentos em linhas racionais, mas muitos temas são iniciados pela percepção sensorial. Ou seja, pensamos no que vimos e ouvimos originalmente, e lembramos de nossas percepções, de nossos pensamentos e de nossas ações.

No estado de concentração, quando nos localizamos em um objeto, a importância da intensidade sensorial é extremamente reduzida. Passamos pela parada de ônibus e continuamos a ler dentro dele; a luz esmaece, enquanto lemos ao pôr-do-sol; esquecemos de nos alimentar quando estamos absorvidos em alguma tarefa. Mas essa perda de percepção do que ocorre à nossa volta é diferente da perda de percepção durante o sonho, pois a percepção é abandonada por nós em vez de nos ser subtraída.

Onde a meditação está colocada nesse espectro? A meditação é parecida com todos esses estados, mas diferente de todos eles. Na meditação, as ondas

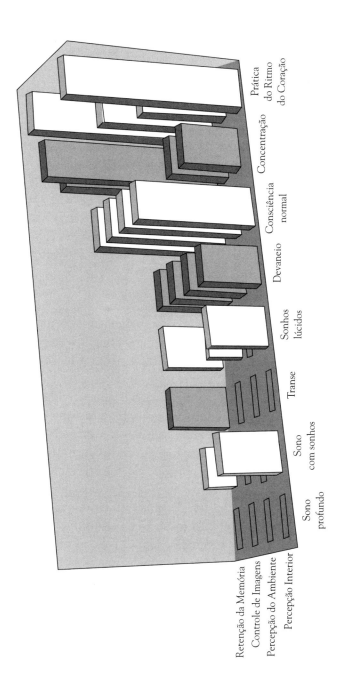

delta do cérebro que definem o "sono profundo" podem estar presentes, mesmo quando estamos conscientes do ambiente em que nos encontramos. Na maioria das práticas de meditação, a inspiração surge de modo contínuo sem que a controlemos conscientemente, tal como no sonho, e parte dela de maneira inesperada. A memória está sempre presente na meditação. Durante a maioria das meditações, as ondas cerebrais mostram a presença das ondas beta do pensamento controlado, do mesmo modo que ocorre no estado de concentração. A concentração é a primeira etapa da meditação.

A Prática do Ritmo do Coração, como está descrito neste livro, cria um estado semelhante ao da concentração, mas com uma percepção muito maior das condições interiores, menor controle das imagens mentais e maior relaxamento, como no estado de sono. O estado de meditação não é igual ao de transe: durante ele "não lhe dá um branco". Você fica sempre consciente do seu pensamento, mas estará pensando de maneira diferente.

Uma das vantagens da meditação é que ela nos proporciona uma clara visão das coisas, o que não é imposto, esperado ou lógico.

> Embora na meditação o corpo esteja descansando, não está na mesma condição do sono. Isso porque o corpo também está em meditação, o corpo também respira; ele respira através dos poros da pele, e é necessário manter todo o corpo em meditação. [Hazrat Inayat Khan][21]

Em termos psicológicos, a meditação é uma atividade tanto da mente consciente quanto da mente inconsciente. Ela cria uma relação de cooperação entre as duas, na qual ambas são valiosas e confiáveis por suas respectivas capacidades. No início da meditação e em certos períodos recorrentes, necessitamos purificar o inconsciente para que ele se torne mais útil. A parte de nossa consciência da qual geralmente não temos percepção — o inconsciente — pode ser dividida em duas partes: o supraconsciente e o subconsciente. O supraconsciente é responsável pela intuição e pelas emoções de arrebatamento, admiração e êxtase: alegria injustificada. O subconsciente controla de uma forma emocional as experiências de vida de uma pessoa e a essência da experiência de nossa espécie, que ele separa e arquiva até que todas elas estejam integradas em uma compreensão abrangente. Na meditação, a luz do supraconsciente invade o subconsciente e desempenha sua tarefa de integração de uma forma muito mais eficiente.

O que mais diferencia a meditação, como uma característica específica, é o senso de identidade de quem medita. O "eu" que penso que sou muda do pessoal para o impessoal. Quando estou meditando, tenho consciência de mim mesmo e do ambiente que me cerca. Tenho meu próprio conjunto de lembranças, e estou consciente da necessidade de iniciar e de me entregar à meditação. Também tenho a sensação de que "eu" não sou a pessoa que está meditando. Mais propriamente, estou permitindo ou facilitando, ou mesmo encorajando, que uma consciência mais ampla opere através da minha consciência. Assim, estou ao mesmo tempo controlando a experiência e observando-a passivamente. Estou criando deliberadamente o leito de um rio, e depois surpreso com o rio que corre naquele leito. Posso desviar o curso do rio, mudando as margens, mas o vivificante, belo e poderoso fluxo de água não é criado por mim. A correnteza não tem origem nem destino em mim. Ambos estão infinitamente além de minha finidade.

Preparo as margens do rio, convido a água e pacientemente fortaleço meu chamamento estabelecendo o ritmo de minha respiração. A respiração ritmada, como a impulsão de um balanço cada vez mais para cima, leva o meu pedido para o alto e traz na volta uma resposta. Em etapas, sem exigência ou reclamação, mas com expectativa e avidez, renuncio à minha respiração e deixo que a Respiração respire-me. Em vez de aspirar o ar, sou aspirado. O batimento do meu coração reflete em mim o Batimento do Coração de tudo o que me cerca.

Finalmente, inevitavelmente, sou arrastado pela correnteza. Deixo de identificar-me com as margens do rio e perco minha sensação dominante de personalidade na incontestável realidade de que sou a água, a correnteza, a fonte de origem e o oceano de destino. Não faz mais nenhum sentido distinguir a água do leito: tudo é rio, e eu sou ele.

Depois, mais uma vez, sou o leito do rio, com a água fluindo por mim. O leito do rio direciona a água para onde ele quer, o rio acompanha as margens. Nesse momento, a inspiração que sinto surgir por todo o meu corpo, pulsando em cada célula, é direcionada de acordo com meus interesses e utilizada por minhas mãos, por meus olhos, por minha mente e todas as partes de mim, para os desafios da vida.

2. OS BENEFÍCIOS E OS ELEMENTOS

Ninguém precisa perguntar: "O que ganharei com a meditação? De que maneira serei beneficiado?" A pessoa deve saber que é por intermédio da meditação que se obtém tudo, não apenas atributos e qualidades são obtidos, mas até a Deus chegamos pela meditação. [Hazrat Inayat Khan][1]

Benefícios no Estágio Inicial

O primeiro benefício que você receberá da Prática do Ritmo do Coração é um maravilhoso relaxamento. Esse relaxamento é diferente do sono ou de qualquer outra atividade "recuperadora". Ele ocorre com uma elevada sensação de percepção, assim não haverá um estado de letargia ou sonolência. A respeito desse estado, as pessoas dizem coisas como: "É o mais relaxado que posso lembrar ter estado". Você pode sentir-se como se não pudesse mover o seu corpo — ele parecerá muito pesado — embora saiba que pode fazê-lo. Você não vai querer movimentá-lo.

O segundo benefício resulta da agilidade mental que terá na experiência aha! de ter idéias brilhantes formando-se na sua mente. Pelo fato de a mente assumir tarefas geralmente inconscientes (como respirar), ou monitorá-las de maneira consciente (como a velocidade dos batimentos cardíacos), parte do inconsciente está totalmente obstruída. Conseqüentemente, a mente opera de maneira diferente na meditação: o inconsciente está mais acessível e reage melhor à vontade. Esse estado aha! é muito valioso porque ele nos ajuda a resolver os problemas da vida e a enfrentar os desafios com criatividade.

O terceiro benefício é a experiência de vigor em seu coração. Isso ocorre como resultado direto do fato de se estar prestando atenção ao batimento cardíaco. Você sente que seu coração se expandiu e não cabe mais no seu peito. Você tem uma sensação de pressão, mas não de dor, no peito. Sente que seu raio de alcance, de sua influência se ampliou para o exterior, para o mundo em geral. Essas sensações correspondem à descoberta de seu campo magnético. O campo magnético do corpo humano é uma realidade mensurável, e quando você se torna consciente dele sente sua energia. A importância dessa experiência está no poderoso efeito que ela causa em sua autoconfiança e em sua auto-imagem.

Esses três benefícios surgem nos estágios iniciais do aprendizado da Prática do Ritmo do Coração.

Benefícios nos Estágios Posteriores

Em seguida a esses benefícios dos estágios iniciais, outras experiências e técnicas da Prática do Ritmo do Coração produzem benefícios práticos adicionais. Esses benefícios podem ser classificados em quatro categorias, vinculadas aos quatro Elementos do Coração (descritos na 3ª Parte). Os quatro elementos, Ar, Fogo, Água e Terra, foram originalmente descritos pelos primeiros místicos que tentaram classificar objetos, forças e qualidades no mundo que os cercava. Embora os Elementos não tenham uma comprovação científica, têm sua importância como categorias da experiência humana pelo fato de dizerem respeito aos tipos de experiências interiores que nós temos.

Temos experiências de Fogo que elevam e projetam nossas emoções, levando à sublimação, experiências de Água que fluem para o interior e levam à graça e à aceitação, experiências de Terra que se expandem horizontalmente e proporcionam estabilidade e controle, experiências de Ar, da mente, independentes de orientação, que proporcionam percepção do coração de outras pessoas.

Elemento	Orientação	Benefício
Ar	Independente de orientação	Percepção do coração
Fogo	Elevação	Sublimação, êxtase
Água	Flui para o interior	Criatividade, graça
Terra	Expande-se horizontalmente	Estabilidade, controle, integridade

Os Elementos têm significados de experiências especiais para o Meditador PSI, porque cada Elemento pode ser revelado utilizando-se um determinado tipo de respiração na meditação que se focaliza nele. As descrições dessas quatro meditações podem ser encontradas na 3ª Parte deste livro, em seguida às práticas introdutórias de meditação na 2ª Parte. É o uso dos Elementos que torna a Prática do Ritmo do Coração tão fácil. A Prática do Ritmo do Coração é uma maneira de sintonizar-se, ou de alinhar-se, com as qualidades e capacidades dos Elementos. Ou, dito de outra maneira, ela traz as qualidades e capacidades de um elemento para dentro de você, fortalece-o e pode ser aplicada ao desafio do momento.

Os Elementos Existentes em Você

Para ser mais específico a respeito dos Elementos, a exposição neste capítulo está entremeada por pequenos relatos extraídos da vida de Meditadores PSI. Os relatos estão classificados de acordo com os Elementos. Algumas dessas histórias podem ser interessantes para você e outras podem lhe parecer familiares. Outras também podem lhe causar constrangimento. Todas essas reações são valiosas, cheias de informações. Se você tiver um grupo, ou mesmo uma única pessoa com quem pratica a meditação, pode se beneficiar discutindo com ela as suas reações.

Depois de ler essas histórias, pergunte a si mesmo, talvez induzido por outra pessoa:

1. Que histórias mais lhe atraíram? Considera algumas delas repulsivas? Independentemente de ter tido uma forte reação a uma história, seja ela positiva ou negativa, o importante é a intensidade da emoção, não a sua orientação.
2. Considerando que as histórias estão agrupadas de acordo com os Elementos, determine qual deles produz a reação emocional mais forte de sua parte. Você provavelmente irá reagir a diversas histórias. Todas elas são do mesmo Elemento? Se não, qual o mais forte? Esse é o elemento que você é induzido a revelar em si mesmo. É provavelmente aquele do qual você mais necessita em sua vida, uma vez que as necessidades da vida e os desejos do coração estão geralmente associados aos Elementos.
3. Que elementos dos que existem em você parecem ser os mais fortes neste momento? Aqueles que você já manifestou são provavelmente os que não lhe parecem interessantes. No entanto, alguns Elementos não lhe provocam nenhuma reação emocional pelo fato de estarem fora do âmbito de sua experiência, nem desenvolvidos ou em desenvolvimento em você. Considerando que há dois motivos para que você não tenha uma reação a um Elemento — pois ele pode já estar fortemente desenvolvido ou pode estar basicamente fora de sua experiência —, determine que elementos já estão solidamente desenvolvidos.

4. Em qual(is) elemento(s) você se acha mais diferente daquilo que deseja ser? Esse é o Elemento para o qual você deve dirigir sua atenção, criando uma meta a ser atingida através da meditação.

Recomendo que você faça anotações imediatamente após a leitura de cada história para que possa detectar sua reação enquanto ela estiver em atividade.

CONTROLE DO *STRESS* E FORÇA INTERIOR (FOGO)

O corpo reage ao *stress* emocional ou mental da mesma maneira que reage ao *stress* físico. Por essa razão, tendemos a manifestar uma reação exagerada quando emocionalmente estressados, como se estivéssemos correndo o risco de um dano físico. Quando você sente *stress*, raiva ou medo, seu nível de adrenalina aumenta rapidamente, o que libera uma tremenda energia em seu corpo. Essa energia pode ser de grande ajuda, aparecendo naqueles momentos nos quais você deve fazer esforços urgentemente necessários para sua sobrevivência. Mas esse tipo de energia é mais conducente a ações inconseqüentes, a mudanças rápidas e a benefícios a curto prazo: uma reação psicológica instintiva. A liberação de adrenalina é benéfica para os grandes músculos, mas turva a mente e torna a pessoa confrontadora e defensiva. Se a sua adrenalina sobe quando o mercado de ações está em baixa ou quando o seu filho se comporta mal, sua reação não será a melhor, porque a adrenalina fará com que você simplifique demais a situação em categorias boas/más e lhe dê ênfase de imediato, o que bloqueia a criatividade.

Uma vez elevado, o nível de adrenalina permanece alto o suficiente para facilitar ainda mais as reações psicológicas instintivas posteriores até que o "perigo" tenha passado. Infelizmente, pode levar horas até que o nível de adrenalina baixe novamente, provocando, nesse meio-tempo, a sensação de se estar "levando o trabalho para casa". O *stress* prolongado também causa uma quantidade indefinida de problemas de saúde. Quando criança, eu tinha curiosidade em saber por que meu pai ficava com todas as luzes apagadas pela manhã. No banheiro, na cozinha, durante o café da manhã, as luzes tinham de permanecer apagadas. A luz era mais que irritante para ele: parecia ser um verdadeiro sofrimento. Quando adulto, compreendi que aquele problema do meu pai era um sintoma de grave *stress*. Quando o corpo está estressado, a íris do olho, que normalmente se contrai sob uma luz ofuscante, na realidade *abre-se totalmente*. A íris dele, em vez de o proteger da luz, o estava agredindo. O *stress* pode fazer com que o corpo tenha outras reações adversas, contrárias aos seus mecanismos auto-reguladores normais. O *stress* pode levar uma pessoa a beber ou a comer demais, colocando mais *stress* no coração, nas artérias, nas veias, no fígado, no pâncreas e assim por diante. O *stress* pode também fazer com que o corpo reaja aos alimentos como se eles fossem venenosos, provocando eczemas, urticária, outras dermatoses, distúrbios estomacais ou diarréia. Sob condições estressantes, necessitamos de uma habilidade melhor que a normal para solucionar os problemas, mas o *stress* pode provocar uma restrição do fluxo sangüíneo para o cérebro, resultando em dores de cabeça ou sonolência, reações típicas dos "oprimidos". Essas reações adversas podem tornar mais difícil a resolução dos problemas que inicialmente provocaram o *stress*.

Uma técnica inicial para controlar o *stress* é tentar *deixar o stress se esvair*, como se ele fosse água escorrendo pelas suas costas, do modo como você faz normalmente durante umas longas férias. Descobriu-se que o nível de adrenalina cai mais rapidamente nas pessoas que praticam a meditação do que nas pessoas que não a praticam. Até o meditadores principiantes possuem uma capacidade mais elevada para se recuperar do *stress* como resultado do relaxamento consciente que ocorre durante a meditação. Conseqüentemente, a meditação faz com que diminua a possibilidade de trazer consigo o *stress* do trabalho para casa — você relaxa mais rapidamente. A meditação, provavelmente, também irá substituir o uso do álcool, da nicotina e de outros sedativos.

Uma outra técnica que as pessoas costumam empregar para controlar o *stress* é utilizar a sua *persistência* para que aquilo que certa vez foi estressante não o seja mais. Lembre-se do que lhe causava *stress* quando criança. O que quer que fosse não será mais estressante para você atualmente, porque você tem mais poder pessoal à disposição. Com a Prática do Ritmo do Coração, você pode elevar ainda mais o seu nível de energia e derrotar o *stress* mais facilmente.

Essa é uma técnica totalmente diferente: em vez de se afastar do que provoca *stress*, ou afastar o *stress* de si mesmo, você poderá lidar com ele com menor reação física e emocional. Seu objetivo é ensinar o seu corpo a reagir de uma nova maneira que não libera adrenalina — através do uso do seu coração, a casa de força da energia emocional. Essa energia irá aumentar a sua capacidade de administrar o *stress* a curto e a longo prazos para que possa lidar com ele, em vez de lutar contra ele ou sucumbir a ele.

GORDON ESTAVA SOBRECARREGADO *de trabalho na empresa de softwares, mas tentava não demonstrá-lo. Fora ele quem propusera o projeto de expansão do software de um único usuário para diversos usuários e por isso fora designado para executá-lo. Posteriormente, o projeto tornou-se vital para a empresa, para a sua auto-estima, reputação e posição na empresa e para sua segurança financeira. Exteriormente, ele parecia estar lidando com o stress muito bem, mas não podia escon-*

dê-lo de seu corpo e de sua família. Não queria reduzir o seu nível de comprometimento, mas o projeto levaria mais nove meses. Assim, ele tinha de descobrir uma maneira de sobreviver à pressão e de obter sucesso. Todos diziam que ele deveria trabalhar com inteligência, e não de modo a causar fadiga para si mesmo, mas não diziam que a maneira de fazer isso era de acordo com o seu coração, não com a sua mente. Gordon iniciou a Prática do Ritmo do Coração com a finalidade de reduzir o stress e descobriu um meio de entrar em contato com a energia do seu coração. Tornar consciente o seu batimento levou-o a considerar o seu desejo e o seu objetivo mais íntimos. Seu objetivo principal era obter sucesso com estilo, com primor e com uma reserva de energia destinada à manutenção de sua dignidade. Embora essa maneira de agir pudesse parecer ser ainda mais arriscada e tornar a tarefa mais difícil, ela mudou o modo de ver as coisas de Gordon de maneira tão intensa que a tornou mais fácil. Ao envolver o seu coração, Gordon pôde entrar em contato com uma reserva de energia que de outra maneira não estaria à sua disposição. Isso liberou as suas qualidades criativas e o trabalho transformou-se em prazer.

Às vezes, Gordon percebia que estava retornando à sua antiga maneira de trabalhar. Ficava ansioso quanto à possibilidade de um fracasso, ou era atacado pelo medo. Ou voltava a trabalhar como um autômato e começava a contar as horas. O trabalho de uma hora não é igual ao trabalho de outra hora, assim a contagem das horas é irrelevante. O importante é manter a concentração, porque todos os problemas desaparecem quando a mente está concentrada. Ele queria manter a mente concentrada, mas ninguém possui uma força de vontade sólida o suficiente para manter a concentração semana após semana; só o coração pode fazer isso. Ele descobriu então que poderia utilizar a sua força de vontade para realizar a Prática do Ritmo do Coração todos os dias, e que a prática poderia acalmar os seus temores e fazê-lo lembrar o seu ânimo e seu amor por aquilo que estava fazendo. Quando se lembrava de seu coração, voltava a gostar das tarefas envolvidas em seu trabalho, da interação com os colegas e adorava poder contribuir para o sustento de sua família. Nessas condições, o stress que o havia impedido anteriormente que ele chegasse a essa situação, desaparecia. Ele rompeu o círculo vicioso, realizando a Prática do Ritmo do Coração.

Um experimento que fazemos quando ensinamos a Prática do Ritmo do Coração é demonstrar essa segunda técnica para controlar o *stress*. Ela me foi ensinada por um médico que se especializara na terapia do *stress*. A fim de estudá-lo, ele necessitava de um método que pudesse induzir um nível padrão de *stress* em cada sujeito, e fez isso utilizando o frio intenso. Com todo o cuidado, envolveu o meu braço direito com gelo picado, desde as pontas dos dedos até acima do cotovelo. Sem meditação, isso costuma induzir uma dor intensa em um minuto. No entanto, utilizando a Prática do Ritmo do Coração, você pode ter mais influência sobre o ambiente do que o ambiente tem sobre você. Quando ele terminou de acumular gelo em torno do meu braço, iniciei a prática e uma sensação de poder percorreu todo o meu corpo. Meu braço não congelou. Lembro-me de ter olhado para o gelo e pensado: "Coitado desse gelo, ele está condenado a desaparecer. Vai se derreter totalmente". Pelo fato de o meu braço não ter ficado congelado, não senti dor alguma. Meu nível de adrenalina, que indica o grau de *stress* ou de sensação desagradável, não se elevou. Meu braço não estava dormente, mas eu não sobrevivi ao *stress* apenas por "determinação". Foi fácil, eu estava sorrindo. Se você tentar "perseverar", seu braço ficará tão branco quanto uma folha de papel, indicando uma redução da circulação, mas com a Prática do Ritmo do Coração seu braço ficará muito vermelho, mostrando, ao contrário, um aumento da circulação.

Isso significa que, com a Prática do Ritmo do Coração, o corpo está lidando com uma situação traumática utilizando um poder incomum porém inato, sem valer-se de sua reação emergencial contrária e imediata ao aumento da adrenalina. A reação "imediata" interrompe a circulação no braço para evitar que o frio se espalhe pelo resto do corpo. O braço é sacrificado para que o corpo sobreviva e assim fica branco. A reação "contrária" eleva imensamente o nível de adrenalina, o coração acelera para aumentar a circulação sangüínea para os músculos, as emoções se intensificam no que diz respeito à ira, ao pânico ou ao medo, e todo o corpo se prepara para uma ação rápida. A Prática do Ritmo do Coração aumenta a circulação na região que está sendo afetada, mas o batimento cardíaco aumenta apenas ligeiramente, e não há ira, pânico ou medo. Há simplesmente confiança em que o poder do coração para alterar o ambiente é maior do que o poder do ambiente para alterar o coração.

Um navio grande é menos agitado pelas ondas do que um barco pequeno.

EXPERIÊNCIA DE PICO DE ENERGIA (FOGO)

A Prática do Ritmo do Coração gera um tipo de energia que é mais vigorosa e mais sutil que a afluência da adrenalina. Essa energia, que pode ser corretamente direcionada e convenientemente utilizada, é acompanhada de um elevado senso de percepção e clareza mental. Ela pode ser usada para se fazer uma extraordinária tentativa de conhecimento pessoal ou de magnanimidade para com os outros. Pode fazer você sentir-se mais forte, mais otimista e com mais controle, mais "centrado". Essa sensação de ser mais otimista e de ter mais controle é decisiva para os estágios seguintes da meditação.

Com a meditação, você pode fazer um esforço físico prolongado, como trabalhar durante toda a noite, e mesmo assim permanecer mentalmente alerta. Pode necessitar de menos sono do que usualmente. A quantidade de sono de que necessitamos fisicamente é, em geral, menor do que aquela de que necessitamos mentalmente, uma vez que a mente utiliza esse tempo para classificar e arquivar as muitas impressões que recebeu durante o dia.

GLÓRIA, UMA GERENTE DE BANCO, *queria uma meditação que lhe permitisse dormir uma hora a menos por noite para poder trabalhar uma hora a mais durante o dia. A Prática do Ritmo do Coração provoca um estado de sono consciente que é mais eficiente do que o sono normal, permitindo que o processo de classificação e arquivamento leve menos tempo. Usando esse método, Glória pôde facilmente reduzir suas costumeiras oito horas de sono para seis e meia, sem sentir-se cansada. Ela passava 15 minutos meditando antes de dormir e 15 minutos depois de levantar-se. Na realidade, ela reduziu seu sono em uma hora e meia, mas aumentou o seu tempo de meditação em meia hora, assim o ganho real foi de uma hora. O tempo extra de meditação torna possível manter o ritmo do dia sem sono.*

Num estágio avançado, as pessoas que aprenderam a Prática do Ritmo do Coração relatam uma experiência de pico de energia e poder muito além de qualquer estado de entusiasmo que tivessem vivenciado até então. Essa é uma das razões pelas quais as pessoas que estão num estágio avançado de meditação confiam tanto naquela prática: simplesmente não existe nada semelhante a essa experiência de pico de energia.

ANTES DE TER APRENDIDO *a Prática do Ritmo do Coração, Phil experimentara drogas. Ele gostara da sensação de euforia e de se sentir poderoso como um deus que lhe proporcionavam a cocaína e outros estimulantes. Era também fascinado por esportes perigosos como corridas de automóveis, que, a seu ver, faziam com que se sentisse mais vivo do que qualquer outra coisa. O estilo de vida de Phil mudou quando ele começou a fazer meditação. A energia que, desde então, emanava de dentro dele era mais tangível. Ele substituiu sua necessidade de estímulos exteriores por um desejo de conhecer melhor a si mesmo. Tornou-se menos agitado e mais ponderado.*

O "êxtase" da meditação é mais gratificante do que o efeito de drogas e do perigo, e uma vez que a pessoa o tenha sentido, os estímulos exteriores perdem seu atrativo. Os efeitos da meditação são:

- de maior duração
- fáceis de controlar
- extasiantes
- sem efeitos colaterais

A excitação do perigo é resultante da adrenalina, que provoca um impulso a curto prazo e bloqueia as "grandes imagens" do pensamento. A excitação da Prática do Ritmo do Coração é semelhante à sensação de uma grande alegria. As drogas não *produzem* energia na pessoa que as toma; elas apenas a emprestam até o dia seguinte. Tomar drogas é igual a fazer um empréstimo a curto prazo com juros elevados. A Prática do Ritmo do Coração não toma emprestado a energia do eu da pessoa; pelo contrário, aumenta a energia total que a pessoa sente ao fazer crescer a interação do seu eu com a natureza.

CORAGEM E PODER (FOGO)

Para realizar coisas extraordinárias, você necessita de energia extraordinária. A energia encontrada na meditação pode lhe dar coragem e confiança para:

- Enfrentar uma crise ou um oponente, não com raiva, obrigatoriamente, mas sem baixar o nível para ataques pessoais.
- "Elevar-se às alturas", lembrando-se de coisas importantes enquanto os outros se debatem no pântano dos problemas urgentes.
- Fazer o que é certo, embora seja difícil.
- Irradiar força para outras pessoas durante os momentos de desilusão, inspirando-as e incentivando-as a aproveitar a ocasião para descobrir soluções criativas.

Pessoas que meditam têm dado incríveis exemplos de energia — fitar o sol, por exemplo — que vão além da nossa imaginação e compreensão. O objetivo da Prática do Ritmo do Coração não é a possibilidade de fitar o sol, mas antes de tudo utilizar a mesma força interior para enfrentar situações do dia-a-dia com o olhar firme e uma disposição de espírito de destemor e indefectível alegria. Pense numa situação que enfraquece a sua confiança, no que quer que você considere mais difícil de fazer. Por exemplo:

PEDIRAM A TRÊS HOMENS *que participavam de um curso sobre a Prática do Ritmo do Coração que contassem as suas demonstrações de coragem interior. Um empresário relatou o que aconteceu quando teve de voltar aos seus investidores para solicitar mais dinheiro porque o seu projeto não havia dado certo. Eles não iriam receber o que haviam investido durante os próximos seis meses, e ele necessitava de mais capital. Era preciso muita coragem — não era uma tarefa fácil — mas ele encontrou uma confiança interior na qual se apoiou naquele dia.*

Um médico falou a respeito de uma operação que realizara e que não havia melhorado o estado de saúde do paciente. Ele achava que uma segunda cirurgia seria bem-sucedida, mas havia também o risco de outro abalo emocional. Teve de convencer a diretoria do hospital e a família do paciente de que o risco seria justificado. Estava preocupado com a responsabilidade que assumira ao fazer essa recomendação, mas seu coração estava tranqüilo quanto a isso, e a operação teve êxito. O paciente se recuperou.

Um gerente de uma empresa de investimentos descreveu uma situação que enfrentara quando a política de investimentos que havia posto em prática não aumentara os rendimentos de seu fundo após três meses. Ele tinha reinvestido os ativos e mudado os fatores de risco de acordo com sólidos princípios que, segundo ele, poderiam dar resultado a longo prazo, mas os rendimentos não sofreram alteração. Ele achava que deveria manter esse procedimento enquanto as mudanças fizessem efeito, e necessitava que o diretor encarregado dos investimentos continuasse a confiar nele. Há muitas maneiras de se observar um desempenho a curto prazo, mas apenas o total dos rendimentos era o que importava. Sentia do fundo do coração que deveria apresentar o caso à diretoria da empresa de uma maneira clara e simples, com a força que vinha da verdadeira confiança. O seu ardor inspirou a diretoria a agir da mesma maneira, e ele obteve o tempo de que necessitava. As mudanças no mercado ocorridas no mês seguinte causaram prejuízo aos competidores, mas não no fundo sob seus cuidados, provando a validade de sua estratégia.

A coragem é como o sol na escuridão. Não é imaginar que se tem o poder do sol nos olhos, é agir como o próprio sol. A pessoa que medita torna-se igual ao sol. A meditação tem como objetivo ser, não apenas pensar.

O USO DOS SENTIMENTOS (ÁGUA)

Assim que o coração começa a bater, outro mundo se abre para a vida, pois em geral o que uma pessoa vivencia é apenas aquilo que os sentidos podem perceber e nada mais além disso. Mas quando uma pessoa começa a sentir e a perceber os sutis sentimentos do coração, ela passa a viver em outro mundo, caminhando sobre a mesma terra e vivendo sob o mesmo sol. [Hazrat Inayat Khan][2]

Às vezes, desconfiamos de nossos sentimentos porque eles não podem ser analisados objetivamente ou controlados intencionalmente. Diz-se que nos negócios não se pode deixar que os "sentimentos pessoais" interfiram nas tomadas de decisões. As pessoas mais bem-sucedidas, no entanto, admitem utilizar "sentimentos interiores" e outros processos não-racionais como uma parte importante da tomada de decisões. Uma pessoa que tenta agir apenas com a mente, sem emoção, está enganando a si mesma.

A emoção está por trás do pensamento. Se seus sentimentos mudam de rumo, o seu fluxo de pensamento irá segui-lo imediatamente. Quando uma pessoa está deprimida, pensa com pessimismo a respeito de tudo, mas quando está feliz, pensa de uma maneira otimista a respeito de todas as situações. O objetivo é adaptar seus sentimentos à situação presente. Pensar em como agir diante de determinada situação pode ser útil, mas sentir como fazer isso é muito mais proveitoso, fazendo com que a pessoa aja da maneira correta.

- Para modificar uma situação embaraçosa, primeiro deixe-se invadir pela emoção total de sofrimento, permitindo que você a sinta plenamente sem dela se esquivar. Depois, liberte-se por si mesmo dessa sensação e deixe-se tomar por uma sensação de confiança. O que quer que funcionou para você pessoalmente, para transformar sua emoção, irá provavelmente funcionar para transformar a situação, quando você fizer uma mudança adequada.
- Por outro lado, para tirar o máximo proveito de uma oportunidade, sinta antes a importância e a beleza nela contidas. Depois, em vez de expressar a emoção diretamente, reprima-a e deixe que ela surja em você através da atividade que a ela seja apropriada.

A dificuldade na utilização das emoções é que é necessário prática para percebê-las quando elas surgem e para diferenciá-las. Tendemos a confundi-las com os nossos sentimentos, como "Eu *estou* deprimido" em vez de "Eu estou *sentindo-me* deprimido", o que torna difícil de serem percebidas. Com determinados tipos de meditação, no entanto, você pode observar até mesmo as sutis emoções nítida e distintamente, sem identificar-se com elas. Você poderá, então, construir facilmente um rico vocabulário para diferentes tipos de sentimentos.

Talvez uma situação em sua vida faça com que você se sinta traído, enquanto uma outra faz com que você se mostre agradecido. Você precisa concentrar-se apenas na emoção apropriada à situação com a qual se depara, do contrário suas motivações e ações serão confusas. Imagine que alguém esteja colocando em prática uma idéia que o favorece, e que seja uma pessoa que você acha que o tenha magoado pessoalmente. Você deseja poder reagir positivamente à idéia com um sentimento genuíno, deixando de lado seus sentimentos de mágoa até que possa falar com a pessoa a sós. A Prática do Ritmo do Coração torna todas as suas emoções mais conscientes, assim você pode utilizá-las da maneira que lhe seja mais útil.

Um sentimento, quase sempre, encobre outro sentimento. Por exemplo, a raiva encobre a mágoa. Ficamos com raiva, mas sob essa raiva sentimo-nos magoados. Sentimo-nos bem quando podemos expressar a raiva, mas é mais honesto expressar a mágoa. Dizer "Isso magoa" em vez de "Você me faz ficar com raiva" irá, com muito mais probabilidade, fazer com que as outras pessoas tornem-se mais acessíveis do que produzir uma reação defensiva por parte delas.

Ao desenvolver uma maior capacidade para a emoção, você tem acesso a uma faixa muito ampla de comunicação com os outros. Um dos resultados disso é que você poderá ter um melhor relacionamento com seu cônjuge. Outro resultado é a descoberta de amizades mais profundas e mais genuínas.

MARSHA ESTAVA SERIAMENTE deprimida, o que se manifestava como aversão a tudo, extrema fadiga sem sonolência, e pessimismo ou indiferença para com todos que ela outrora admirara e amara. Na verdade, ela não tinha do que reclamar — mas desejava ter, porque isso poderia gerar um desejo para sair da cama e fazer alguma coisa a respeito da situação. Fora um inesperado descontentamento que nela surgira. Sua depressão, na verdade, não era uma emoção, era uma ausência de emoção. Seu marido recomendava com insistência que ela meditasse, mas ela ficou quieta e ressentida com a interferência. No entanto, ela logo descobriu que a meditação não era desagradável nem cansativa. Além disso, na Prática do Ritmo do Coração, ela descobriu na sua respiração algum vislumbre de emoção, como uma lembrança de alguma coisa que ela havia perdido há muito tempo. Depois de algumas práticas, ela sentiu que uma emoção muito forte estava presa sob uma densa camada de medo. Ela compreendeu que uma batalha entre sua emoção oculta e seu medo dela era o que estava destruindo completamente o seu amor pela vida. À medida que continuava a meditar, a emoção de origem tão profunda se fortalecia mais e mais, mas o medo que tinha dela também aumentava, mantendo a emoção em estado de inconsciência.

Ela começou a perceber indícios daquilo que não deixava que sentisse por si mesma: um profundo descontentamento com a vida e uma ânsia por algo mais, embora as suas condições de vida fossem o objetivo de muitos.

Permitindo que a meditação ocupasse a parte mais desagradável do espaço de seus sentimentos, ela pôde ouvir a voz da angústia interior. Compreendeu então como tinha medo de enfrentar uma mudança em si mesma.

Sem a meditação, raramente conseguimos muitas informações a respeito de nosso estado interior. Em muitos casos, o chamado angustiante que a depressão envia não recebe nenhuma resposta, e a situação persiste, às vezes por décadas, envenenando por fim o corpo físico e causando uma enfermidade. Na Prática do Ritmo do Coração, no entanto, sentimos tanto o medo quanto a ansiedade que o medo controla com muito mais intensidade do que uma decisão natural que deve ocorrer. Como dois guerreiros que se conhecem tão bem que se respeitam e até se admiram mutuamente, o medo vê a constrangedora ansiedade, e a ansiedade ouve a advertência do medo sobre a fragilidade da vida. Juntos, eles finalmente surgem como aliados, destruindo o bloqueio emocional que causaram.

FAZER A LEITURA DOS OUTROS (ÁGUA)

Algumas pessoas usam uma sofisticada defesa intelectual e verbal para ocultar seus sentimentos, talvez até de si mesmas. As pessoas geralmente não conhecem seus verdadeiros sentimentos. E quando o fazem, quase nunca partilham-nos com os outros. Você pode ajudar as pessoas se puder sentir suas emoções, que elas ignoram. Elas podem apenas sugerir suas emoções através da comunicação verbal, mas há uma maneira de ler seus sentimentos de modo direto e não-verbal.

- Antes de tudo, neutralize seus próprios sentimentos, utilizando uma meditação concentrada.
- Depois, no estágio de contemplação da Prática do Ritmo do Coração, deixe-se ficar receptivo às outras pessoas, sem resistência ou conclusões apressadas. Você irá descobrir as emoções das outras pessoas surgindo em seu íntimo, como se fossem suas próprias emoções.
- Teste a sua experiência dizendo às outras pessoas o modo como você as sentiu em si mesmo. Observe se elas estavam se sentindo da mesma maneira.

Os pré-requisitos dessa habilidade de ler as emoções alheias são a capacidade de sentir emoções sutis dentro de si mesmo e a familiaridade com uma ampla variedade de emoções. Sempre que alguém canta acompanhado ao piano, só as cordas que correspondem à música que está sendo cantada vibram em resposta. A sua resposta pode tornar-se tão perfeita como a de um instrumento musical, de modo que as vibrações emocionais das outras pessoas vibrem dentro de si mesmo.

QUANDO UM INCÊNDIO *irrompe no hospital onde você trabalha, Dave é acusado de o ter provocado, pelo fato de ter sido visto na área um pouco antes. Você sempre gostou de Dave pessoalmente. Ele nega peremptoriamente qualquer envolvimento e pede-lhe ajuda para defender-se dessa acusação, que iria arruinar sua carreira. Quando o encontra, você está receptivo, mas então é surpreendido por uma sensação que o domina: você se sente culpado, como se fosse a pessoa que provocou o incêndio. Dave parece sincero e você fica triste pelo que pode acontecer a ele, mas deve aconselhá-lo a assumir a responsabilidade pelo seu ato, pois sabe que ele se sente culpado interiormente.*[3]

> **VOCÊ SEMPRE SUPÔS** que Laura era uma companheira digna de confiança e leal à sua pessoa, mas algo que ela acabou de fazer deixou-o surpreso. Você poderia interpretar facilmente o ato por ela praticado como um ataque deliberado com motivos oportunistas, talvez como um favor ao seu rival. Precisa saber se ainda pode confiar nela e contar com o seu apoio, ou se deve assumir que ela está procurando um meio de derrubá-lo. Você se encontra com ela e medita de olhos abertos enquanto ela fala. No estado de meditação, você sente apenas admiração e lealdade por ela, o que pode, portanto, interpretar como sentimentos dela refletidos dentro de si mesmo. Compreende então que ela é leal, simplesmente não tinha consciência dos efeitos de seu ato com relação a você.

CRIATIVIDADE E CARISMA (ÁGUA)

O magnetismo é um bom exemplo de uma parte da realidade que você pode sentir mas não ver, embora ele possa ser detectado por meio de instrumentos, por alguns pássaros e por pessoas sensitivas. Os seres humanos, as plantas e os animais possuem uma espécie de campo magnético e fazem uma troca mútua de energia através desse campo. Você sabe o que significa ser uma pessoa magnética. Existem atualmente métodos científicos preliminares para medir esse tipo de magnetismo. Quando mantemos o magnetismo dentro de nós mesmos, ele produz criatividade e, quando manifestado exteriormente, é chamado de carisma.

O que as pessoas querem de você, essencialmente, é o seu magnetismo, porque ele tem a capacidade de carregar os outros com energia, da mesma forma que um dínamo carrega baterias. As pessoas que estão cansadas, física, mental ou emocionalmente, necessitam de energia que podem obter de seu magnetismo. Você projeta esse magnetismo pela sua presença, por isso as pessoas gostam de sua atenção; pelas suas palavras, por isso as pessoas gostam de ouvi-lo; pelo seu sorriso, por isso as pessoas gostam de fazê-lo feliz. Para conseguir o máximo das pessoas que trabalham com você, você precisa emanar magnetismo. Você recarrega o seu magnetismo com as emoções ocultas, que são mais bem acessadas na meditação.

> **VINCENT ESTAVA DANDO** uma palestra para a equipe do departamento de compras. Ele falava com clareza e eloqüência e sentia-se seguro de si. Então, os encarregados de compras começaram a fazer perguntas. Algumas delas ele podia responder, mas outras eram totalmente inesperadas, obrigando-o a pensar com todo o cuidado. Sua mente estava se exaurindo, seu discurso tornou-se confuso à medida que ele deixava de lado a estrutura das frases. Seu olhar tornou-se vago. Estava se sentindo atacado, exposto. Nada parecia satisfazê-los, e cada pergunta parecia ser outro ataque.

Então Vincent lembrou-se de que o que as pessoas querem é magnetismo, não simplesmente respostas. Os encarregados de compras queriam investigá-lo, para descobrir quão profundos eram os seus recursos. Na verdade, eles não queriam fatos que pudessem responder às suas perguntas — queriam inspiração e criatividade que pudessem aplicar por si mesmos aos seus problemas. Ele parou de lutar com as perguntas que não os satisfaziam de modo nenhum. Disse apenas coisas como esta: "Temos de resolver isso juntos" e sorriu para eles. Não era uma tentativa de sorriso, nem uma simulação. Ele havia atingido a sua emoção, e ela se manifestou como um sorriso que irradiava confiança e comprometimento. Os assistentes pararam de fazer perguntas e logo depois fecharam seus cadernos de apontamentos e saíram satisfeitos. Os demais membros da equipe de Vincent ficaram admirados com a maneira pela qual ele reagira ao assalto dos compradores. Esse pessoal precisava de energia, em forma de inspiração, para descobrir uma solução criativa para os seus problemas. Vincent recuperou o seu magnetismo através da emoção. Eles o obtiveram como energia e o utilizaram para resolver seus problemas por si mesmos.

É fácil ficar exaurido pelas demandas daqueles que o cercam. Se você permitir, as pessoas irão apoderar-se de todo o magnetismo que você tiver. Você sabe quando sua energia foi absorvida em demasia quando um encontro com outras pessoas o deixa sentir-se um tanto deprimido. Você pode recarregar sua energia emocional, a fonte de sua criatividade e de seu carisma, mesmo enquanto os outros tentam drená-la. A meditação é a maneira mais rápida de fazer isso. Você pode sentir o resultado imediatamente no seu corpo, principalmente no seu peito, e os outros podem observar isso.

FELICIDADE (ÁGUA)

Há, pois, o problema da felicidade. Uma pessoa pensa que se os seus amigos forem gentis com ela, se os outros a atenderem, ou se tiver dinheiro, então será feliz. Mas não é dessa maneira que se obtém a felicidade; às vezes, prova-se que é da maneira inversa. Por não se ser feliz, culpa-se os outros, acreditando-se que eles obstruem o seu caminho, impedindo a sua felicidade; na realidade, isso não acontece. A verdadeira felicidade não se adquire, é descoberta.

O objetivo do homem é a felicidade, é por isso que ele a almeja. O que impede a entrada da felicidade na vida de uma pessoa é o fato de ela manter fechadas as portas do coração, e quando o coração não está em atividade, não existe felicidade. Às vezes o coração não está totalmente ativo, mas só parcialmente; e ao mesmo tempo procura a vida no coração de outra pessoa. Mas a verdadeira vida do coração é viver de maneira independente em sua própria felicidade e isso é obtido por meio da realização espiritual, penetrando profundamente no próprio coração. [Hazrat Inayat Khan][4]

Na verdade, a felicidade vem de dentro de si mesmo, não de acontecimentos externos.

> **DESDE QUE INICIOU** a Prática do Ritmo do Coração, Christina descobriu que é realmente feliz. Ela carrega consigo essa felicidade para o seu trabalho. Quando o trabalho vai bem, ela sente-se contente como todas as outras pessoas. Quando o trabalho não vai bem, ela se mantém confiante. Ela não está trabalhando para ser feliz — ela é feliz, independentemente de qualquer coisa.
> No início, o seu chefe pensava que ela não se preocupava com os problemas da empresa ou que não os percebia. Mas, com o passar do tempo, ele compreendeu que ela percebia tudo muito profundamente — pois possuía aquela imensa quantidade de energia emocional que fazia com que os contratempos não a perturbassem. Era uma funcionária incansável — fazia tudo com emoção, não com força de vontade. Um dia ele perguntou a ela: "Qual é a fonte de seu otimismo?" Ela respondeu: "O otimismo provém do coração, não da cabeça".

A maioria das pessoas pensa que necessita disso ou daquilo para ser feliz, mas não é assim.

Uma pessoa vive numa comunidade na qual sempre existem entretenimentos, passatempos, alegria e coisas agradáveis; ela pode levar essa vida durante vinte anos, mas no momento em que percebe a agitação nas profundezas do seu coração, ela percebe que aqueles vinte anos não significaram nada. Um momento de vida com o coração ativo vale mais do que cem anos de vida com o coração sem ânimo. [Hazrat Inayat Khan][5]

A felicidade é um estado natural do coração cheio de vida.

Existe a felicidade de compreender que não se necessita de uma razão para ser feliz.[6]

A pessoa religiosa muitas vezes não dá importância à felicidade pessoal, preterindo-a em favor do ritual e da moralidade. O misticismo, no entanto, é um questão de felicidade. Mas o religioso não precisa se preocupar — isso não é hedonismo. A felicidade, de maneira diferente do prazer, não provém de nenhuma sensação ou acontecimento em particular, nem mesmo do fato de se ter conseguido atingir o objetivo ou realizar os desejos. A felicidade é, na verdade, uma sensação de harmonia com a vida e com o eu.

Além do benefício óbvio que a felicidade traz para você, sua felicidade é também um benefício para outras pessoas. A felicidade é um indício de um coração cheio de ânimo, portanto é compreensão. Da mesma forma que você deve ser (ou sentir-se) rico por ser generoso, deve ser feliz por ser compreensivo. Caso contrário, os seus próprios problemas serão tão desgastantes que você não conseguirá pensar em nenhuma outra coisa.

> A pessoa está viva quando o coração está cheio de vitalidade, e esse coração despertou para a compreensão. O coração vazio de compreensão é pior do que uma rocha, pois a rocha tem utilidade, mas o coração vazio de compreensão produz incompreensão. [Hazrat Inayat Khan][7]

> O objetivo da vida é a felicidade. Como budista, descobri que a atitude mental de uma pessoa é o fator que mais influencia a conduta para alcançar esse objetivo. A fim de mudar as condições extrínsecas, digam elas respeito ao ambiente ou às relações com outras pessoas, devemos primeiro mudar a nós mesmos. A paz interior é fundamental. [Dalai Lama][8]

Se você puder descobrir o que realmente o faz feliz, a vida irá se tornar mais fácil. A Prática do Ritmo do Coração pode ajudá-lo a descobrir a felicidade do seu coração que é tão natural quanto o batimento cardíaco.

MESMO QUANDO *o coração é removido do corpo, o músculo cardíaco continua a se contrair ritmicamente. As células do músculo cardíaco são produzidas com essa finalidade, elas adoram pulsar. O músculo cardíaco continua a pulsar enquanto a mente descansa, até mesmo quando você prende a respiração. Há dois conjuntos de músculos ligados à respiração, mas o músculo cardíaco é único, sem substituto. A vida do coração não é enfadonha, ele tem de se ajustar às necessidades de outras partes do corpo. Às vezes precisa pulsar mais rapidamente, acelerando-se de imediato, ou pulsar lentamente enquanto você se encontra numa vigília noturna. O eco do coração é sentido em cada célula.*

O coração é uma metáfora para sua felicidade: Faça o que você gosta de fazer, com paixão. Faça-o por você mesmo sem precisar da atenção de outras pessoas. Porém, escute as outras pessoas e ajuste-se ao que você faz para atender às necessidades delas. Fique consciente do seu círculo de influência, e promova a harmonia em todo esse âmbito.

CONCENTRAÇÃO (AR)

Muitas pessoas que pensam ter uma concentração perfeita são, na verdade, muito suscetíveis a interrupções. A pergunta que você deve responder a si mesmo é: "Tenho esse problema sobre controle, ou ele me controla?" A concentração é o segredo do sucesso. Sua capacidade para se concentrar melhora imensamente quando você utiliza as técnicas da Prática do Ritmo do Coração.

DURANTE UM CURSO *sobre a Prática do Ritmo do Coração, um grupo de executivos iniciou um simples exercício de concentração no qual seria óbvio se algum deles perdesse a concentração. Pedi que eles permanecessem imóveis por 30 minutos. Cerca da metade dos participantes puderam fazê-lo, os outros tiveram um espasmo muscular inconsciente ou sentiram um desconforto consciente que fizeram com que eles se movessem. No fim, ficou claro que cada pessoa sabia a que grupo pertencia, portanto nem falei de seu sucesso ou malogro. Apenas pedi a eles que fizessem novamente a mesma coisa, utilizando o seu batimento cardíaco. Uma segunda tentativa é geralmente menos bem-sucedida do que a primeira, porque a concentração é cansativa, mas com a Prática do Ritmo do Coração todos foram capazes de atingi-la. Os que antes tinham conseguido permanecer imóveis descobriram que a segunda tentativa foi agradável e não difícil, e os outros ficaram satisfeitos por poderem obter sucesso tão facilmente naquilo em que haviam falhado anteriormente. (As instruções para esse exercício encontram-se no Capítulo 5.)*

As distrações são causadas por sensações interiores e exteriores, mas descobri que pessoas que estão num estágio avançado da meditação PSI podem meditar até mesmo no meio de barulho e balbúrdia.

NA FUNDAÇÃO MENNINGER, *três meditadores de diferentes níveis de experiência foram ligados a máquinas separadas de EEG (eletroencefalograma) para verificar sua capacidade de meditar. Depois que todos os três demonstraram as ondas cerebrais características da meditação, a porta do laboratório foi aberta e fechada com força. De acordo com suas ondas cerebrais, o principiante perdeu seu estado meditativo e não conseguiu mais retorná-lo. O meditador adiantado revelou ondas cerebrais irregulares durante alguns segundos, depois voltou lentamente ao estado de concentração. O mestre não sofreu nenhuma mudança em suas ondas cerebrais durante todo o período em que houve perturbação auditiva, indicando que sua concentração nunca oscilou.*

O relaxamento é mais difícil do que parece; é necessário um bocado de concentração para relaxar. Nossos músculos retêm uma considerável tensão mesmo quando estamos imóveis, e essa tensão pode permanecer durante anos. (O grau de tensão muscular pode ser medido como uma voltagem nos tecidos.) Com a prática, você pode aprender a obter um "relaxamento profundo", o que é uma maneira muito agradável de aumentar o seu poder de concentração.

Com o poder de concentração, você poderá mudar o seu estado mental de holístico para linear e vice-versa. A predominância do hemisfério esquerdo é melhor para o pensamento lógico e linear, enquanto a predominância do hemisfério direito é melhor para o pensamento conceitual e abstrato. Uma simples meditação permite que você verifique qual hemisfério é predominante e mude de um para o outro. Algum dia isso será ensinado às crianças em idade escolar. Entrementes, as pessoas que sabem como sintonizar a mente para a tarefa a ser desempenhada levarão uma grande vantagem.

SUSAN PARTICIPAVA de mais uma interminável reunião — a respeito da integração de seus dois departamentos de varejo — que pulava de um detalhe para outro sem nada resolver. Ela observou que o nível do detalhe correspondia ao padrão de compreensão da pessoa que o interpretava no momento. Ela transferiu sua mente para o hemisfério direito, utilizando um simples modo de respirar que aprendera através da Prática do Ritmo do Coração, e começou a perceber a sinergia dos dois departamentos numa experiência comercial vista como um todo. Então falou a respeito dessa maneira de ver as coisas e fez com que todos examinassem amplamente o conceito de varejo como um todo. À medida que todos concordavam nos assuntos de mais alto nível, os detalhes eram esclarecidos facilmente. Os dois departamentos fundiram-se em um departamento maior com uma previsão de faturamento replanejado. O total das vendas excedeu em muito às dos dois departamentos juntos.

A mente acompanha a sintonização do coração. Quando você tenta controlar a mente de maneira direta, ela escapa facilmente. Mas o seu pensamento segue o desejo do seu coração, da mesma forma que uma balsa segue a corrente.

PERCEPÇÃO (AR)

Todos nós vivemos no mesmo mundo, e mesmo assim percebemos este mundo de uma maneira muito diferente. Quem medita desenvolve um poder de percepção que o faz ver além das aparências das coisas. Através de uma aguçada suscetibilidade à vibração, é possível sentir uma qualidade essencial nas coisas.

JIM ERA UM *comprador de produtos cultivados organicamente. O ideal de alimentos saudáveis era importante para ele, mas tinha consciência de que os elevados preços pagos por vegetais orgânicos atraíam alguns agricultores menos idealistas; assim, era muito cuidadoso na fiscalização dos plantadores com respeito ao emprego de fertilizantes estritamente orgânicos. Quando estava inspecionando uma fazenda, começou a suspeitar que o fazendeiro estava escondendo alguma coisa. Um campo acabara de ser fertilizado e Jim pediu para vê-lo. Ele apanhou um punhado de terra do campo. O fazendeiro assegurou-lhe que o fertilizante era cem por cento orgânico, mas Jim sentiu uma estranha sensação na mão. De pé sob o sol, ele meditou durante um momento com os olhos fixos na terra em sua mão. Notou então que um gosto estranho porém evidente aparecia em sua boca. Jim disse ao fazendeiro que sabia que o fertilizante não era orgânico. O fazendeiro foi pego de surpresa e admitiu que havia usado "apenas um pouco de um tipo de produto químico" para conseguir uma melhor produção. Jim disse: "Não posso comprar a sua colheita".*

Você também utiliza a percepção, captando os sinais interiores que podem orientá-lo no sentido de se harmonizar com a sua situação momentânea, tendo como conseqüência uma ação efetiva.

A percepção com relação às outras pessoas não apenas reconhece as qualidades que elas possuem, como também percebe o que elas poderiam ser. O segredo da percepção está em ver com o coração, não com as faculdades analíticas e críticas. Considere a motivação e o desejo das pessoas mais do que suas palavras e ações.

QUANDO CHARLES PUBLICOU UM ANÚNCIO *procurando um assistente executivo, sabia que desejava uma pessoa que tivesse a capacidade de substituí-lo dez anos mais tarde. Como poderia encontrar a pessoa certa entre tantas que estavam esperando para serem entrevistadas por ele? Ele as reuniu na mesma hora e deu a cada uma delas uma folha de papel, pedindo que escrevessem o seu nome e as suas qualificações. Quando todas haviam feito o que pedira, ele disse que amassassem suas folhas de papel e as atirassem na cesta de lixo. Então perguntou a cada uma delas: "Por que você jogou fora a sua folha de papel?" Todas deram mais ou menos a mesma resposta: "Você disse-me para fazê-lo". Só Alice redargüiu: "Porque eu quis". Foi Alice quem Charles escolheu para ser sua assistente.*[9]

INTUIÇÃO (AR)

Na Bolsa de Valores de Nova York, carreiras foram feitas e desfeitas durante a Segunda-feira Negra, dependendo de quem a tinha ou não previsto. Algumas pessoas haviam percebido claramente o que iria acontecer. Elas retiraram dinheiro do mercado, escreveram comunicados, avisaram os amigos. As que "sabiam" não atribuíram sua intuição a algo como PES (percepção extra-sensorial); falaram de indicadores econômicos e "pressentimentos". Não há dúvida de que, às vezes ou mesmo regularmente, temos intuições, mas elas se perdem no "tumulto" de nossos outros processos mentais.

Não acredito em previsões do futuro, mas alguns dos fatores que moldam o futuro já são visíveis atualmente. A meditação faz com que a mente opere de uma tal maneira, que incorpora os fatores que parecem não ter relação lógica como parte de uma única realidade. Através da meditação, você poderá distinguir as vozes confiáveis da intuição das vozes não confiáveis da fantasia e da criação ilusória de atos que desejaríamos fossem verdadeiros. Por conseguinte, a intuição surgirá com mais freqüência e falará mais alto. Assim, sua capacidade de sentir o futuro deverá melhorar muito.

Júlio César disse: "Governar é prever". Seu emprego poderá exigir que você divise os obstáculos que já estão se formando em seu futuro e que se desvie deles, evitando o perigo para si mesmo e para aqueles pelos quais você é responsável. Você sabe muito mais do que julga saber, e a meditação o ajudará a trazer à tona esse conhecimento.

Outra finalidade da meditação é perceber o que está acontecendo no presente em um lugar distante. Você pode aprender a entrar em contato com um colega que se encontra distante e, de imediato, partilhar um pouco de sua experiência.

JOHN TERIA EM BREVE *uma importante reunião a respeito de vendas. Já havia se encontrado com Bob anteriormente, mas não sabia se ele lhe seria receptivo ou hostil. Por isso, John não sabia se deveria expor o plano de uma maneira conservadora, esperando dificuldades e ocultando problemas, ou se aproveitar da reunião como uma excitante oportunidade para mostrar seus aspectos positivos. John meditou a respeito de Bob e percebeu que ele estava com um estado de espírito que lhe era favorável e que, assim, iria participar de seu entusiasmo em vez de erguer obstáculos. Por isso, John preparou-se para uma reunião amistosa — e a conseguiu.*

NANCY ERA RESPONSÁVEL *por um departamento da empresa localizada em Haia, com o qual jamais se reunira. Ela conhecera ligeiramente o gerente do departamento nas poucas vezes em que ele viajara para reuniões da empresa. Recebia seus relatórios semanais e números mensais do contador daquela filial, mas achava que realmente não sabia o que acontecia por lá. Estaria o gerente dizendo apenas o que ela queria ouvir? O que estaria ele fazendo para conseguir novos negócios? No dia anterior à sua reunião com ele, Nancy realizou a Prática do Ritmo do Coração como geralmente fazia, pensando o tempo todo em seu subordinado. Sentia um profundo conflito nas suas próprias emoções. No dia seguinte, perguntou a ele por que* *motivo ele estava tão confuso. Ele foi franco e contou que havia descoberto alguns fatos a respeito de operações da companhia que considerava não serem éticos, e achava-se num terrível conflito por não saber como lidar com eles. Ela levou-o a partilhar consigo as informações e depois convocou o dirigente da divisão européia para uma reunião, para que ele expusesse o que havia descoberto para o conhecimento de todos. Daí por diante, ele passou a confiar em Nancy e em sua compreensão, e nunca mais hesitou em partilhar com ela as suas preocupações.*

AUTOCONTROLE (TERRA)

O primeiro passo para a integridade é criar autocontrole. Não se pode confiar numa pessoa sem autocontrole. Suas intenções podem ser boas, mas um tropeço pode arruiná-las. Para merecer confiança, você deve ser capaz de confiar em si mesmo, sabendo que suas motivações e suas idéias são honestas. Por isso, mesmo que você aja inconscientemente, suas ações serão coerentes com seu objetivo. Para poder ser considerado responsável por outras pessoas, você deve ser responsável por si mesmo.

JACK ERA TANTO estimado quanto temido. Ele possuía a capacidade de fazer com que seus subordinados se sentissem como membros de uma mesma família, ou que se sentissem inseguros, ameaçados e irados. Tudo dependia do seu estado de espírito, e ninguém sabia do que o seu ânimo dependia. Em determinados momentos, não queria ouvir nada a respeito de coisa alguma. Em outros momentos poderia reclamar aos gritos: "Por que não me disseram?" Deixava as pessoas constrangidas. Jack nunca estava errado, de acordo com o seu ponto de vista, mas seus funcionários freqüentemente estavam. Ele era impulsivo, tomando decisões rapidamente e, algumas vezes, revogando-as com a mesma rapidez. Suas decisões pareciam depender da pessoa que por último falasse com ele. Em alguns assuntos, mantinha-se apegado a conceitos rígidos, nos quais só ele acreditava. Ele polarizava as pessoas. Seu círculo de admiradores era grande, mas seu círculo de inimigos era ainda maior. Embora tivesse uma enorme experiência e uma carreira de sucesso, não se podia confiar nele, uma vez que não mantinha o controle.

Jack começou a desenvolver o autocontrole ao aprender a Prática do Ritmo do Coração. Era fácil para ele realizar a prática quando o seu estado de espírito estava "para cima", mas não podia sequer pensar nela quando estava "para baixo". Lentamente, os efeitos da prática começaram a ser sentidos em ambos os estados de ânimo. Seu temperamento ainda explodia, mas descobrira uma maneira de se livrar do mau humor, lembrando-se da sua prática. Finalmente, aprendeu a controlar a respiração, o que controlava o seu temperamento. Podia sentir, pelo batimento cardíaco, que o seu coração estava muito menos estressado, da mesma forma que o coração daqueles que com ele trabalhavam.

A Prática do Ritmo do Coração é um método destinado a aumentar o autocontrole. Autocontrole é aqui definido como a capacidade de se fazer o que se deseja, em vez de se fazer o que não se deseja. Por exemplo, com autocontrole você poderá:

- Ser capaz de controlar seus desejos, suas compulsões e seus vícios. (Todos nós somos viciados em alguma coisa.)
- Produzir um efeito positivo e deliberado na sua saúde física, especialmente no coração, no sistema nervoso e em algumas glândulas.
- Ser disciplinado e objetivo no que se refere ao uso do tempo para atingir as metas.
- Dizer o que pretende e transmitir o que está dizendo.
- Ser paciente com os outros.

Até um leve aumento no autocontrole terá um efeito substancial na sua capacidade de fazer as coisas e nos seus sentimentos a respeito de si mesmo.

O autocontrole exige o controle da mente. Para controlar a mente, você deve, em primeiro lugar, ser capaz de controlar o corpo. Para exercer esse controle, é essencial controlar o sistema nervoso. Entre as pessoas que meditam, o autocontrole é extraordinário; algumas conseguem controlar o ritmo cardíaco, a pressão sangüínea, o índice metabólico, a temperatura do corpo e até o tempo de cura de um ferimento. (Tudo isso foi comprovado por diversas instituições médicas, principalmente a Fundação Menninger.)

Para ser o que deseja, você necessita da ajuda de seus aliados mais próximos: o corpo e a mente. Se você treiná-los através da concentração e do ritmo, eles irão responder aos seus desejos.

CONFIAR E SER DIGNO DE CONFIANÇA (TERRA)

Geramos confiança através da firmeza e da estabilidade de nosso comportamento e de nossos relacionamentos com as outras pessoas, mas acontecimentos imprevistos põem à prova essa confiança.

KATHY ERA JOVEM quando sua mãe morreu e ela não podia contar, emocionalmente, com o pai que era um alcoólatra. Kathy não tinha ninguém em quem confiar, assim aprendeu a superar o trauma por si mesma — um mecanismo de sobrevivência que dificultava os seus relacionamentos adultos. Ela era descrente e lhe faltava confiança, estabilidade e amizades íntimas, pois não tivera amigos na infância. Por causa de seu condicionamento, inconscientemente pensava que seria aban-

donada e por isso não aceitava ser amada. Quando se casou, arquitetou testes inconscientes de dedicação do marido. Diante dos outros, ela o menosprezava, encontrava defeitos em tudo o que ele fazia e afastava-se dele sexual e emocionalmente. Ele sobreviveu a esses testes, mas ainda assim ela não se deu por satisfeita porque imaginava que ele iria abandoná-la.

Na primeira vez que tentou a meditação para penetrar no íntimo do seu coração, ela achou que era muito doloroso suportá-la. Felizmente, seu professor de meditação ajudou-a a compreender que a adaptação às circunstâncias estava impedindo que ela vivenciasse o seu coração, o que ela tanto desejava.

A Prática do Ritmo do Coração desenvolveu nela, depois de alguns anos, o início da capacidade de confiar. Isso resultou da experiência de que, todas as vezes que procurava sentir o batimento cardíaco, ela o achava. O impacto emocional desse fato óbvio é incrível para alguém que nunca o sentiu ou que não tenha nenhum problema a respeito de confiança. Não é um fato que será lembrado depois de um exame médico; é uma experiência íntima de sentir o coração em incessante movimento dentro de si mesmo. Kathy aprendeu que podia, e devia, confiar pelo menos nisto — que o coração mantém a própria vida, a cada momento de cada ano, e que o inconsciente mantém o batimento do coração.

Através da experiência direta do seu coração, ela se tornou acessível ao amor; através da estabilidade de seu batimento cardíaco, tornou-se receptiva à confiança; e através de ambas, abriu-se para o amor de seu marido. Pelo contínuo aprofundamento na prática, ela descobriu finalmente que podia participar realmente de seu casamento, sentindo-se merecedora de confiança e abandonando o seu antigo mecanismo de sobrevivência.

A prática da meditação tem sido comparada à exploração de um castelo — o castelo da mente. Como resultado dessa exploração, a mente da pessoa que medita é acometida por menos surpresas do que a daquelas que ainda não exploraram os abismos e as alturas interiores. Por conseguinte, a pessoa que medita sente mais confiança com relação a uma vasta gama de acontecimentos inesperados.

Confiança requer honestidade e reciprocidade. Não confiamos em alguém que não confia em nós. Como isso começa? Começa com alguém que descobriu em si mesmo algo que o torna digno de confiança e que busca o mesmo em outras pessoas. Geralmente, esse alguém é uma pessoa "profunda", que pensa nas coisas de maneira profunda. Essa qualidade é desenvolvida por meio da meditação.

UM EXEMPLO DE *um homem que merecia confiança foi Nicholas de Flüe, um meditador e místico suíço. Em 1481, ele foi procurado por partidários das facções suíças que falavam francês e alemão e que estavam na iminência de uma guerra civil. Nicholas sugeriu que criassem uma federação, o que não apenas solucionou o conflito, mas estabeleceu um modelo que, a partir de então, tem sido usado por muitos governos, inclusive os Estados Unidos. A ajuda de Nicholas foi solicitada pelo fato de ambas as facções confiarem nele. Ele era famoso por ser um homem sábio e justo, que nada tinha a ganhar para si mesmo.*

Quem merece confiança hoje em dia? Na América Latina, cardeais da Igreja Católica muitas vezes são escolhidos como mediadores em negociações de paz por serem respeitados por ambos os lados envolvidos na contenda. Que qualidades e qualificações são necessárias para que alguém seja amplamente respeitado e merecedor de confiança neste país nos dias de hoje? Integridade é a qualidade mais reverenciada no mundo; as pessoas que almejam integridade devem estar dispostas a sacrificar seu amor próprio em favor dela. Demonstramos ser íntegros quando somos capazes de, sem titubear, tomar uma decisão contrária ao nossos interesses.

TODOS OS QUE FAZIAM PARTE *da empresa desejavam ser tidos como pessoas íntegras, e nenhuma delas estava disposta a conceder esse título às demais. Era um ideal, como um endeusamento, que todos os funcionários almejavam. Contudo, a obtenção desse ideal era elusiva, uma vez que ninguém pode definir a integridade, e nenhum deles tinha um método para desenvolvê-la. Mesmo assim, todos podiam percebê-la e facilmente descobrir a sua ausência. Qualquer um que tivesse essa qualidade, mesmo que superficialmente, tornava-se um confidente e mentor dos outros.*

CONHECIMENTO DE SI MESMO (TERRA)

Para ser honesto com os outros, você deve ser honesto com seu eu, ou seja, consigo mesmo. Mas o que é o eu? O conhecimento do eu (de si mesmo) é obtido principalmente através da meditação.

Um exemplo do eu que se desenvolveu a partir da meditação é o seguinte: você é, na verdade, uma associação de subpersonalidades, e o eu é quem dirige essa associação.

VOCÊ ESTÁ ENCARREGADO *da execução de um projeto e há muito o que fazer: reuniões com pessoas, coordenação de eventos. O trabalho mais árduo, no entanto, é a coordenação de sua equipe interior de especialistas. O escritor que existe em você anseia por satisfação e vê uma oportunidade para passar alguns dias na direção* *do projeto. O seu lado social quer ir falar com as pessoas, e o projeto é uma boa justificativa. A criança que existe em você quer brincar com o modelo. O seu corpo também exige atenção e pode fazer com que você interrompa o trabalho para fazer um lanche ou um pouco de exercício. O planejador financeiro que existe em você, no entanto, está geralmente aterrorizado e só trabalha quando pressionado, assim seu importante trabalho pode ser negligenciado.*

Todas essas subpersonalidades podem dar uma contribuição, mas precisam ser coordenadas para atingirem o seu objetivo. Se o corpo não estiver coordenado pelo cérebro, não poderá caminhar, embora os membros sejam capazes de fazê-lo por si mesmos. O eu é, na verdade, a função coordenadora de toda a equipe, mas geralmente nos identificamos apenas com uma parte de nossa capacidade em cada ocasião. Assim, podemos dizer: "Eu sou um escritor", quando estamos escrevendo algo.

Ao nos identificarmos com o coordenador, e não com apenas uma de nossas partes, mantemos a nossa integridade e atingimos o nosso objetivo. Quando sentimos falta de integridade, isso ocorre porque diferentes partes de nossa equipe interior seguiram em direções opostas, e por isso as pessoas não vêem nenhuma consistência em nossas ações. A função do eu é coordenar e dirigir a equipe para trabalhar como um todo, sem agendas secretas, sem mal-entendidos, motivações conflitantes, e assim por diante. Um coordenador que saiba comandar com firmeza e conheça bem a si mesmo pode fazer com que a equipe trabalhe em conjunto.

Na meditação, você pode identificar cada membro de sua equipe interior e fortalecer o coordenador, que é o seu verdadeiro eu. Esse conceito do eu é antigo, e tem possibilitado a grandes homens e mulheres aprender a combinação de respeito e controle que é necessária ao eu de cada um. Esse equilíbrio é a grande habilidade, a habilidade da qual necessitamos a fim de sermos o que podemos ser.

AGIR COM NATURALIDADE (TODOS OS ELEMENTOS)

Há muitos caminhos para o sucesso. O que serve para uma pessoa pode não servir para outras. Você será bem-sucedido se seguir o seu próprio caminho. Existem muitos tipos de meditação. Cada pessoa necessita de uma meditação que seja adequada ao seu caminho para o sucesso e que proporcione o tipo certo de desafio. Quer você deseje o progresso numa profissão ou no seu desenvolvimento pessoal, sua prática deve ser adequada ao seu tipo e ao seu nível atual de autoconscientização.

A compreensão de sua personalidade será intensificada pela sua experiência dos Elementos por meio das quatro Respirações dos Elementos explicadas na terceira parte deste livro. Todas as pessoas têm um elemento que já se encontra bem desenvolvido e outro que está tentando se desenvolver atualmente. Um elemento que não esteja muito visível no seu comportamento, nas suas atitudes e nas suas habilidades pode estar obscurecido por um elemento mais evidente. Para identificar o que está latente em si mesmo, você necessita de um processo não-racional de descoberta para que a mente crítica e lógica não reaja de uma maneira habitual, afetando profundamente os sutis e emergentes aspectos do seu eu. Essa é a vantagem que existe em utilizar a meditação para explorar a si mesmo.

Você pode perguntar por que um sinal de desenvolvimento é importante já que é tão difícil encontrá-lo dentro da complexidade e riqueza de sua psique. A resposta é que, consciente ou inconscientemente, sua tendência para o desenvolvimento recebe prioridade de sua atenção e de seu interesse, sendo assim mais dinâmica e exigente ao fazer escolhas. Você é atraído pelas pessoas que já demonstram o elemento que você está tentando desenvolver em sua personalidade. Você fará escolhas que o colocarão em situações que requerem, e por conseguinte desenvolvem, os elementos que deseja revelar em si mesmo.

BILL É DIRETOR de uma grande empresa internacional. Quando conversamos a respeito dos elementos, ele manifestou enfaticamente o fogo em sua personalidade. Coincidentemente, a empresa valorizava claramente as qualidades do fogo em seus administradores; o fato de assumir riscos era tido em grande conta; esperavam-se deles esforços sobre-humanos, e as metas tinham de ser atingidas totalmente, e não eram aceitas desculpas por isso não ter sido conseguido. Bill havia aprendido um estilo de administrador "durão" que instigava a competição e a agressividade entre os seus subordinados mesmo de nível mais baixo.

Na meditação, Bill redescobriu um conjunto de qualidades da Água que havia refreado em sua carreira mas que, na verdade, parecia mais natural para ele do que o estilo que havia adotado. Eu o adverti de que o indispensável para a administração é dirigir de uma maneira que se ajuste à sua natureza. Ele sentiu-se estimulado a descobrir que estilo de administração seria apropriado ao seu Elemento Água e também adequado aos seus objetivos.

Bill tomou deliberadamente a decisão de modificar a maneira como administrava o seu grupo, dando ênfase ao trabalho de equipe, ao apoio mútuo, à atenção e ao respeito, à solução de problemas sem culpa definida, e à satisfação do cliente. Seu chefe deu-lhe uma oportunidade para investir no processo e verificar se ele produziria resultados. Não apenas o seu grupo passou a ter um excelente desempenho, como o próprio nível de satisfação de Bill no emprego elevou-se.

Nessa história, não há nenhum julgamento implícito das qualidades benéficas da água ou maléficas do fogo. Outros administradores descobriram que a Respira-

> ção do Fogo era eficaz, revitalizante, excitante e prazerosa. Eles deram atenção à água e fizeram uso produtivo dos impulsos energéticos que disso obtiveram. Em outra ocasião, eles irão dar valor ao estilo da água, e Bill irá aprender realmente o estilo do fogo, não como uma tática, mas como uma experiência natural de seu aspecto de fogo. O sucesso chega quando a realidade interior iguala-se à realidade exterior: o comportamento expressa a compreensão que demonstra o sentimento.

Você irá, no final das contas, desenvolver dentro de si mesmo todos os quatro elementos, mas a seqüência e a velocidade do desenvolvimento serão únicas para você.

Objetivos para a Prática do Ritmo do Coração

Agora que você já leu essas histórias a respeito de como a Prática do Ritmo do Coração pode ser aplicada e já observou algumas de suas reações, considere que elemento — Ar, Fogo, Água ou Terra — gostaria de desenvolver em si mesmo, e de que maneira, especificamente, isso poderá ajudá-lo. Se você puder estabelecer um objetivo por si mesmo, a meditação ocorrerá com muito mais facilidade do que se você simplesmente "experimentá-la" sem nenhuma necessidade ou expectativa específicas. Eis aqui alguns exemplos de objetivos da meditação. Eles também são agrupados por Elemento: Ar, Fogo, Água e Terra. Quanto mais específico você puder ser a respeito do motivo pelo qual deseja aprender a Prática do Ritmo do Coração, mais motivação terá.

Considere os seguintes objetivos que podem ser atingidos com a Prática do Ritmo do Coração, e escolha um para si, modifique ou ajuste um deles aos seus interesses.

Visão (Ar)
- Aguçar e intensificar sua concentração
- Tornar-se capaz de mudar do pensamento linear para o holístico e vice-versa
- Perceber mais do potencial latente nos outros.
- Usar conscientemente seus impulsos interiores para tomar decisões
- Perceber o significado das situações de sua vida atual
- Descobrir tendências futuras pela intuição
- Desenvolver uma visão pessoal para o propósito de sua vida

Energia (Fogo)
- Recuperar-se do *stress* mais rapidamente
- Aumentar sua resistência ao *stress* através do poder do seu coração

- Dormir menos, utilizando o tempo para reflexão e planejamento
- Enfrentar as situações do dia-a-dia com mais coragem

Capacidade Emocional (Água)
- Usar sua sensibilidade como um "sexto sentido"
- Tornar-se capaz de um envolvimento mais profundo com os outros
- Ter uma maior compreensão do estado emocional dos outros
- Ser mais criativo
- Ser um chefe mais simpático

Integridade (Terra)
- Aumentar a sua autodisciplina e a sua autoridade
- Ter um efeito positivo deliberado em sua saúde física
- Ser disciplinado e objetivo na administração do tempo
- Dizer o que tem em mente e dar uma conotação ao que diz
- Ser mais paciente com os outros
- Ser mais confiável e confiante
- Orientar suas diversas qualidades e habilidades para um objetivo

Segunda Parte

A PRÁTICA

3. POSTURA E AMBIENTE (PREPARAÇÃO)

A segunda parte descreve sete etapas da Prática do Ritmo do Coração tanto na teoria quanto na prática. Quando uma pessoa aprende a meditar com um professor — a tradicional maneira sufi —, o professor fornece ao aluno permanentes informações e orientações. Um livro que ensine a meditar deve apresentar muito mais conhecimentos como se neles estivessem incluídos os conselhos detalhados que seriam dados por um professor.

Os maiores problemas que você irá encontrar na meditação são aqueles dos quais não tem consciência. Se você não expirar suficientemente, com toda a probabilidade não tomará conhecimento disso. Se respirar irregularmente, não perceberá que está fazendo isso. Se for dormir, não perceberá o sono chegar. Uma vez que tenha aprendido a Prática do Ritmo do Coração, realizá-la sozinho é sublime. No entanto, todos nós necessitamos de ajuda para iniciá-la e para transpor algumas das conhecidas situações difíceis ao longo do caminho. As instruções dadas aqui foram planejadas para serem usadas quando você estiver sozinho ou com um grupo. (Ver o Capítulo 16 para instruções sobre a prática individual e em grupo.) Se você estiver começando sozinho, espero que logo encontre um grupo com o qual possa praticar.

Se você encontrar dificuldade em alguma dessas etapas da prática da meditação, outra tática (além de buscar ajuda) é passar para a etapa seguinte. O processo de aprendizagem da meditação não é, na realidade, tão seqüencial quanto o descrevo neste livro. Às vezes uma etapa posterior é mais fácil do que uma etapa anterior. Tentar uma experiência mais desafiadora pode favorecer outra mais fácil. O futuro incentiva o presente. De modo oposto, quando você tiver completado essas etapas, comece novamente a partir da etapa inicial, e deixe que cada etapa se desenvolva de uma maneira mais intensa. Uma vez que essas práticas o tenham ajudado a *descobrir* e a fortalecer o seu coração, os quatros Elementos do Coração (3ª Parte) transformam-se em instrumentos para ativar o seu coração.

Postura Ereta

Antes de tudo, é necessário relaxar o corpo, sentir-se confortável, mas não se deve sentar numa cadeira muito macia ou deitar, pois embora o corpo esteja descansando durante a meditação, não se encontra na mesma situação de quando se está dormindo. Uma vez que realizar o treinamento místico é fazer do corpo o templo de Deus, ele não deve ser negligenciado.

Para meditar, a atenção deve ser primeiro direcionada para o corpo, a fim de observar se ele está relaxado e numa posição confortável. Sentar-se numa cadeira muito macia pode fazer com que a pessoa fique sonolenta, ao passo que uma cadeira muito dura pode ser muito incômoda. É importante um grau moderado de serenidade, quer a pessoa esteja sentada ou na posição de meditação. O aposento não deve ser muito quente nem muito frio, e geralmente é preferível que a pessoa não esteja muito faminta, embora a meditação realizada depois de uma refeição completa não seja muito fácil e nem sempre muito proveitosa. [Hazrat Inayat Khan][1]

Deitar-se, no entanto, não é recomendável, pois nessa posição o fluxo sangüíneo muda de direção e, além disso, é mais fácil adormecer, o que irá eliminar o objetivo da meditação. [Hazrat Inayat Khan][2]

Para que a pessoa possa ouvir o seu coração, seu tronco deve estar aprumado, não curvado. Se você o curvar, irá colocar pressão no peito e no coração. Essa pressão irá abafar as batidas do coração, fazendo com que se torne difícil escutá-las. Ao sentar-se na posição correta, com os ombros para trás, a pressão sobre o coração desaparece e o seu batimento pode ressoar em todo o peito. Se você tiver alguma dificuldade em escutar o seu coração, a primeira coisa a verificar é a sua postura.

Uma segunda razão para sentar-se com o tronco ereto é que isso proporciona ao diafragma maior espaço para se expandir quando você inspira. Curvar o tronco faz com que a região do estômago se comprima, impedindo a sua expansão. (Mais detalhes a esse respeito encontram-se no Capítulo 6.)

Uma terceira razão é que a espinha dorsal deve estar reta a fim de otimizar a sua eficiência como um canal para a energia. Um pesquisador descobriu que uma vibração de baixa freqüência ressoa na medula espinhal durante a meditação.[3] Para permitir essa vibração, a espinha dorsal deve estar relaxada. Da mesma forma que ocorre com a vibração de uma corda de um instrumento, se a espinha dorsal estiver tensa, sua freqüência de ressonância irá aumentar. A maneira de relaxar a espinha dorsal é deixá-la ereta; qualquer curvatura irá enrijecer a medula. Curvar-se para a frente, inclinar a cabeça ou erguer as pernas enrijece a medula espinhal, elevando sua freqüência de ressonância, o que torna difícil obter a vibração de baixa freqüência durante a meditação.

É claro que a espinha dorsal tem uma curvatura natural à qual se ajusta a medula espinhal. Uma espinha dorsal "ereta" significa uma espinha dorsal que não está curvada de uma outra maneira diferente da curvatura natural.

A razão científica pela qual se diz que é benéfico para a pessoa ter uma baixa freqüência de ressonância na medula espinhal é hipotética. Pode ser que as ondas cerebrais de baixa freqüência que ocorrem na meditação sejam capazes de se propagarem pela espinha dorsal e, por isso, de espalharem essa mesma vibração pelo corpo todo. Pode ser que a espinha dorsal atue como uma antena e seja capaz de captar energia do universo pela ressonância em algumas baixas freqüências. A coluna espinhal comporta-se como um cabo elétrico em algumas situações, conduzindo energia e transformando-a de um tipo em outro.

Como Sentar-se

Sente-se de maneira correta, sem se recostar a um apoio. As coxas devem estar niveladas ou formando um ângulo reto, para que a base da espinha dorsal permaneça na vertical. (Quando as coxas formam um ângulo agudo com o tronco, a base da espinha se curva.) A espinha dorsal fica ainda mais reta quando se relaxam os ombros.

Eleve os ombros, como se estivesse tentando tocar as orelhas com eles. Então, enquanto os ombros estiverem elevados, empurre-os para trás, como se estivesse tentando fazer com que as omoplatas se encontrem nas costas. Mantendo os ombros para trás, abaixe-os novamente e depois relaxe. Você estará numa postura correta, com o peito saliente, sem o estar forçando.

Coloque as mãos uma sobre a outra, no colo, ou uma mão em cada coxa.

Lembre-se de que você não pode relaxar um músculo — neste caso, os músculos dos ombros — mantendo-o imóvel. O relaxamento vem depois da tensão. Se você fizer um alongamento, tensionando um músculo, poderá, depois disso, deixá-lo muito mais relaxado do que antes.

O objetivo da estabilidade é manter o corpo em equilíbrio, para que a pessoa não se incline nem tenha de fazer esforço para manter a mesma posição, ou seja, para manter-se firme. [Hazrat Inayat Khan][4]

A maneira mais fácil de se conseguir a postura correta é sentar-se num banco simples de madeira com o assento inclinado. As laterais baixas do banco deverão ter a mesma altura. Ajoelhe-se e coloque o banco acima das panturrilhas, sentando-se nele, como mostra a figura. O banco impede que o seu peso fique em cima de suas pernas, facilitando que você se sente numa postura correta. Se isso colocar muita pressão em seus joelhos, você poderá pôr uma pequena almofada sob eles. Outra maneira de usar o banco é sentar-se nele cruzando as pernas, como está mostrado abaixo:

Postura 1

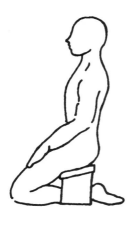
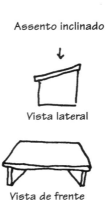

Sentado sobre o banco   Aparência do banco   Sentado no banco, de pernas cruzadas

Postura 2

Problemas de postura: joelhos elevados

Resolução: sentar-se na extremidade da almofada

Adicionar outra almofada se for necessário

Por maior que seja, o banco não se adapta a todas as pessoas. Alguns atletas podem dobrar muito os joelhos, e algumas pessoas não conseguem sentar com os pés voltados para trás. Existem duas outras alternativas: uma cadeira ou uma almofada. A almofada é utilizada para erguer o corpo a fim de que as pessoas possam dobrar as pernas por baixo dele. Uma ou duas almofadas podem ser usadas no chão, de preferência em cima de um tapete grosso. Assegure-se de que pelo menos um joelho esteja em contato com o chão, o que permitirá que o final da espinha dorsal permaneça reto. Uma cadeira pode ser usada se você se sentar na extremidade do assento, sem se recostar, deixando as coxas niveladas ou inclinadas para baixo. Uma postura para a meditação deve ser confortável, estável e com o corpo ereto.

Postura 3

Problema de Postura: recostar-se

Solução: sentar-se na extremidade da cadeira

Uma vez que você tenha aprendido a meditar, a postura torna-se menos importante, porém apenas um pouco menos. Até pessoas que meditam há vinte anos acham que os resultados são melhores quando os fundamentos *auxiliam* sua concentração. No início da meditação, a boa postura tem um efeito tão forte que não é conveniente tentar meditar sem assumi-la. Em vez de tentar superar os efeitos de uma postura desfavorável através da meditação, utilize alguns minutos e assuma a postura correta, aproveitando depois as correntes de energia que daí resultam.

Outras Posturas

Existem quatro posturas principais. Uma é chamada de "Postura do Cupido". Essa postura é assumida para que o coração se enterneça. Ela é adotada, colocando-se o tendão da perna esquerda embaixo do joelho entre os dois dedos do pé esquerdo, sentando-se com as pernas cruzadas. Essa postura tem influência sobre o coração. Ela torna o coração suscetível.

A segunda postura consiste simplesmente em sentar-se com as pernas cruzadas e as duas mãos sobre os joelhos. Ela ajuda a obter tranqüilidade, conforto, inspiração e paz. É a "Postura do Rei", porque proporciona felicidade, conforto e prazer para aqueles que estão acostumados a se sentarem com as pernas cruzadas.

A seguir, temos uma terceira postura, que é sentar-se sobre o calcanhar esquerdo com o calcanhar direito voltado para dentro. Essa é a "Postura do Adepto", na qual se adquire autocontrole e prática na autodisciplina.

A quarta postura é a "Postura do Sábio" (chamada pelos iogues de "Lótus Pleno") que é assumida colocando-se um pé sobre uma coxa e o outro sobre a outra coxa. Ela é a mais difícil, porém é a postura através da qual se consegue a perfeição. Ora, você pode perguntar, por que razão? A razão é que como as duas pernas são duas correntes projetando-se para o exterior através do coração, assim também são as duas mãos. Colocando-se os dois pés sobre as duas coxas, você bloqueia as duas correntes, e fechando as palmas das mãos e os polegares você bloqueia as quatro correntes. Assim, o coração, que é o sol, não tem nenhum meio de ser enviado para o exterior, liberando o seu fluxo. Então, o que acontece? Ele começa a se expandir tornando-se maior por si mesmo, mais iluminado e mais poderoso. Tudo que nele está latente vem à tona e, por isso, se obtém a perfeição.

Essas quatro posturas são as mais magníficas a serem lembradas. [Hazrat Inayat Khan][5]

Menciono essas posturas adicionais para que este tema não fique incompleto, mas sem aconselhá-las. Considero a Postura do Cupido desconfortável para as pernas. Acho a Postura do Rei cansativa para os braços. Gosto muito da Postura do Adepto, e já a utilizei até em solo duro de madeira, mas ela é dolorosa para o pé esquerdo. Com relação à Postura do Sábio, posso dizer apenas que felizmente não temos de aprender como adotá-la antes que possamos meditar.

Sentar-se numa cadeira é totalmente admissível para a Prática do Ritmo do Coração, desde que você não se recoste, e recomendo uma cadeira para o iniciante.

Imobilidade

Algumas coisas como segurar uma mão com a outra, entrelaçar as mãos ou cruzar as pernas sob o corpo, ou mesmo ajoelhar-se tendem a impedir que o magnetismo se disperse... O magnetismo sai do corpo pelas narinas, pelos dedos, pelos olhos, pelos ouvidos, pela língua, pelos lábios, pelos pés e por toda parte. O controle desses centros e órgãos converte o corpo num templo humano de Deus. A respiração rítmica e todas as práticas do ritmo também são benéficas. [Hazrat Inayat Khan][6]

Embora você possa, inicialmente, sentir-se confortável, logo sentir-se-á desconfortável se não fizer a transição do estado de consciência normal para o da consciência da meditação. O corpo gosta de movimentar-se; ele foi feito para isso, e o movimento atrai energia para ele. É difícil manter o corpo imóvel, mas se você o conseguir, a energia física do corpo transforma-se em energia radiante na mente.

Quando você ficar sentado em total imobilidade, logo sentirá um impulso para se movimentar. Se observar esse impulso e continuar imóvel, ele desaparecerá, e uma quantidade maior de energia será transferida do corpo físico para a mente. Deixe que o corpo sinta-se como se estivesse afundando. O seu peso faz com que ele seja atraído pela terra, que o puxa para dentro de si mesma. O corpo provém da terra, portanto deixe-o sentir-se como uma rocha, uma rocha maravilhosamente forte e compacta, uma rocha que está muito satisfeita em ser o que é.

Quero ressaltar neste momento um importante conceito da Meditação PSI. A realidade física não é negada. Os antigos precursores da meditação no Oriente consideravam que uma técnica eficaz para se aprender a meditar era negar que o corpo de uma pessoa é a própria pessoa. (Essa é a verdadeira auto-negação, que é interpretada erroneamente pelas pessoas que não meditam. Autonegação significa negar que a pessoa é o que ela pensa ser.) Na Prática do Ritmo do Coração, afirmamos que existe uma conexão corpo-mente, que o corpo físico de uma pessoa é uma criação de sua mente e, reciprocamente, que o estado de seu corpo físico afeta a sua mente.

As duas citações a seguir revelam essa interação da mente e do corpo, do interior e do exterior. Primeiro, Rumi salienta que os nossos sentidos físicos podem nos despertar para aquilo que sentimos interiormente.

Nasce uma sensação de plenitude,
   mas geralmente é necessário um pouco de alimento para provocá-la.
A beleza está à nossa volta,
   mas geralmente precisamos caminhar em um jardim para percebê-la.
O corpo é por si mesmo um anteparo para proteger e parcialmente revelar
   a luz que resplandece dentro de seu ser.
A água, as histórias, o corpo, todas as coisas que fazemos,
   são meios de ocultar e revelar o que está escondido.
Estude-os e desfrute esse ser revestido com um segredo
   que às vezes conhecemos, e às vezes não. [Rumi][7]

A proposição contrária é a de que necessitamos de nosso sentimento interior para ativar nossa percepção externa.

Havia sinos por todos os lados,
Porém nunca os ouvi tocar.
Não, nunca os ouvi tocar,
Até que ali você chegou.[8]

Os místicos hindus dizem: "Este não é o meu corpo" ou "Eu não sou este corpo". Os místicos budistas dizem: "Não se identifique com o que é efêmero". Uma vez que o corpo está constantemente em mutação, não pode ser o eu, e assim diferencia-se dele. Essa filosofia é eficiente como um passo para o estado de meditação, mas não é realmente verdadeira; nós *somos* nosso corpo. Os budistas consideram o eu como aquilo que é constante e eterno durante a mudança da vida. Pir Vilayat Inayat Khan ensina que, ao contrário disso, até o eu eterno está sujeito a mudança, uma vez que estamos em "contínua mutação". Nada é imutável.

Longe de mostrar qualquer negligência com o corpo, as pessoas estão hoje em dia cada vez mais maravilhadas pela inteligência inata que se encontra no interior de uma simples célula do corpo. Sabemos que a mente altera a substância física do corpo e que o corpo constitui a "instalação elétrica" da mente. Observamos no código genético um fantástico acúmulo de experiências a respeito da existência de nossa espécie, além da existência de tudo o que é vivo. Portanto, não podemos negar que "Eu sou este corpo". Posso dizer que existe muito mais com relação ao que sou do que aparece na forma física. Mas a forma física é uma representação de todos os estratos do ser não-físico.

SHEILA É UMA MULHER *bonita, inteligente e instruída. Ela gosta de se maquiar e se perfumar, de vestir-se bem e usar jóias. Beatrice, que evita maquiagem, criticou-a por ser vaidosa e frívola: "Você é uma vítima inocente das indústrias da moda e da propaganda. O tempo que você gasta com a sua aparência é uma exploração por parte das pessoas que criaram uma imagem do que é belo e esperam que você concorde com elas. Sua suscetibilidade às imagens da propaganda revela ignorância de quem você realmente é, e sua necessidade de melhorar a própria imagem demonstra falta de confiança em sua beleza natural".*

"Pelo contrário", disse Sheila, "tenho uma visão de minha alma e essa visão é extraordinariamente bela. Tudo o que vejo como belo no mundo físico — a harmonia das cores, a simetria das formas, a graciosidade das linhas — não é nada quando comparado com a beleza daquilo que vejo em meu interior. É natural que eu queira externar a beleza que sinto."

"Você está iludida por sua cultura ao pensar que tem de se tornar bela para ser atraente. Na verdade, é a pessoa que vê a beleza que se torna bela", disse Beatrice.

"Concordo com isso", retrucou Sheila, "a pessoa que manifesta a beleza faz com que seja mais fácil para os outros ver o que é belo."

"Mas o seu corpo já é bonito por natureza. Você não precisa enfeitá-lo", contrapôs Beatrice.

"Eu realmente necessito fazer isso. Uma poetisa pode ter uma bela inspiração, mas ela é expressa de uma maneira ainda mais bela em versos. Um fotógrafo realça a beleza de uma paisagem, encontrando o local correto para observá-la. De maneira semelhante, quero contribuir para a beleza que Deus nos deu e dela participar. A tarefa da arte é dar mais brilho à natureza", disse Sheila. "Tento manifestar a beleza em minha personalidade, no local onde me encontro, em meus filhos. Por que não também em meu corpo?"

"Você não deveria encorajar as pessoas a valorizar o que é superficial", replicou Beatrice. "As pessoas devem aprender a observar mais profundamente e a valorizar a essência."

"Muito bem", disse Sheila, "devemos eliminar a flores e, em vez delas, colocar sementes em nossa mesa."

A unicidade é a realidade do místico e o nosso objetivo. A experiência da unicidade é sentida em toda parte: ela não é apenas mental, também é física. Na meditação, a pessoa tem uma percepção de unicidade na experiência de seu corpo. Ele irá parecer diferente do normal — maior, sem limitações, mais semelhante à vibração do que à matéria.

A pele tem a capacidade de sentir pressão, temperatura e dor. Através dos sensores de pressão na sua pele, você pode dizer se está sentado ou em pé e onde as suas mãos estão colocadas sobre as pernas. Mas qualquer sensação que seja constante se reduz em nossa percepção; assim, na imobilidade, sua capacidade de sentir a posição de seu corpo irá se reduzir. Qualquer movimento, no entanto, irá provocar uma mudança na pressão em algum lugar e a sensação do corpo retornará imediatamente.

Começamos concentrando a consciência *no* corpo a fim de mantê-lo imóvel. Inicialmente, ele irá parecer muito *pesado*; depois parecerá monolítico, incomensurável. Se você for capaz de permanecer sentado e imóvel durante 20 minutos, o que irá sentir não será entorpecimento, mas essa sensação "monolítica". Com essa sensação, você ainda pode sentir as mãos e as pernas, mas não sente que elas se tocam. Em vez disso, elas parecem se fundir. Não fica claro onde suas mãos terminam e suas pernas começam, pois você não pode sentir a pressão na pele das mãos provocada pelo contato com as pernas, nem a pressão na pele das pernas causada pelo peso das mãos. No início, você podia sentir se suas mãos estavam com as palmas voltadas para cima ou para baixo sobre suas pernas e onde exatamente elas estavam colocadas. Agora você não pode dizer isso baseado no que sente; terá de olhar para as suas mãos para saber onde elas estão. Se movê-las levemente, de imediato será capaz de sentir outra vez o posicionamento delas.

> Ao permanecer sentado, completamente imóvel, a sensação de seu corpo irá mudar significativamente. Depois de aproximadamente 20 minutos, a sensação de pressão desaparece, e embora você ainda esteja consciente do seu corpo, principalmente do seu interior, ele irá parecer um monolito — ou seja, uma peça única sem subdivisões. Você não poderá dizer apenas pelo que sente, sem olhar, onde estão as suas mãos ou em que postura você está sentado.
>
> Quando isso acontece, desfrute sua independência da sensação física. Sua mente parecerá estar superalimentada, na medida em que a atenção que comumente dedica à sensação é deslocada para o pensamento criativo. Qualquer movimento físico irá modificar imediatamente esse estado.

A imobilidade é difícil de ser obtida por si mesma. Será fácil se você adicionar a concentração na respiração na etapa seguinte, "Volte-se para dentro".

Até que ponto você deve ficar imóvel? Você pode respirar e engolir. Se seus olhos estiverem abertos, não os movimente. Tente não piscar. Escolha um ponto na parede à sua frente para nele se focalizar.

ESTAMOS ACOSTUMADOS *a ficar acordados, nos movimentando, ou adormecidos e imóveis. Ficar acordado e imóvel é uma situação inusitada. Depois de 20 minutos, a imobilidade torna-se fácil porque os impulsos físicos para nos movimentarmos desaparecem. Você sabe que pode movimentar o corpo à vontade, mas não deseja fazê-lo. Os primeiros 20 minutos, no entanto, são difíceis, uma vez que o corpo faz freqüentes demandas para se movimentar. Ser capaz de controlar esses impulsos demonstra força de vontade e autocontrole, qualidades essenciais para o sucesso.*

Eu estava ensinando meditação a um grupo de executivos de um dos principais bancos de Nova York. Desafiei aquelas pessoas altamente disciplinadas e bem-sucedidas a permanecerem sentadas e completamente imóveis durante 20 minutos. Elas tentaram, e cerca da metade conseguiu. Isso é muito cansativo para a mente por causa da concentração exigida. É como lutar consigo mesmo. Eventualmente, um impulso invade sorrateiramente a vontade consciente e resulta num movimento que você só nota depois de ter ocorrido.

Eu lhes disse então que prestassem atenção à sua respiração em vez de fazerem esforços, durante um segundo período de 20 minutos. Todos foram capazes de fazer o que eu pedi, apesar da fadiga mental decorrente da tentativa anterior.

A sensação monolítica é a primeira evidência significativa, no caminho para a meditação, de que *alguma coisa está acontecendo*. Orientada pela mudança na sua percepção sensorial, a consciência está se afastando totalmente da concentração no corpo. Isso ainda não é meditação; é concentração, mas é também um avanço a ser comemorado. A habilidade em permanecer imóvel não é apenas necessária para a etapa seguinte da Prática do Ritmo do Coração, mas é um poder por si mesma.

NO FINAL DOS ANOS 60, *fui assistir a uma importante palestra na faculdade que cursava na Universidade da Pennsylvânia. Cheguei cedo a fim de conseguir um bom lugar e descobri que o palestrante já se encontrava lá. Ele estava em pé, na frente da sala de conferências, voltado para a platéia, perto da mesa a ele destinada. Estava simplesmente de pé, sem assumir uma atitude formal, mas completamente imóvel.*

É inusitado ver alguém imóvel, principalmente quando ele está de pé, de frente para uma platéia. Sua imobilidade, com os olhos abertos mas sem se moverem, atraía a silente atenção de todos os presentes. Antes que ele dissesse qualquer palavra, eu já me sentia em sintonia com ele e preparado para ouvir o que quer que ele tivesse a dizer. Eu sabia que ele controlava seu corpo e sua mente.

Por conseguinte, os místicos prescrevem determinadas posturas com a finalidade de se manter o corpo estável. A estabilidade do corpo atua sobre a mente, tornando-a também estável. O corpo e a mente exercem uma influência mútua. Assim, uma pessoa que tenha autodomínio e controle sobre o corpo e a mente possui equilíbrio e bom senso. O bom senso provém da estabilidade e o discernimento resulta do bom senso.[9]

Uma pessoa tem maior possibilidade de controlar a mente se puder controlar o corpo. É como desenvolver a habilidade de montar corretamente a cavalo antes de tentar saltar obstáculos.

 PERMANEÇA TOTALMENTE IMÓVEL DURANTE 20 MINUTOS OU ATÉ QUE SURJA A "SENSAÇÃO MONOLÍTICA".

Volte-se para Dentro

As portas dos sentidos devem permanecer fechadas; fechar os olhos parcial ou totalmente é benéfico. O aposento não deve estar muito iluminado ou muito escuro, mas é através do autocontrole que a pessoa deve evitar que algo mais a perturbe. Não obstante, principalmente para os principiantes, um lugar sossegado é desejável. [Hazrat Inayat Khan][10]

As sensações visuais são muito coercitivas — elas afastam nossa concentração para longe de nós mesmos. Na meditação, optamos por desviar a atenção das imagens e dos sons em direção àquilo que essas imagens e sons significam. Fazemos isso a fim de que, quando voltarmos a abrir os olhos para o mundo, o vejamos como realmente ele é, como uma múltipla representação de uma totalidade única com potencial infinito. Como iremos saber que a nossa visão é mais realista? Poderemos controlar melhor a realidade quando a percebemos corretamente, assim poderemos realizar o que queremos e nos tornarmos o que desejamos.

Feche os olhos. Isso deslocará a atenção do que está à sua volta para o que está em seu interior. De início, o mundo que o cerca continuará a dominar a sua atenção, só que ele não é o mundo que parece estar à sua volta, mas o mundo que você cria através de seu pensamento.

"Cerque-se de uma zona de silêncio" — esse é um ensinamento de Buda. O silêncio do qual você precisa para a meditação é autogerado; ele não pode ser encontrado. Utilize a zona de silêncio para criar um espaço mais tranqüilo e sossegado do que qualquer outro lugar que você possa encontrar. Faça isso simplesmente desviando a atenção dos sons para aquilo que eles representam. Sinta seu ouvido funcionando, à medida que ele reage às vibrações; observe a sua mente associando as vibrações aos pensamentos.

Uma vez que tenha percebido como isso funciona, você pode questionar se irá continuar a permitir que seu pensamento seja dominado por algumas ondas sonoras. Há muito mais coisas acontecendo na realidade do que o estreito espectro de vibrações às quais o ouvido é sensível. Com todo o respeito pelos ouvidos, é correto que o seu pensamento deva ser controlado pelas ondas sonoras que estão ocorrendo em seu ambiente próximo? E quanto os raios cósmicos que estão atingindo o topo de sua cabeça a partir de sua fonte secreta no espaço? E o que dizer a respeito das sensações de todos os outros órgãos do corpo e os pensamentos que eles provocam?

Embora você vá permanecer sempre consciente dos sons do ambiente que o cerca, pode deslocar seu interesse do exterior para o interior. Quando o fizer, descobrirá que seus pensamentos são pouco afetados pelos sons que foram tão coercitivos.

Com o passar do tempo, o mundo irá desaparecer e formar um horizonte em torno do seu eu interior. Seus pensamentos irão se tornar mais profundamente pessoais. Finalmente, no âmago do "interior" encontra-se a essência de tudo o que é "interior" e "exterior". A jornada interior não tem como conseqüência um indivíduo isolado. Ela resulta na descoberta de que aquilo que é mais pessoal e mais íntimo é também universal.

EU ESTAVA MEDITANDO *numa gruta nos Alpes franceses durante um retiro espiritual de 28 dias. Olhei para fora através da entrada da gruta, por sobre o vale de Chamonix, para o Monte Branco, o pico mais elevado da Europa, que parecia ser apenas ligeiramente mais alto do que o local onde me encontrava. Muito acima do arvoredo da floresta e acima da maioria das nuvens, olhei para um mundo celestial de incrível beleza. Não posso imaginar um cenário físico mais propício à meditação,* e volto mentalmente àquele lugar que guardo na mente. No entanto, ele não era muito silencioso. Havia o barulho de aviões e helicópteros, os guinchos das marmotas (uma espécie de pequenos roedores), o gotejar da água e freqüentemente o estrépito de trovões. Não era um local confortável, estava frio, as pedras eram ásperas, e as moscas pousavam no meu rosto. Tanto a beleza do lugar como os seus ruídos e desconfortos desviavam-me da meditação. Geralmente, sentava-me de frente para o interior da gruta a fim de evitar ser hipnotizado pelo esplendor do Monte Branco. Eu precisava criar minha própria zona de silêncio.

Finalmente, o que mais me ajudou no que diz respeito àquele local foi a proximidade do meu mestre, Pir Vilayat Inayat Khan, a enriquecedora energia das montanhas e a atmosfera criada por aqueles que haviam meditado na gruta antes de mim.

 SENTE-SE EM UM ESTADO DE IMOBILIDADE E DE CONCENTRAÇÃO INTERIOR NO QUAL VOCÊ NOTA A DIFERENÇA ENTRE A ATIVIDADE FÍSICA DA AUDIÇÃO E A ATIVIDADE MENTAL DA ASSOCIAÇÃO DE PENSAMENTOS COM SONS.

Dieta

Iniciamos a jornada para o espiritual e para a totalidade, utilizando o plano físico, depois os planos mental e emocional de nosso ser. Nada pode ser omitido da jornada. A meditação não é apenas um exercício mental, ele é também físico e é auxiliado por uma boa saúde e por uma excelente dieta.

Os sufistas têm sido caracteristicamente não dogmáticos a respeito da dieta, concordando com Jesus Cristo:

> ...nada do que vem de fora e entra numa pessoa pode torná-la impura, porque não entra em seu coração, mas em seu estômago, e vai para a privada.... É o que sai da pessoa que a torna impura.[11]

No entanto, as recomendações de Moisés e Maomé a respeito da dieta devem também ser consideradas. Esses dois profetas proibiam muitos alimentos, principalmente carne de porco.

O ponto de vista dos sufistas a respeito da dieta é o seguinte: Observe o que cada alimento provoca em você, física, mental e emocionalmente. Depois escolha o alimento do qual você necessita para atingir os seus objetivos. Todos os alimentos são benéficos, muitos também têm deficiências. Se puder observar os efeitos que eles causam em você, poderá utilizá-los em seu proveito.

A advertência a respeito dessa recomendação é que alguns alimentos eliminam a sensibilidade de uma pessoa a tal ponto que se torna difícil sentir os efeitos de outros alimentos. Durante o período no qual você está observando os efeitos de alimentos sobre si mesmo, será necessário abster-se dos seguintes produtos: fumo, carne vermelha, carne de porco e tudo o que for fermentado, inclusive vinagre e álcool. Pode ser preciso uma semana ou mais para que seu corpo elimine esses alimentos que provocam insensibilidade antes que você possa observar os efeitos de outros alimentos.

O efeito de um alimento será mais forte se você ingeri-lo isoladamente. Experimente antes os alimentos que têm mais probabilidade de causar problemas: chocolate, leite, trigo, levedo, milho, mariscos, café e ovos. Em cada caso, coma uma boa porção e depois medite. Quando se sentar tranqüilamente com os olhos fechados, observe tudo o que puder a respeito de seu estado interior. Caso sinta-se tonto, confuso, sonolento, agitado, ansioso, apreensivo ou irritado; ou se seu rosto ficar vermelho ou coçando; ou se seu estômago estiver embrulhado ou sua língua ardendo; ou se tiver de desobstruir a garganta ou estiver com dificuldade para engolir, então coloque esse alimento na lista de "suspeitos". Teste outros alimentos e depois volte a testar mais uma vez, depois de alguns dias, os alimentos que estão na lista de suspeitos. Finalmente, teste os alimentos que provocam insensibilidade relacionados acima e que você estava evitando, um de cada vez, para ver por si mesmo o que eles causam a você.

Talvez você descubra que é imune às reações negativas que a maioria das pessoas tem a alguns tipos de alimentos dessensibilizantes, como o vinagre. Porém é muito provável que alguns alimentos que não são prejudiciais para outras pessoas, como derivados de leite ou trigo, tenham um efeito muito negativo sobre você.

Quando souber o que a carne e o álcool, por exemplo, causam a você, saberá então em que situações eles são apropriados e poderá usá-los nessas situações. Um sufista não se opõe a nada — não existe nada que não tenha valor para alguém em determinado momento. Há ocasiões nas quais estar insensível é vantajoso, permitindo que a pessoa aja sem levar em conta as conseqüências. Em geral, é melhor escolher um alimento que seja nutritivo e forneça energia sem prejudicar sua percepção, mas com bastante força espiritual, de acordo com São Mateus, até um veneno pode ser ingerido.[12]

A carne é uma forma altamente concentrada de grandes quantidades de grãos e vegetais, e como tal tem um forte efeito estabilizador. Algumas pessoas necessitam de carne em sua dieta, principalmente as que são geneticamente fracas ou que estão debilitadas devido a uma alimentação errada ou a uma doença, que diminuiu a sua resistência. Infelizmente, os efeitos de hormônios e drogas na carne podem provocar alterações físicas e mentais anormais. Algumas pessoas assimilam em seu estado emocional o medo e o pânico dos animais abatidos, bem como a aflição desses animais proveniente de sua deprimente vida em cativeiro, que perduram como uma forma não-manifesta de depressão ou ansiedade. Podemos assimilar também muitas qualidades boas e naturais dos animais e das aves que comemos, principalmente se eles tiverem sido tratados de uma maneira humanitária. Entretanto, do ponto de vista ecológico, está claro que comer animais em vez dos grãos e da água que eles consomem, é extremamente impróprio, e até as nações ricas dispõem de poucos recursos para tanto.

> O sufista preocupa-se muito com o seu modo de vida no que diz respeito ao que deve comer e beber. Bebidas alcoólicas e bebidas feitas de frutas estragadas obviamente tornam o hálito impuro; até o ato de fumar tem um efeito pernicioso sobre a respiração. Aqueles que observam cuidadosamente as regras místicas chegam a se abster de todos os tipos de carnes e até de ovos. Não há dúvida de que a carne branca é preferível à carne vermelha, pois a carne vermelha possui partículas que obstruem as vias respiratórias. Sem dúvida, para quem é puro todas as coisas são puras, mas a fim de se tornar puro é necessário observar as regras de limpeza.
>
> Não se deve julgar a evolução de outra pessoa observando-se o que ela come ou bebe, porque isso nada tem a ver com a evolução do homem, pois Shiva, o grande Senhor dos Iogues, alimentava-se de peixe, e o vinho é oferecido na igreja de Cristo como um sacramento. Portanto, ninguém tem o poder de julgar seu semelhante pelo que ele come ou bebe. Mas todo aquele que deseja trilhar o caminho espiritual deve observar a lei dos místicos, que certamente o possibilita progredir rapidamente. Devemos nos lembrar de que é o ideal espiritual a primeira coisa a ser conseguida com rapidez; o que comer ou beber e o que não comer ou não beber é secundário. Qualquer discussão a esse respeito evidencia-se desnecessária. [Hazrat Inayat Khan][13]

Sono

Para as pessoas que se mostrem muito nervosas, devem ser prescritas longas horas de sono, e mesmo que elas não consigam dormir, o simples fato de permanecerem deitadas na cama será muito proveitoso, pois o descanso do corpo normaliza a circulação e o ritmo da pulsação e produz quase o mesmo resultado da prática da ioga.

As pessoas que necessitam e dispõem de tempo para descansar, de meia hora a uma hora e meia depois do almoço, devem fazê-lo.

> Não é necessário que os discípulos façam meditação tentando evitar dormir. Se, ao meditarem, adormecerem, tanto melhor, pois a meditação prossegue durante o sono no subconsciente. Se um discípulo fizer uma determinada meditação à noite, ante de ir dormir, e através dessa meditação adormecer, o sono terá um efeito cem vezes maior do que se o discípulo se empenhar em fazer outras coisas entre a meditação e o sono.
>
> Deve ser prescrito ao discípulo fazer seus exercícios na cama, imediatamente após despertar pela manhã, e exatamente antes de ir para a cama. A importância do processo está em gravar tudo o que ele pratica na sua mente subconsciente, pois é ali que o fenômeno está escondido. [Hazrat Inayat Khan][14]

A meditação é muito diferente do sono, mas a meditação pode levar a um sono maravilhoso. Adormecer é fazer uma transição abrupta na consciência, da mesma forma que meditar; a terceira grande transição é morrer. Dessas três, a transição mais deliberada é a meditação, e a menos intencional é a morte. Uma pessoa pode abster-se da meditação, mas não pode abster-se do sono por muito tempo. Ela pode aprender a fazer a transição para o estado meditativo quase por vontade própria, mas dormir é algo menos intencional. A prática da meditação torna a transição mais fácil, assim uma pessoa que medita adquire mais controle sobre o assédio do sono.

Dormir é um dos grandes prazeres da vida, e sofrer de uma perturbação do sono é um terrível tormento. Aprender como aproveitar as horas que passamos dormindo é muito benéfico. A seguir, alguns detalhes que aprendi com o meu mestre ou com a meditação:

1. No final da noite, antes de mudar de roupa para ir para a cama ou logo após, lembre-se de seu objetivo de vida naquele momento.
2. Um pouco antes de adormecer, medite durante alguns minutos. Faça isso sentado na cama, em cima de seu travesseiro. Você poderá fazer a Respiração do Ar (descrita no Capítulo 14). Até que tenha aprendido essa técnica, procure apenas ouvir as batidas do seu coração.
3. Imediatamente após meditar, deite-se sobre o lado direito. Isso fará com que a respiração se desloque para a sua narina esquerda, o que irá provocar a predominância do hemisfério direito no seu cérebro. Essa é a posição mais receptiva e é ideal para adormecer.
4. No meio da noite, vire-se para o lado esquerdo. Você irá então respirar através da sua narina direita, provocando a predominância do hemisfério esquerdo, o que irá originar um ajustamento de sua mente. Isso irá prepará-lo para o dia seguinte.

5. Se acordar no meio da noite e não puder voltar a dormir, tente adormecer novamente voltado para o lado direito. Se não conseguir, tente outra vez o lado esquerdo. Se isso também não der certo, sente-se e medite, começando pela 2ª etapa, mas talvez seja preciso meditar por muito tempo. Se mesmo assim não conseguir voltar a dormir, deleite-se ouvindo as batidas do seu coração.
6. A menos que a programação do dia seja muito rígida, não utilize um despertador para acordar. É muito melhor deixar que o seu inconsciente o desperte. (Se necessitar de um despertador para acordar, provavelmente estará carente de sono, um problema que você pode solucionar programando o despertador para disparar o alarme na hora de *ir para a cama*, em vez de fazê-lo na hora de sair da cama.) Tão logo tenha consciência de estar acordado, sente-se. Levantar-se logo que acordar é um ato de controle pessoal, e é importante começar o dia com esse controle.
7. Imediatamente após levantar-se, enquanto ainda estiver na transição para a conscientização do dia, medite durante alguns minutos. Entre em contato com o ritmo do seu coração e da sua respiração. Continue a meditar até sentir-se totalmente desperto.
8. Levante-se e vista-se. É nesse momento que faço minha meditação diária, durante mais ou menos meia hora. No final da prática, penso mais uma vez no meu objetivo de vida e no que posso fazer hoje para alcançá-lo.

4. RESPIRAÇÃO CONSCIENTE (PURIFICAÇÃO DA MENTE)

A respiração é a primeira coisa a ser aprendida e também a última. [Hazrat Inayat Khan][1]

O que é a Respiração?

A respiração é a verdadeira vida nos seres vivos, e o que mantém as partículas do corpo juntas é a força da respiração. Quando essa força diminui, a vontade perde o controle sobre o corpo. Da mesma forma que o sol governa todos os planetas, a força da respiração comanda todos os órgãos. Além disso, a respiração purifica o corpo, incorporando vida nova e saudável e expelindo todos os gases que devem ser eliminados. Ela alimenta o corpo, absorvendo do espaço o espírito e a substância que são necessários, e mais necessários do que tudo o que o homem come e bebe. [Hazrat Inayat Khan][2]

Uma parte do que os místicos entendem por *respiração* é o fluxo de ar através do nariz e da boca para dentro e para fora dos pulmões. A mesma palavra, *respiração*, é também utilizada para indicar o fluxo contínuo de ar à medida que o sangue o leva para todo o corpo. Respirar é o principal mecanismo do corpo usado para interagir com o ambiente. Inspirando e expirando, nós permutamos o ar respirado com o ambiente. A respiração é o veículo que nos permite permutar energia com o mundo e principalmente com as outras pessoas.

A *respiração* também se refere à circulação de energia entre uma pessoa e outra, ou a natureza, cuja energia "é conduzida" pelo fluxo de ar. Há um sincronismo entre a permuta de energia e a permuta de ar.

A respiração é um elo através do qual uma pessoa conecta-se a outra, e a distância não importa uma vez que a conexão da respiração seja estabelecida. O intercâmbio será seguro e evidente, tão logo a comunicação seja estabelecida entre os corações suscetíveis. Há muitas coisas comuns às ciências da eletricidade e da respiração. Não está muito distante o dia em que a ciência e o misticismo irão se encontrar no mesmo terreno na compreensão da eletricidade que está oculta na respiração. [Hazrat Inayat Khan][3]

Inalar é, literalmente, sorver o ar da atmosfera de um lugar e fazer com que ele penetre profundamente nos delicados tecidos cor-de-rosa do interior do corpo, absorvendo-o na corrente sangüínea e levando-o para cada célula do organismo. A expiração reúne todos os gases dispersos que foram produzidos por todas as células como resultado de seu funcionamento, concentra esse produto nos pulmões e então o expele para o mundo, onde é avidamente recebido pelos vegetais e outros seres que o cercam. Respirar é uma troca pessoal. Quando você está em um aposento com outras pessoas, recicla muitas vezes as exalações através dos pulmões. Literalmente, absorvemos, uns dos outros, o ar respirado.

Estima-se que o olfato é 10.000 vezes mais sensível que o paladar. O valor inicial para um odorífero muito conhecido, como o etilmercapatan (encontrado na carne em estado de putrefação), vem sendo citado na razão de 1/400.000.000 de um miligrama por litro de ar.[4]

Além de o nosso sentido do olfato ser extremamente sensível, substâncias químicas podem nos afetar mesmo quando não podemos senti-las conscientemente. As células do cérebro, estimuladas quimicamente, desprendem outras substâncias químicas na respiração. Esses produtos químicos do pensamento penetram na corrente sangüínea, são levados para os pulmões e, através da respiração e das vias respiratórias, são enviados para a corrente sangüínea de outras pessoas. Essa permuta responde por parte da plenitude que vivenciamos na nossa convivência recíproca.

A respiração leva as substâncias químicas do conhecimento que penetraram na corrente sangüínea de uma pessoa através do ar — que dispersa as substâncias químicas mas não as destrói ou deteriora —, para dentro da corrente sangüínea de outra pessoa. Portanto, a respiração interliga nossas correntes sangüíneas individuais, formando um imenso sistema circulatório.

A respiração é vida, e sua função é exteriorizar as condições interiores e levar as condições exteriores para o interior de uma pessoa. Quando exalamos, a harmonia ou a desarmonia da alma é manifestada, sua influência afeta em primeiro lugar a mente da pessoa, a seguir os sentimentos e pensamentos dessa pessoa atuam sobre o corpo, e depois sobre o ambiente. Quando inalamos, as condições do plano externo, a harmonia ou a desarmonia, juntamente com os pensamentos e sentimentos existentes nesse plano, são levados para o interior do corpo, depois para a mente e então para a alma, o que nela provoca tranqüilidade ou perturbação. [Hazrat Inayat Khan][5]

O ar tem conteúdo, assim a inalação recolhe esse conteúdo e depois o coloca na exalação. O processo não é muito perceptível, aparentemente porque, na maioria das situações, a troca não é muito notada. Mas, às vezes, um grupo de pessoas sente uma inspiração que passa entre todas elas e as influencia, cada uma à sua maneira. Uma pessoa pode tornar-se satírica, outra perspicaz, outra vai se lembrar de uma canção, outra descobrirá a solução para um problema, e assim por diante. Numa atmosfera como essa, a mente parece cintilar. Talvez a palavra *inspirar* revele uma verdade: que a inspiração é algo que podemos inalar.

> **in•spire\in-'sp_+(e)r** *vb* **in•spired; in•spir•ing**
> [IM *inspiren*, fr. FM & L; FM *inspirer*, fr. L. *inspirare*, fr. in-+*spirare*
> respirar — ver mais em SPIRIT] vt (14c)
> 1 a: influenciar, induzir ou guiar por inspiração divina ou sobrenatural
> b: exercer uma influência animadora, alentadora ou intensificadora (foi particularmente inspirado pelos Românticos)
> c: estimular ou IMPELIR, MOTIVAR (ameaças não necessariamente *inspiram* as pessoas a trabalhar)
> d: AFETAR (ver novamente a antiga sala o *inspirou* com nostalgia)
> 2 a: arcaico : respirar ou inalar e exalar
> b : arcaico: infundir (como a vida) através da respiração
> 3 a: comunicar-se com um representante de maneira sobrenatural
> b: suscitar ou motivar (pensamentos *inspirados* por sua visita à catedral)
> 4: INALAR[6]

Além de levar consigo o conteúdo do ar, a respiração provoca outra mudança entre as pessoas. O ar que respiramos é o meio que preenche o espaço entre todas as coisas. Se fôssemos peixes, chamaríamos o oceano de "o ambiente que respiramos". Somos sensíveis às mudanças mais sutis na pressão do fluido que nos circunda, assim a pressão barométrica baixa tem um efeito depressivo, ao passo que a pressão barométrica alta provoca euforia. Qualquer coisa que movimente o ar em nossas imediações movimenta o ar que está em contato conosco. Da mesma forma que ao dormirmos com alguém numa cama com um colchão de água, sentimos uma conexão mais sutil, porém semelhante, com a outra pessoa pela pressão atmosférica. Através dessa sutil sensação da pressão atmosférica, uma pessoa pode sentir quando alguém se aproxima por trás dela, pode sentir os graciosos movimentos de uma bailarina bem como os movimentos ameaçadores de um assaltante. A pressão diferenciada de uma respiração pode atingir o outro lado de um aposento tão facilmente quanto uma onda sonora, que é também uma pressão diferenciada. Uma onda respiratória é exatamente igual a um som muito alto, de freqüência muito baixa.

Normalmente, sua respiração é tranqüila, assim os seus efeitos sobre a pressão da atmosfera ambiente é leve; e geralmente sua respiração é inconsciente, assim ela se eleva e baixa sobre as ondas respiratórias das outras pessoas como uma rolha de cortiça no oceano. No entanto, alguns tipos de respiração são rápidos ou fortes, e têm um efeito telepático sobre as outras pessoas. Bocejar, suspirar, ofegar devido ao medo e rir são exemplos de respirações que exercem muita influência que são rapidamente assimiladas pelos outros.

Há uma maneira ainda mais sutil na qual a respiração atua como um meio de comunicação entre as pessoas: ela afeta o campo magnético do corpo. O corpo físico possui um amplo campo magnético, produzido basicamente pelas correntes elétricas do sistema nervoso e dos músculos. O músculo cardíaco é ativado eletricamente, como todos os músculos, e isso produz uma forte área magnética que, numa pessoa em repouso, é o centro do seu campo magnético. O campo pulsa no mesmo ritmo do coração, e pode se fazer com que ele se expanda ou se contraia de acordo com a exalação e a inalação da respiração. O corpo humano é muito sensível ao campo magnético, e vamos provar isso no Capítulo 9.

O último aspecto da respiração é ainda mais significativo do que essas características físicas. Em latim, a palavra que representa "respiração", *spiritus*, também significa "princípio vital". Isso espelha o entendimento dos místicos de que a respiração é um fluxo espiritual que leva a vida para tudo o que é vivo, interligando e alimentando todos os organismos.

Tornando Consciente o que Estava Inconsciente

Geralmente, a respiração normal é inconsciente, assim os músculos lisos utilizados na respiração são controlados pela mente inconsciente, e o ritmo respiratório é automático. Porém, a respiração é a única função corporal que pode ser controlada por dois conjuntos de músculos, um liso e outro estriado. Na meditação, nós transferimos o controle da respiração da mente inconsciente para a mente consciente, que controla os músculos estriados. Essa mudança libera por completo aquela porção da mente inconsciente que estava controlando a respiração para assumir uma função diferente. Ela se transforma numa espécie de passagem entre as mentes consciente e inconsciente, através da qual os pensamentos circulam para a frente e para trás. Como conseqüência, algo que era inconsciente torna-se consciente, e o pensamento consciente ilumina o inconsciente.

Os músculos do coração são músculos lisos, controlados pela mente inconsciente. Daí se infere que a mente consciente não pode controlar o batimento cardíaco da mesma forma que pode controlar a respiração. Por exemplo: você pode deliberadamente respirar muito rápida ou muito lentamente. Se quiser, pode parar de respirar algumas vezes por um tempo limitado. Você não pode exercer esse controle sobre o seu batimento cardíaco, mas pode ter um controle indireto sobre as batidas do seu coração. Se quiser acelerá-las, pode relembrar um momento de ansiedade ou imaginar uma fantasia que irá estimular as sensações, e essas sensações irão estimular o nível de velocidade do seu coração. Se quiser reduzir a velocidade do batimento cardíaco, você poderá usar uma técnica de relaxamento, como a Prática do Ritmo do Coração, para criar uma sensação de tranqüilidade, e essa sensação irá diminuir o nível de velocidade do seu coração. (A Meditação PSI avançada tem até uma técnica que irá parar o batimento cardíaco, substituindo-o por uma taquicardia.) Portanto, embora não possa controlar as contrações do músculo cardíaco, você pode influenciar o que controla o nível de aceleração do coração. Na Prática do Ritmo do Coração, mesmo que você não faça um esforço deliberado para modificar o nível de velocidade do coração, a percepção desse nível irá provocar alguma alteração nele. Seu sistema nervoso também irá se modificar, na medida em que o impulso que controla o batimento cardíaco muda de andamento e trilha um caminho consciente diverso e mais eficiente. Essa é uma outra maneira através da qual a Prática do Ritmo do Coração torna consciente o que estava inconsciente.

Na prática, a vantagem de tornar consciente o inconsciente é que as experiências de vida são processadas de uma maneira mais rápida e eficiente, resultando numa maior compreensão da vida e menos estados mentais de indecisão. Isso mantém o coração desobstruído e desenvolve a sabedoria. A maioria de nós não é tão sábia quanto poderia ser, a despeito de nossas experiências de vida, porque não assimilamos as lições dessas experiências. Às vezes, negamos que a vida, de uma maneira ou de outra, ensine algumas lições, e, às vezes, temos certeza de que já aprendemos quaisquer que sejam as lições que ela oferece. Freqüentemente, temos a sensação de que o aprendizado das lições de vida irá provocar sensações dolorosas, requerer mudanças radicais e propor um questionamento embaraçoso. Não é fácil ter de mudar a maneira como vemos as coisas, mas fazendo essas mudanças é como nos tornamos mais sábios.

Durante o curso de um dia, alguns dos acontecimentos que você presencia ou vivencia, não podem ser facilmente superados pelo seu atual constructo mental, sua percepção mental do mundo. Uma imagem de uma catástrofe na televisão, a visão de destroços de um automóvel, uma história dolorosa a respeito de um amigo, uma batalha pavorosa — você pode não ser capaz de admitir ou aceitar que essas coisas podem acontecer. Elas não fortalecem a compreensão que você tem de si mesmo e do mundo. Assim, você as reprime, ou as revê muitas e muitas vezes até que possa reinterpretá-las para adequá-las ao seu ideal, ou modificar o seu ideal para aceitá-las.

QUANDO ME ENCONTREI *com meu mestre pela primeira vez, não sabia como me relacionar com ele porque jamais havia conhecido alguém sequer remotamente parecido com ele. Não havia uma categoria na qual classificá-lo em meu ideal de realidade. Ele não era parecido com meu pai ou com nenhum dos meus velhos amigos, nem parecido com Cristo ou com um professor de escola. Uma vez que eu não tinha uma imagem mental à qual adaptá-lo, projetei-o para diferentes padrões que eu já havia criado. Descobri que ele era o que quer que eu o imaginasse ser. Qualquer imagem que eu utilizasse iria lhe servir, o que era realmente extraordinário. Com o passar do tempo, criei um novo modelo de um mestre espiritual, uma característica do qual é a de que o coração é semelhante a um espelho, permitindo que o mestre se assemelhe com a pessoa que o discípulo quiser. Mesmo assim, sempre que eu achava que o conhecia totalmente, meu professor ultrapassava os limites da imagem que eu havia criado para ele, revelando-me uma de suas características que eu desconhecia até então.*

Quando respiramos conscientemente, a mente inconsciente projeta, com facilidade, imagens para dentro da mente consciente. A mente inconsciente pode utilizar essa atividade para resolver, de maneira satisfatória e com rapidez, situações indefinidas e armazenar uma experiência após outra. A clareza surge da mistura desordenada de impressões, lembranças e tendências à medida que ocorre a sua integração.

O trabalho de incorporar novas experiências em seu modo de ver a realidade requer um esforço considerável, mas ele produz crescimento. Quando tudo o que você vê e faz corrobora o seu atual padrão de realidade, a vida torna-se previsível e enfadonha. Um dos objetivos da vida de qualquer pessoa é entender cada vez mais as desconcertantes complexidades da realidade e integrá-las em sua mente. Assim, a perplexidade transforma-se em simplicidade. Se reprimirmos a afluência da realidade, retardamos o acesso ao saber, e o saber é a nossa meta.

Se você não quiser compreender, não compreenderá.
O homem que não desejar absorver a idéia da unidade, algum dia será absorvido pela unidade. [Hazrat Inayat Khan][7]

Selecionar e arquivar: esse é o trabalho do inconsciente, para ajustar as percepções, as emoções e as interpretações em um todo chamado compreensão. Quando alguma coisa é compreendida, está além da dúvida, além do raciocínio, além da convicção. Cada célula do corpo a conhece. Isso é realidade.

Há sempre uma outra compreensão, pois

Quando penetramos mais profundamente
nos fenômenos da vida,
chegamos a um lugar onde toda a essência do Ser
será revelada por si mesma, e poderemos dizer:
"Não existe nada senão Deus". [Hazrat Inayat Khan][8]

Assuma uma das posturas descritas no Capítulo 3. Depois, comece a "prestar atenção à sua respiração". Fique atento a cada inalação e a cada exalação. Isso irá provocar uma sutil, porém importante alteração no sistema nervoso. Não faça nenhum esforço para modificar a sua maneira de respirar; apenas observe como ela está, com o ritmo que é determinado pelo inconsciente.

Não espere que a sua mente esteja livre de pensamentos. Ela continuará funcionando e gerando imagens e lembranças como faz normalmente. Não lute contra os seus pensamentos; em vez disso, observe os pensamentos que surgem. Você verá a essência de seu pensamento mudar à medida que continua a prestar atenção à respiração. Seus pensamentos terão menos a ver com a atmosfera existente, embora você possa continuar a estar consciente do ambiente que o cerca, se assim preferir.

Surgem lembranças que poderão surpreendê-lo. A mente usa esse momento para "limpar a escrivaninha", selecionando e arquivando. Antes que a mente possa descartar ou voltar a colocar no arquivo uma lembrança do seu acervo de experiências não realizadas, essa lembrança deve ser exibida na tela da mente, onde você possa vê-la. A concentração na respiração o mantém desperto, embora as imagens que surgem sejam semelhantes às de um sonho. Isso ainda não é meditação, mas é útil e saudável.

Ritmos da Respiração

A respiração é comumente realizada de maneira automática pelo inconsciente. Muitas coisas afetam o ritmo da respiração: as emoções, a necessidade de oxigênio para os músculos, a digestão, a sonolência e assim por diante. Você não deve meditar logo após uma refeição, mas deverá fazer isso antes de ter vontade de dormir. Depois de um período durante o qual você permaneça sentado e imóvel, o ritmo da respiração é quase totalmente regulado pelo estado emocional. Por isso, a respiração transforma-se num indicador das oscilações das emoções. Através da observação do ritmo da sua respiração, você pode aprender muitas coisas a respeito de seus sentimentos. Cada emoção tem a sua respiração.

Continuando a prática, observe quatro fases de sua respiração:

- Sua respiração se intensifica durante uma inalação.
- Observe se você retém a respiração no final da inalação.
- Sua respiração decresce durante uma exalação.
- Observe se você retém a respiração no final de uma exalação.

Observe também três características de sua respiração:

- Duração, o tempo que você utiliza para cada fase.
- Intensidade, o volume de ar deslocado durante a inalação e a exalação.
- Controle, através do nariz ou da boca.

Através dos ritmos da respiração, a mente inconsciente transmite muitas informações para a mente consciente. O inconsciente está por baixo de todos os nossos pensamentos, atitudes e procedimentos não-intencionais. Em geral, vemos nosso inconsciente manifestado em nossos sonhos, que por isso nos proporciona alguma percepção de nossos desejos, necessidades, dilemas não solucionados e mágoas. A respiração é outra entrada imediata e consciente para o inconsciente. Em sua complexidade, os ritmos da respiração contêm sinais do inconsciente. Além disso, a mente consciente pode enviar sinais para o inconsciente através da respiração deliberada em certos ritmos específicos. Essa respiração efetua uma comunicação em duas direções entre o consciente e o inconsciente. A pessoa precisa apenas conhecer a linguagem codificada para utilizá-la.

> O simples ato de manter a respiração consciente evita a sonolência e proporciona profundo relaxamento. A respiração consciente também ativa o inconsciente, o que irá trazer benefícios psicológicos.
> Enquanto continua a prestar atenção à respiração, observe as extensões das quatro fases do ciclo respiratório. Eis algumas possibilidades:
>
> - Uma longa pausa no final ou no início, quando a respiração diminui de intensidade. (Se descobrir que está prendendo a respiração depois da exalação, é importante prestar atenção a isso. Mas é perigoso, não tente fazê-lo.)
> - Inalações e exalações curtas, sem pausas
> - Respiração uniforme, inalações e exalações com a mesma duração
> - Inalação pela boca, mais curta que a exalação, ou vice-versa
> - Respiração sempre pela boca
> - Ciclo respiratório irregular
> - O som da respiração imperceptível (fraco) ou audível (forte)
>
> Tentar classificar o ritmo de sua respiração irá ajudá-lo a se concentrar na respiração. Mais uma vez, não tente, de maneira nenhuma, modificar a sua respiração normal. Apenas observe as características dela como sinais que revelam a situação da mente consciente.
> Enquanto estiver sentado, sua respiração irá mudar. Quando necessitar de mais ar inspirado, a inalação será feita através da boca. Respirar pela boca provoca uma subida para um nível de energia mais alto, da mesma maneira que os elétrons sobem para uma camada de energia mais alta. Ocasionalmente, você poderá suspirar, fazendo uma exalação pela boca. O suspiro indica um maior relaxamento, eliminando a resistência à realização da prática. Respirar sempre pela boca acelera a mudança, enquanto respirar sempre pelo nariz estabiliza a respiração.

Uma respiração que expressa surpresa é uma inalação súbita. Uma risada é uma seqüência de exalações curtas. Um bocejo é uma inalação forte e demorada pela boca, seguida por uma breve exalação. Um grito de alarme é uma exalação curta e rápida. Uma respiração arquejante provocada pelo pânico é uma seqüência rápida de inalações e exalações. Um suspiro é uma forte exalação. Cada uma dessas respirações tem um efeito sobre o ar no espaço, propagando ondas de alterações da pressão do ar em todas as direções. Quanto mais curta a respiração, maior o seu efeito sobre o ar do ambiente, pela mesma razão que uma curta vibração sonora contém um espectro muito amplo de freqüências fundamentais. As vibrações da respiração atingem os outros e fazem com que surja uma respiração semelhante.

Quando duas pessoas se encontram, cada uma delas tem, inicialmente, um ritmo próprio. Talvez uma chegue com uma respiração excitada, a outra com uma respiração estável, moderada. No decurso do encontro, seus ritmos mudarão, de forma que a respiração resultante é compartilhada. Talvez a respiração de ambas torne-se excitada ou torne-se moderada. A respiração que seja mais consciente será a que irá predominar, e essa pessoa será a que vai exercer mais influência. A respiração inconsciente da outra pessoa irá se ajustar à respiração consciente.

 A CAPACIDADE DE OBSERVAR A SUA RESPIRAÇÃO E CLASSIFICAR O SEU RITMO.

Observação de sua Mente e de suas Emoções

Observe a sua respiração de uma maneira tão desapaixonada quanto possível. Sua respiração consciente irá provocar uma corrente de pensamentos que irá emergir do fundo do coração e aparecer na superfície de sua mente.

Alguns dos seus pensamentos serão atraentes, até instigantes. Se, no entanto, você dirigir a atenção para um deles especificamente, a corrente de pensamentos será interrompida. Nesse estágio, você pode reter na memória essa corrente ou apenas uma gota da corrente. Quando você concentra a atenção numa imagem, numa lembrança, num pensamento ou numa experiência do fluxo dinâmico, interrompe o fluxo e penetra na emoção daquele momento. Então, a respiração assume o ritmo dessa emoção e a emoção se desenvolve e o absorve. Muitas experiências emocionais não resolvidas precisam da sua atenção. Quando você entra em contato com cada uma delas, ela surge em sua mente consciente. Tornar consciente mais uma vez uma lembrança reprimida deixa-a mais próxima de ser resolvida.

Para lidar com os pensamentos e as lembranças impregnadas de emoção que ocorrem na Prática do Ritmo do Coração, você pode utilizar uma das duas abordagens a seguir.

A primeira é interromper temporariamente a prática e penetrar intensamente na memória, vivenciando novamente as sensações que teve no passado e vendo a situação e a si mesmo da maneira como o fez naquele momento.

Você pode ainda explorar as emoções escrevendo um diário, monitorando os sonhos ou através da terapia. Se você usar essa abordagem, a Prática do Ritmo do Coração irá ajudar imensamente a sua capacidade de trazer de volta à tona e confrontar experiências e preocupações não resolvidas. Porém, a Prática do Ritmo do Coração utilizada dessa maneira pode tornar-se rapidamente uma tarefa indesejável. Você pode ficar preocupado com o seu alto custo emocional e desistir dela muito antes de ter curado as feridas do seu coração.

A segunda abordagem é procurar o tema subjacente aos pensamentos emocionais. O tema não será óbvio, encontrá-lo portanto requer perspicácia e prática. Felizmente, a perspicácia é adquirida com a prática e esta é menos desgastante emocionalmente nesta abordagem do que na primeira. Na primeira vez que um pensamento impregnado de emoções lhe vier à mente, você irá descobrir que está deixando se levar por ele, como na primeira abordagem. Quando perceber que isso está acontecendo, retorne à Prática do Ritmo do Coração. Logo irá surgir um outro pensamento que criará a mesma emoção do primeiro. Agora você tem um tema com o qual poderá trabalhar.

> Pode aparecer um pensamento que seja muito instigante e que assuma o controle da sua Prática do Ritmo do Coração. Ele pode ser um resíduo do passado, uma preocupação a respeito do futuro, ou um dilema do presente. Sua predominância sobre a prática é evidenciada por uma alteração na sua respiração que adquire o ritmo correspondente à emoção que gerou o pensamento.
>
> Quando isso acontecer, não fique decepcionado por ter falhado na tentativa de manter afastados todos os pensamentos. O pensamento instigante é a manifestação superficial de uma experiência não resolvida que subjaz no inconsciente, esperando por uma ocasião na qual possa ser vivenciada novamente como parte do processo de integração. Ao revelá-la e conceder a ela uma via de acesso à mente consciente, você estará contribuindo para a saúde tanto do seu coração quanto da sua mente.
>
> Utilize a Prática do Ritmo do Coração para entrar em contato com tantas dessas experiências emocionais quanto lhe for possível, sem se aprofundar demais em qualquer uma delas. Você pode observar que elas surgem em "temas". Por exemplo:
>
> - Seus pais, seus filhos
> - Seu objetivo na vida
> - Seus medos

- Acontecimentos traumáticos além da sua compreensão
- Suas mágoas, ressentimentos e culpas
- Sua auto-imagem desfavorável

Você pode continuar a realizar a Prática do Ritmo do Coração enquanto perduram os pensamentos que o perturbam emocionalmente, considerando-os como elementos numa sucessão, interligados por um tema. Você não pode mudar os acontecimentos que geraram os pensamentos, mas pode resolver o tema para que ele pare de criar outros acontecimentos.

O PAI DE FRANK MORREU *quando ele era jovem; há dez anos, Frank foi despedido do seu emprego. O fato de ter sido despedido não apenas abalou a sua confiança, como faria com qualquer um, como também reforçou a sua idéia de desamparo. Agora, decorrido muito tempo, Frank percebe que não se recuperou da rejeição com tanta facilidade como ocorre com outras pessoas, e ainda sofre os efeitos de ter sido despedido por causa da existência daquela idéia. Freqüentemente, quando realiza a Prática do Ritmo do Coração, ele descobre aquela idéia de desamparo e espera pelas emoções que essa idéia lhe traz. Mas agora ele pode suportá-las conscientemente, e cada vez que o faz, se recupera um pouco mais.*

Na mitologia grega, a porta de entrada para as dimensões inconscientes do coração é guardada por dois cães monstruosos. Esses cães representam as lembranças não resolvidas do passado, como mágoas e a ansiedade que elas criam no presente. A fim de penetrar mais profundamente no seu coração, você deverá descobrir um caminho através dessa passagem. Deve apaziguar os cães de guarda. A única alternativa é desviar-se do seu coração, deixando que ele se torne insensível e cruel, e sua força inacessível a você. Para apaziguar os cães, você tem de saber os nomes deles.

Qual é a causa da sua ansiedade? Não se lamente pelo fato de estar ansioso; em vez disso, descubra por que isso acontece e depois comemore a descoberta. Mas você não pode resolvê-la com a mente. Para determinar como o seu coração foi magoado, você necessita da orientação do próprio coração. Ele irá lhe dizer, enquanto você o estiver escutando bater.

QUANDO COMECEI *a meditar aos vinte anos, sem muita orientação e sem instruções, fiquei surpreso ao ver como era difícil abrandar as ansiedades que surgiam sempre que começava a prática. Gradualmente, pude estabelecer uma relação entre muitas de minhas ansiedades com um único acontecimento: o fato de me ter separado de minha filha ainda bebê, que então vivia com a mãe. Minhas diversas ansieda-*

des não proclamavam ostensivamente que aquele era o tema ao qual estavam interligadas, em vez disso pareciam estar vinculadas a um milhão de diferentes motivos. Por exemplo: considerei a raiva que tive de minha mãe por algo sem muita importância que ela havia feito na festa de meu casamento. Não fora nada demais, mas como era algo que dizia respeito à festa que estava relacionada ao meu casamento e portanto à minha filha, havia adquirido uma forte carga emocional. Esforcei-me para perdoar a minha mãe e fiz o que parecia ser um grande progresso, até que compreendi meu insólito equívoco. Eu não estava com raiva de minha mãe, estava angustiado por causa de minha filha.

Quando reconheci esse fato, compreendi que antes que o meu coração pudesse ficar em paz e cheio de ternura por minha mãe, deveria fazer algo para expressar o amor que estava por trás de meu desespero. Enviei a metade de meu salário para minha filha e para a mãe dela, o que ajudou a me sentir melhor. Viajei pedindo carona quase mil quilômetros para visitá-la, o que confortou muito o meu coração. Com o passar do tempo, empenhado em manter o meu relacionamento com ela, auxiliando a sua mãe, meditando com o coração e tentando ajudar os outros, meu coração começou a cicatrizar e a tranqüilizar-se. À medida que obtinha mais acesso ao meu coração, ele influenciava cada vez mais a minha vida. Então meu coração deixou de se opor a mim durante a meditação e, em vez disso, passou a me estimular e me carregar numa poderosa corrente por ele mesmo criada.

A Prática do Ritmo do Coração levou-me então a lidar com uma outra fonte de ansiedade. Mais de vinte anos depois, esse processo ainda não terminou, mas se aprofundou. A paz constante que sinto agora é muito maior que os melhores momentos que vivenciei naquele tempo.

Leve paz para a prática mantendo a respiração correta: inaudível, constante, um movimento suave sem mudanças abruptas. Uma respiração correta não pode ser estorvada por uma emoção porque ela já é o produto da emoção mais forte: a paz. A paz gera a respiração correta, e a adoção de uma respiração correta cria a paz.

Quando as lembranças escapam subitamente do inconsciente e recriam os estados emocionais que as aprisionaram, você mantém a paz através da sua capacidade de aceitar e perdoar. Essas qualidades naturais do coração serão fortalecidas pela Prática do Ritmo do Coração.

 ACALME AS EMOÇÕES USANDO A RESPIRAÇÃO CORRETA PARA QUE VOCÊ POSSA MANTER A CONCENTRAÇÃO NA PRÁTICA DO RITMO DO CORAÇÃO DURANTE 20 MINUTOS.

As experiências auspiciosas podem ser integradas com mais facilidade do que as experiências preocupantes, portanto poucas destas virão à tona enquanto você observa a respiração. Mas o que parece ser inoportuno neste momento pode se tornar muito conveniente no futuro.

A pessoa deve ser capaz de descobrir a dor no prazer e o prazer na dor, o lucro no prejuízo e o prejuízo no lucro. [Hazrat Inayat Khan][9]

Não sabemos julgar bem aquilo que é bom para nós, sabemos apenas se alguma coisa é o que queremos ou esperamos, ou conhecemos os seus efeitos a curto prazo sobre o nosso patrimônio financeiro líquido. Mas o que queremos se modifica. Você se lembra de ter desejado alguma coisa que não conseguiu, e agora está feliz por isso não ter ocorrido? Ou de ter conseguido alguma coisa que tenha desejado e agora está triste por isso?

Alguma coisa que alguém fez a você no passado parece realmente imperdoável? Você não tem de relevar o que aconteceu a fim de perdoar a pessoa pelo que ela fez. Da mesma forma que quando se deixa cair uma gota de tinta no oceano, o oceano das experiências da vida pode absorver todas as gotas de nossas frustrações e de nossos ressentimentos. Quantas vezes você respirou com raiva, ódio ou humilhação por causa do que aconteceu? Quantas vezes você respirou com amor, alegria, paz, graciosidade, antes e desde então?

Você ainda não consegue perdoar? A pessoa que o magoou pretendia fazer isso? Ou aconteceu que você era a única pessoa que estava presente para ser atingida pela sua ira? Alguma coisa de bom surgiu do incidente, nos últimos eventos da vida ou no desenvolvimento interior ou no fortalecimento de suas qualidades? Tudo o que você tem passado o trouxe para este lugar de desenvolvimento espiritual, com os olhos erguidos para o horizonte da realização. Muito embora o seu passado possa ter sido uma jornada totalmente indesejável, agora, tendo chegado ao presente, você pode queixar-se tanto do condutor que o trouxe? Quem é mesmo o condutor? Não é Aquele que você procura?

Nesse ponto você deve fazer uma escolha a respeito de como seguir em frente. Você pode fazê-lo com passos mais lentos, com passos mais rápidos, por um caminho seguro, por um caminho mais agradável, trilhando-o sozinho, ou em companhia de uma caravana de viajantes, e assim por diante. Você compreende que pode fazer esta escolha através da sua atitude? A escolha que você fizer neste momento irá afetar todos os tipos de problemas que terá na próxima etapa da jornada de sua vida.

Melhorar no discernimento, no autocontrole, no amor e na tranqüilidade é tudo que importa. Os problemas da vida são exercícios para desenvolver essas qualidades. As coisas que obtemos na vida são valiosas por causa daquilo que elas constroem dentro de nós mesmos; elas não têm nenhuma outra importância. Você é por si mesmo o produto da sua vida; você é a comprovação do seu modo de agir. Se não gosta daquilo em que se tornou, você pode decidir agora modificar sua maneira de agir, e isso irá transformá-lo, tão certo quanto a carroça segue o cavalo.

Você magoou outra pessoa? Então essa mágoa deve ser compensada. Tome uma resolução neste momento para fazê-lo logo após a meditação. Entre em contato com a pessoa que você ofendeu e peça-lhe seu perdão. Por escrito ou pessoalmente, peça com toda a sinceridade que ela o perdoe pelo que aconteceu especificamente e que agora você relembra. Mesmo depois de muitos anos, ainda é possível encontrar as pessoas. Se ela tiver morrido ou realmente não puder ser encontrada, você poderá contribuir de alguma maneira para recompensar outras pessoas que tenham sofrido por causa de atos semelhantes. Se sua resolução for firme, clara e sincera, a sua consciência irá permitir então que você ponha de lado essa emoção e essas lembranças e readquira a paz da meditação de uma maneira ainda mais profunda.

Você não pode iludir o seu inconsciente. Ou você lida com as emoções que a meditação cria ou deverá parar de meditar. Qualquer progresso que você fizer neste momento, terá benefícios duradouros. Comece com as pequenas ofensas, culpas e ressentimentos, assim você poderá desenvolver a capacidade de enfrentar a si mesmo e assumir a responsabilidade pela sua vida. Outras pessoas terão de lidar com a própria consciência, mas se você vir a si mesmo como vítima dessas pessoas, irá dar-lhes poder sobre a sua vida, e então a autopiedade, a fraqueza e a medíocre auto-imagem irão continuar o estrago.

Quando surgir uma dificuldade, seja na meditação ou na vida, você poderá suavizar os seus ternos sentimentos, fazendo esta meditação particularmente tranqüilizadora:

Enquanto você inspira e expira, dirija o seu pensamento para a região do estômago — a região que começa embaixo de sua caixa torácica, exatamente abaixo do músculo do diafragma que movimenta os pulmões e estende-se para baixo até o umbigo.

Ao inspirar, preencha essa região do estômago com o ar respirado. Ao expirar, deixe que esse ar aprofunde-se ainda mais. Quando inspirar, fi-

> que consciente dos sentimentos que você tem nessa região do seu corpo;
> quando expirar, o faça suavemente, e deixe que suas preocupações e ansiedades se dissolvam numa poça de contentamento.
>
> Não há outras instruções — apenas continue pensando em enviar o ar respirado para dentro da região do estômago.

Essa prática é uma pequena preciosidade. Mesmo que você não vá além disso com a meditação, será beneficiado pela Respiração com o Estômago. Algumas pessoas consideram essa respiração uma experiência profundamente comovente e emocional, que produz lágrimas. Ela não é triste; é profunda, como se a pessoa fosse uma criança acalentada pela mãe. Temos necessidade de sermos confortados, e essa simples prática nos dá uma profunda sensação de conforto. Você pode repeti-la tantas vezes quanto quiser.

Agora que a Respiração com o Estômago aliviou a dor do coração, você pode retornar à respiração suave que cura as feridas do coração.

> Volte a respirar. Suspire e deixe que tudo o que vem perturbando a sua paz se esvaia. O suspiro irá aliviar o peso que existe em seu coração, tornando-o mais leve do que nunca. A leveza é o equivalente físico do estado de paz. Agora a respiração é suave — inaudível, lenta, movimentando-se facilmente e mudando de maneira suave da inalação para a exalação. Ela não é trabalhosa, barulhenta, rápida, nem muda abruptamente.

A respiração é classificada pelos sufistas como densa ou suave. A respiração densa é aquela que é barulhenta e trabalhosa, que cansa os nervos e os pulmões. Os exercícios de respiração densa são úteis para desenvolver os músculos e para se obter o controle dos nervos; também são úteis para os pulmões e para a saúde física. Mas no desenvolvimento espiritual, a menos que a respiração seja feita suavemente, ela não pode penetrar através dos principais contornos do corpo, e não pode atingir profundamente as partes mais recônditas da vida da pessoa.

A respiração, para um sufista, é uma ponte entre si mesmo e Deus; é um cabo que serve de ligação, pendente sobre a terra, preso aos céus. O sufista sobe para o alto com a ajuda desse cabo. [Hazrat Inayat Khan][10]

Mantenha-se Atento à Respiração

Observar a respiração é importante tanto na meditação quanto fora dela. Ao ficar atenta à respiração, a pessoa aprende a controlar o ego e, sob um ponto de vista prático, desenvolve eficiência nas ações.

> Na meditação, a pessoa deve observar o ritmo da respiração até que possa manter a mente tranqüila. Se a mente não for tranqüilizada, a pessoa deve apenas continuar a observar o ritmo da respiração. Depois de alguns momentos pode haver uma tendência para que a respiração se torne cada vez mais sutil. Então a pessoa descobrirá que é difícil observar e, na verdade, não há necessidade de prestar atenção à respiração quando se penetra no verdadeiro silêncio. [Hazrat Inayat Khan][11]

> Da mesma maneira que o homem penetra no silêncio, o silêncio penetra nele. Da mesma forma que ele se une ao universo, o universo se manifesta nele. Essa é a verdade, não importa qual seja o seu caminho ou o seu treinamento. Finalmente ele chega ao seu destino. Esse é o silêncio de toda a vida, do qual pode-se dizer que sem nada conter, contém todas as coisas. [Hazrat Inayat Khan][12]

Enquanto você estiver observando a sua respiração, ela irá mudar. Enquanto você estiver observando a sua mente, ela irá mudar. Isso acontece devido à aplicação de um princípio comum:

O que quer que esteja sendo observado muda com o ato de observação.[13]

Portanto, a pessoa não pode ficar totalmente indiferente com respeito à respiração e, ao mesmo tempo, ter consciência de que está respirando. A conscientização de que se está prestando atenção à respiração irá influenciar o seu controle inconsciente. Não é um esforço inútil — podemos utilizar de uma maneira muito melhor o tempo gasto na meditação do que na simples observação. Embora seja importante perceber o funcionamento do inconsciente refletido no ritmo da respiração, é muito mais importante fornecer alguma orientação ao inconsciente. Como podemos fazer isso?

Num momento de inspiração, poetas criam poemas, músicos criam peças musicais, arquitetos projetam edifícios, enamorados encontram as bem-amadas. Portanto, deve ser possível orientar o inconsciente de acordo com o interesse ou o desejo da pessoa.

> Nessa etapa da Prática do Ritmo do Coração, você não está tentando modificar a sua respiração, nem tentando forçar os seus pensamentos numa direção. Seu desejo inconsciente irá guiar os pensamentos que lhe vierem à mente durante a meditação.
>
> Lembre-se de que o tempo de que você dispõe para meditar é extremamente valioso. Agora as portas entre o céu e a terra e entre o consciente

e o inconsciente estão abertas. De que modo você deseja utilizar esse tempo? Por que você está meditando?

Lembre-se de que você quer:

- curar as mágoas do coração
- integrar as partes de sua vida
- aumentar sua compreensão e sua força para que possa ser tudo o que você é potencialmente.

 SEJA PASSIVO À RESPIRAÇÃO, PERMANECENDO INDIFERENTE, EMBORA ESTEJA PLENAMENTE DESPERTO.

5. RESPIRAÇÃO RÍTMICA (DIRECIONAMENTO DA MENTE)

Uma pessoa que tenha constantemente modificado a respiração não pode meditar nem realizar nenhuma outra atividade. [Hazrat Inayat Khan][1]

Existem três diferentes tipos de ritmo na respiração:

> o ritmo que não pode ser distinguido na sucessão da aspiração e da expiração [respiração suave];
>
> o segundo tipo, o ritmo que pode ser distinguido através dos dois diferentes movimentos de inalação e exalação [respiração consciente];
>
> o terceiro ritmo, uniformidade na respiração [respiração rítmica].

Aqueles que não controlam sua respiração têm sob a influência desses três ritmos sua saúde, seu estado de espírito e sua condição de vida. Porém, aqueles que controlam a respiração podem determinar qualquer um desses ritmos para sua respiração, e quando o controle é adquirido, quem realiza a cura tem então a chave para reverter qualquer situação. [Hazrat Inayat Khan][2]

A respiração passiva e consciente é agradável e auto-reveladora. Ela permite que o inconsciente nos fale. Tendo descoberto o seu encanto, vamos agora passar para a respiração rítmica, na qual adicionamos um pouco de controle à nossa respiração. Desse modo, criamos um diálogo interior, não apenas escutando mas também falando ao nosso inconsciente.

Concentração

Nada neste mundo pode ser totalmente realizado sem concentração, seja nos negócios ou na profissão, ou no trabalho espiritual. As pessoas que não conseguem fazer sucesso nos negócios ou na carreira profissional são aquelas cuja concentração não é correta. E muitas delas que são bem-sucedidas na vida devem isso ao fato de sua concentração ser boa. Se a pessoa for um artista, com a ajuda da concentração poderá produzir obras maravilhosas; se for um cientista, poderá obter grandes resultados na ciência; se for um poeta, terá facilidade para escrever poesia; se for um místico, a inspiração mística irá fluir; no entanto, sem concentração, por mais qualificada que a pessoa possa ser, ela não poderá utilizar as suas qualificações da melhor maneira possível; de qualquer maneira ela dificilmente poderá ser chamada de uma pessoa qualificada. [Hazrat Inayat Khan][3]

Nesta etapa, estamos nos concentrando na respiração, como um exercício para a posterior concentração no batimento cardíaco. É fácil observar a respiração, difícil é perceber o batimento cardíaco. A concentração exige esforço, mas produz relaxamento, um relaxamento muito maior do que o que a pessoa obtém apenas ficando sentada em silêncio, sem se focalizar em alguma coisa em particular. Esse resultado pode ser surpreendente, mas faz sentido se compararmos o exercício mental com o exercício físico.

O que uma pessoa deve fazer para relaxar a mente? O método para relaxar a mente é, antes de tudo, deixar a mente cansada. A pessoa que não conhece o exercício para deixar a mente cansada jamais poderá relaxá-la. A concentração é a maior atividade que a pessoa pode proporcionar à sua mente, pois a mantém direcionada para um determinado objetivo. Depois disso, a mente relaxa naturalmente e, quando relaxar, assumirá o controle total. [Hazrat Inayat Khan][4]

Para trabalhar com a sua mente, você deve começar com a concentração. Pode parecer que sua mente já esteja demasiadamente cheia, muito atarefada e excessivamente cansada para poder se concentrar, com uma grande quantidade de coisas que necessitam de atenção. Você pode achar que deseja apenas um pouco de relaxamento para a sua mente, um pouco de tranqüilidade e de amor cósmico, e não de mais esforço. Tudo isso será conseguido, mas primeiro você tem de se concentrar. Por quê? Porque o relaxamento vem depois da tensão.

Para relaxar o seu braço, primeiro o contraia o mais firmemente que puder, girando cada músculo ao contrário até deixar o braço rijo como aço. Depois relaxe-o repentinamente. Ele irá se elevar lentamente em um estado de profundo relaxamento. A mente age da mesma maneira.

"Mas fiquei concentrado o dia todo", você pode dizer. "Isso não conta?" Provavelmente você manteve pouca concentração, que é naturalmente seguida por pouco relaxamento. Mas nenhum dos dois é suficiente. Você deve aprender a realizar uma focalização muito maior de sua mente e aplicá-la facilmente à sua prática, sendo então recompensado com um relaxamento muito mais profundo. A prática da meditação desenvolve e aumenta a concentração. Com maior força mental e lucidez, muito do que era cansativo para você deixará de sê-lo. O mesmo ocorre com qualquer tipo de desenvolvimento de suas capacidades físicas; correr irá esgotá-lo até que esteja em forma, então uma corrida irá fortalecê-lo, em vez de cansá-lo.

> Nesta prática, nos concentramos na respiração com mais intensidade do que o fazíamos antes. A respiração torna-se rítmica a partir dessa concentração, e a respiração rítmica mantém a mente em foco, facilitando uma concentração intensa. Parece que tudo o que você tem a fazer é respirar, e então a respiração faz tudo o mais.

Às vezes a pessoa fica tão absorta no plano mental que, por alguns momentos, o corpo físico não existe para ela. [Hazrat Inayat Khan][5]

Sem a respiração rítmica, a concentração é muito difícil, mas com a respiração rítmica, a concentração fica fácil. É por isso que a música que tem um ritmo uniforme pode acelerar o aprendizado e tornar o trabalho mais eficiente. Se o ritmo muda freqüentemente ou se não é de alguma maneira uniforme, cria confusão e desordem. Se o ritmo aumenta uniformemente, como no *Bolero* de Ravel, leva a audiência ao êxtase. O mesmo ocorre com o ritmo do coração.

Na meditação, o controle sobre a mente é exercido através da respiração e do cérebro. A respiração é mantida ritmada e sutil e torna-se cada vez mais sutil à medida que a consciência se revela para ela e a luz da essência interior do homem depois disso se manifesta. Se a respiração não for mantida no ritmo, os pensamentos irão invadi-la e a batalha contra os pensamentos, principalmente contra os pensamentos que dizem respeito ao ego, é a batalha que todos os santos e sábios têm de enfrentar continuamente. Para isso também é necessário ter força de vontade. [Hazrat Inayat Khan][6]

Livre de Perturbações

O esforço para manter a respiração ritmada e escutar o batimento cardíaco, que mantém a mente em foco, produz um benefício imediato: a liberação dos obstáculos auto-impostos.

> A trilha da liberdade leva à escravidão; é a trilha da disciplina que leva à liberdade. [Hazrat Inayat Khan][7]

O ciclo da respiração torna-se tão forte que ela opera como um navio transatlântico, sulcando as ondas da vida em vez de ser como uma bóia que oscila para cima e para baixo em cima delas, ou como um rolo compressor que aplana elevações e depressões da superfície. A respiração serena produz a própria inércia, a capacidade de prosseguir, a despeito dos obstáculos, na direção que a pessoa escolheu. À medida que você alarga e nivela o caminho, a resistência fica para trás e você segue em frente. A liberdade resulta dessa isenção daquilo que, de outro modo, iria fazê-lo tropeçar ou impedi-lo de ir ao encalço de sua meta.

> Adicionalmente, tome consciência do seu batimento cardíaco, o que irá afastar da sua atenção os distúrbios em redor e levá-lo à experiência pessoal de uma presença no seu peito. Quando você se sentir seguro e recarregado, volte a atenção para fora novamente. Então perceba a mudança naquilo que vê e no modo como o vê.

> Quando uma pessoa se permite ser perturbada, isso mostra que a sua concentração não é boa; e se a sua concentração não é boa, isso mostra que a sua força de vontade é fraca. A melhor maneira, portanto, de se proteger da desordem consiste em desenvolver o poder da concentração, de modo que a força de vontade se desenvolve naturalmente e a pessoa é capaz de suportar todas as perturbações que surgem quando tem de viver no meio da multidão.
> O melhor remédio para uma mente errante é a concentração natural; isso significa não forçar a mente. A pessoa deve, em primeiro lugar, deixar que a mente trabalhe naturalmente, pensando nas coisas em que tem inclinação a pensar a respeito. Por que deveria a mente pensar em algo para o qual não tem nenhuma inclinação? Isso não é natural; é como comer alguma coisa de que não se gosta; o alimento não será assimilado nem dará bons resultados. A pessoa deve pensar em alguma coisa de que gosta; depois, ela poderá aprender a se concentrar. [Hazrat Inayat Khan][8]

Não tente excluir o ambiente. Simplesmente concentre-se na sua respiração e depois no seu batimento cardíaco, com grande interesse e respeito. A respiração lhe transmite tantas coisas que você não quer perder nada do que ela está dizendo. Você poderá ser bastante influenciado pelas pessoas que o cercam — você não é uma pedra. Mas o que é interessante é o *modo* como você é influenciado e por *qual* estímulo. Observar as pequenas alterações no seu padrão respiratório lhe dará uma medida de seu nível de preocupação. Quando você observa a si mesmo dessa maneira, a intensidade de sua reação diminui. Assim, você pode ficar receptivo e tranqüilo ao mesmo tempo.

 CONTINUE A PRÁTICA DO RITMO DO CORAÇÃO A DESPEITO DOS RUÍDOS E DAS PESSOAS QUE O CERCAM.

O Ritmo de Vida

Uma pessoa atenta verá facilmente que em tudo na vida existem ciclos de mudança. Os místicos, aqueles que vivem a vida mais plenamente, como um todo, dão ênfase a dois diferentes ritmos na vida. O primeiro é o ritmo do subir-e-descer: moderação e imoderação, aquisição e dissipação, realização e renúncia, ação e planejamento. O segundo é o ritmo do dar-e-receber: comprar e vender, ensinar e aprender, amar e ser amado. A interação desses dois ritmos com vários períodos produzem a variedade e a diversidade na vida.

Todos esses ciclos de vida podem ser utilizados de maneira benéfica. Podemos obter sucesso, fazendo aquilo que esteja em harmonia com o nosso ritmo de vida numa determinada ocasião, ou mudando o nosso ritmo de vida para adequar-se à tarefa que escolhemos. A meditação ascendente é muito apropriada para descobrir qual é o ritmo de uma pessoa, enquanto a meditação descendente é o instrumento para mudar o ritmo de uma pessoa.

Nós todos temos conhecimento das oscilações do estado de espírito e, às vezes, simplesmente não estamos dispostos a fazer algo que deveríamos ou teríamos de fazer. Mas raramente utilizamos de maneira correta os nossos estados de espírito latentes. A atividade contínua não é natural; devemos ter também períodos de reflexão, e se negarmos essa parte do ciclo da vida, poderemos desenvolver o ceticismo ou uma atitude de frustração, alienação ou indisposição. Da mesma forma, não é natural estarmos sempre em estado de reflexão; devemos ter também períodos de atividade dinâmica, e se negarmos essa parte do ciclo da vida, isso irá causar ciúme, inveja, ressentimento ou revolta.

A vida nem sempre pode envolver desenvolvimento; às vezes pode ocorrer fracasso. Mas o que foi construído não é necessariamente o que será demolido. A descida depois de uma subida, a perda depois de um ganho, distingue o falso do verdadeiro, o que não é essencial do essencial. A lição da realização é conservada na memória, embora o objeto da realização possa ser esquecido.

A respiração consciente é uma lição repetida vezes sem conta: a vida é um ciclo. Cada passo para cima é seguido por um passo para baixo, cada derrota por um sucesso. Não é sábio lamentar o ar exalado ou tentar retê-lo, outra inalação ocorrerá a seguir. Por que ansiar pela exalação quando se está inalando? Por que pensar na inalação quando se está exalando? Faça cada uma no seu devido tempo, e nada mais.

> **CERTA VEZ UM REI** *reuniu os sábios de seu reino, homens e mulheres, e disse a eles: "Percebo que às vezes fico deprimido, com a sensação de que o mundo todo está errado, e em outras ocasiões fico tão alegre que, em meu desvario, acho que eu é que estou errado. Peço que vocês preparem uma poção que irá dissipar minha tristeza com alegria e temperar minha alegria com tristeza". Eles trabalharam em conjunto e finalmente presentearam o rei com um "anel mágico". Sempre que ele se sentisse muito alegre ou muito triste, deveria olhar para o anel. Nele estavam inscritas as palavras: "Isso também vai passar".*

Algumas pessoas ficam ansiosas em conseqüência da respiração consciente. Sua ansiedade é provocada pelo medo de que o ciclo irá ser interrompido; de que em determinado momento o ar irá lhes faltar.

> Observar a entrada e a saída do ar respirado muitas vezes é uma terapia que aumenta a fé. Há incessantes ondas na vida, movendo-se para cima e para baixo. E existe alguma coisa que não é movimentada pelas ondas, e também alguma coisa que flutua no topo das ondas.

As pessoas que meditam não estão imunes aos ciclos da vida; pelo contrário, estão mais conscientes deles e podem fazer um melhor uso dos ritmos da vida. Você pode obter sucesso tanto quando a energia da vida está se intensificando como quando ela está se dispersando, se agir adequadamente em cada fase.

Alguns ritmos têm um ciclo diário, de tal forma que algumas atividades são apropriadas para a manhã e outras para a tarde. Alguns deles têm até um ciclo mais curto, que ocorre muitas vezes em um mesmo dia, como a alternância do hemisfério do cérebro predominante do esquerdo para o direito e vice-versa. Muitos outros ritmos são mais lentos, em correlação com as nossas atuais demandas e com o nosso ciclo de desenvolvimento a longo prazo. As pessoas que meditam conhecem profundamente esses diferentes ritmos porque têm um método simples para monitorá-los. Observar os ritmos da sua respiração e do seu coração durante todo o dia consecutivamente revela os ritmos de sua vida refletidos em si mesmo.

> [Através das práticas de respiração] os sufistas ajustam sua respiração ao ritmo adequado e quando isso se torna um hábito, através de uma prática realizada todos os dias, toda a vida dos sufistas passa a ser tranqüila e harmoniosa, porque o ritmo, no momento oportuno, se transforma em um hábito da respiração, e enquanto a pessoa está acordada ou dormindo a respiração continua a manter o seu ritmo, com todas as pulsações ritmadas, do que a saúde depende totalmente. O ritmo assim produzido pela respiração mantém os pensamentos ordenados, a vontade poderosa, a memória em equilíbrio, as sensações normais, e por isso tudo na vida da pessoa ocorre em perfeita e plena ordem. [Hazrat Inayat Khan][9]

Num estágio avançado, você pode alterar os seus ritmos de vida para adaptá-los ao seu objetivo, em vez de modificar suas atividades para adaptá-las aos ritmos. Isso é o equivalente prático ao milagre que Cristo realizou ao aplacar uma tempestade. O primeiro passo é aprender como viver em harmonia com os ritmos de vida que oscilam para cima e para baixo, a fim de utilizar ambos os ciclos como passos à direita e à esquerda para progredir em direção ao seu objetivo. Essa harmonia contrasta com a maneira usual de trabalhar, que significa desenvolver um determinado estilo e depois aplicá-lo a todas as situações da vida, em todos os momentos.

PETER, UM HOMEM CRIATIVO *e corajoso, teve uma idéia excitante para a criação de um produto que seria de grande utilidade para muitas pessoas. Depois de muitos esforços, ele arranjou dinheiro suficiente para criar uma empresa para desenvolver a sua idéia. No entanto, logo após a empresa começar a operar, o seu ritmo de vida mudou, passando de uma fase criativa para uma fase de reflexão. Essa mudança afetou toda a sua vida, não apenas o seu trabalho, e levou-o a fazer uma intensa reavaliação de tudo aquilo em que acreditava. Sua energia, em vez de ser direcionada para o exterior, voltou-se para o interior. Enquanto isso, a nova empresa dava seguimento à pesquisa e ao desenvolvimento de uma maneira ilógica e intuitiva que permitiu muitas descobertas importantes em pouco tempo. O produto que daí surgiu era inovador e útil, mas a empresa faliu porque não tinha prestígio suficiente para lançá-lo no mercado. No ciclo descendente, a pesquisa pode ter sido muito bem-sucedida, como o desenvolvimento de um embrião em um feto, mas não era a ocasião correta para um parto. Nos negócios, como na vida, a escolha do tempo adequado é tudo.*

Sem ter consciência dos ritmos da vida, Peter criou outra empresa durante a mesma fase descendente. Mais uma vez, esmerou-se nas pesquisas e desenvolveu um produto inovador. Mas, dessa vez, o seu ritmo voltara a ser criativo e sua empresa lançou o produto no mercado e obteve grande sucesso. Se uma pessoa for persistente na aplicação do mesmo método muitas e muitas vezes, o ritmo de vida será finalmente favorável e ela obterá sucesso. Ainda melhor que a persistência são a sensibilidade para o ritmo natural da pessoa e a escolha da ação que seja apropriada à ocasião.

Se Peter tivesse conhecimento do seu ritmo na sua primeira empresa, poderia ter prescindido do disfarce de ostentação e conseguido um método para realizar a prolongada pesquisa a baixo custo. Depois, quando sua energia voltasse para o ciclo ascendente, ele estaria pronto para pô-la em prática. Sua empresa fracassou porque estava em uma fase enquanto ele estava em outra.

Em seu livro *Seasons of a Man's Life* [Etapas da vida de um homem], o psicólogo e pesquisador Daniel Levinson documenta os ritmos de longa duração da vida que criam vários períodos distintos da infância à velhice. Para os ritmos de curta duração, os médicos chineses podem determinar cinco tipos de pulsações produzidos pelo batimento cardíaco e atribuem significados e efeitos a cada um deles.

Místicos de muitas diferentes culturas descobriram que os seus estados interiores correspondem às suas situações de vida e estudaram cuidadosamente o relacionamento entre os dois. Alguns desses estados interiores podem ser avaliados pelo batimento cardíaco, alguns pela velocidade da respiração e outros através dos sistemas endócrino e nervoso. Os místicos gostam de considerar as fases da própria vida como revelações das fases de suas condições interiores e de observar seus estados interiores projetados na tela das fases da vida.

De início, pode parecer que os eventos e as situações de vida têm um efeito mais potente sobre nosso estado interior do que qualquer outra coisa. Quando recebemos uma promoção no trabalho, vemos nossos filhos superar um obstáculo, quebramos nosso carro na estrada, ou somos rejeitados por um amigo, o resultado emocional, mental e o estado físico são facilmente reconhecíveis. Temos plena consciência dos efeitos que os eventos da vida têm sobre nós. Mas, para os místicos, o efeito oposto é até mais potente — tão mais potente que eles o consideram como predominante. Nosso estado interior tem uma maneira de moldar a nossa vida. Antes de cada evento na história de Peter, ocorreu uma mudança na sua condição interior que, provavelmente, foi responsável por esse evento.

A velocidade na qual respiramos afeta o metabolismo do corpo, que, por sua vez, afeta igualmente nossos ritmos físicos e mentais. O nível de velocidade da respiração é um dos dois relógios que temos no corpo; o outro é o nível do batimento cardíaco.

Observando a sua respiração e as batidas do seu coração, você toma conhecimento de sua condição interior. Muitas pessoas não sabem o que estão sentindo emocionalmente até que observam os *efeitos* dos seus sentimentos. Elas podem negar que estão deprimidas, que não sabem que estão solitárias, e até começam a gostar de seu isolamento. Mas, viver sem emoção é uma doença do coração.

 ACOSTUMANDO-SE A OBSERVAR O RITMO DA RESPIRAÇÃO VOCÊ IRÁ NOTAR AS MUDANÇAS EM SUAS EMOÇÕES E EM SUA ENERGIA DURANTE O DIA, À MEDIDA QUE ELAS OCORREREM.

Utilização do Ritmo da Respiração

A pessoa que é guiada pela respiração é escrava da vida, e a que controla a respiração é senhora da vida. As palavras "guiada pela respiração" significam que são a respiração, sua velocidade e sua mudança para diferentes elementos e para diferentes direções, que conduzem todos os acontecimentos na vida de um homem. O homem, ignorando esse fato, é guiado pela respiração e vivencia situações na vida quando elas ocorrem, e por isso a vida se torna não o seu reino, mas uma prisão.

Quando o homem toma consciência dessa verdade, deseja obter o controle de seus pensamentos, sentimentos, emoções, paixões e do que ocorre consigo. [Hazrat Inayat Khan][10]

Compreenda que você participa de todas as situações de sua vida, e que sua participação modifica o resultado de tudo que vier a acontecer. Nada está acontecendo "a" você; tudo está acontecendo "com" você. Você está totalmente envolvido e toda a sua respiração, principalmente a maneira como você respira, é uma das forças que determinam o que acontece. Mantenha sua respiração fluindo normalmente para dissipar as sensações de ansiedade, impotência e medo.

Você pode ser muito sensível ou muito insensível. A vida é um fluxo, semelhante a um rio. Deve haver um receber e dar. Esse círculo funciona melhor quando fluxo e influxo são iguais. Verifique qual metade da respiração é mais cômoda para você: a inalação (receber) ou a exalação (dar). Pense sempre nessa metade e não na outra que causa estresse.

Você pode escutar e receber aquilo que os outros oferecem sem ser dominado?

Você fica angustiado com as opiniões ou os atos dos outros, a ponto de não poder agir com criatividade?

Envie a exalação para fora do seu peito, com intensidade, proporcionando, anonimamente, silenciosa inspiração aos outros. Leve a inalação diretamente para o seu peito e aceite em si mesmo tudo o que acompanha o ar respirado que provém do coração dos outros.

Oscilação da Respiração

Como um modelo de movimento rítmico, imagine um pêndulo, especialmente na sua ação de balanço. Quando você empurra alguém em um balanço, tem que empurrar exatamente no momento certo. Se o fizer muito cedo, pegará o balanço quando ele sobe e seu impulso irá, na verdade, diminuir a sua velocidade. Se seu impulso for atrasado, a descida do balanço já terá começado. Um pequeno empurrão no momento certo, regularmente, é tudo o que é preciso para manter o balanço no ritmo certo.

Imagine um balanço à sua frente. Quando você expira, o ar exalado leva o balanço para longe de você, e quando você inspira, o ar inalado traz novamente o balanço para perto de você. Através desse balanço, você pode se comunicar com o seu inconsciente.

Ao expirar, coloque uma pergunta no balanço de sua respiração enquanto ele se afasta de você. O pensamento que você ali colocou será entregue ao seu inconsciente. O balanço leva o seu pensamento para longe e desaparece na névoa da extremidade mais longínqua de sua curvatura. Ao inspirar, o balanço retorna para você. Finalmente, ele trará uma resposta do seu inconsciente, que você poderá então levar para a mente consciente.

Você pode enviar mensagens do consciente para o inconsciente usando a repetição. Dessa forma, você pode manter exatamente o mesmo pensamento e enviá-lo com cada exalação.

Quando a mente inconsciente envia uma resposta à mente consciente, o faz de maneira inesperada. A mensagem aparece em uma idéia que surge de maneira espontânea, com força coercitiva e clareza. Você não a imagina ou teoriza; a idéia é sempre surpreendente. O pensamento do inconsciente é diferente do pensamento lógico. Ele pode confirmar ou negar o pensamento lógico mas, mesmo quando o confirma, o faz de um ponto de vista diferente. É assim que você reconhece a mensagem do seu inconsciente: ele surge de maneira inesperada e tem um ponto de vista diferente.

Às vezes, sem avisar, enquanto você está oscilando a sua respiração e repetindo a pergunta, a resposta chegará. Não a procure; isso irá levar a sua mente a imaginar qual poderia ser a resposta. Prossiga apenas com a oscilação em um mesmo ritmo, mantendo a concentração fixa na pergunta que acompanhou a exalação. Quando a resposta vier, ela prenderá sua atenção de uma maneira tão forte, que você não poderá deixar de compreendê-la. Ela surgirá não como uma voz do exterior, mas dentro de sua mente. Será exatamente igual a um pensamento, porém com mais força. Qualquer que seja ela, aceite-a e deixe que a respiração grave-a profundamente na sua memória.

Você pode desenvolver essa prática e aplicá-la para se comunicar com outras pessoas.

Ao exalar, coloque no balanço um pensamento que você gostaria de enviar para o mundo.

Deixe que cada oscilação do balanço atinja cada vez mais longe até que a sua exalação leve a mensagem até o horizonte e mais além, comunicando-se com todo o mundo através da oscilação da respiração.

A distância que o ar respirado atinge é ilimitada. Se você pensa em um lugar mais distante, a respiração também chega lá. Por mais longe que você o envie, o ar respirado vai ainda mais longe.

Essa prática pode parecer elementar, mas não é. Os mestres usam a respiração para levar bênçãos e inspiração aos seus discípulos. Você pode utilizar essa prática para chegar até aqueles que estão distantes, física ou emocionalmente, contanto que se sinta intimamente ligado a eles.

Exercendo apenas um pouco de controle, você pode direcionar o imenso poder da respiração. Da mesma forma que Hércules mudou o curso de um rio para limpar as estrebarias do rei Agias, através de uma simples concentração poderemos direcionar o poderoso fluxo da respiração que passa através de nós.

 COMUNIQUE-SE COM O SEU INCONSCIENTE ATRAVÉS DA RESPIRAÇÃO — ENVIANDO UMA PERGUNTA, RECEBENDO UMA RESPOSTA — RESULTANDO NA COMPROVAÇÃO PARA VOCÊ DE QUE O INCONSCIENTE CONHECE O QUE O CONSCIENTE NÃO CONHECE.

6. EXALAÇÃO PLENA (REALIZAÇÃO)

Há alguns (estudantes) que não têm a capacidade de respirar profundamente, e há outros cujo aparelho respiratório está lesionado. Nesses casos, o ritmo da respiração deve estar alterado. Não há dúvida de que, para aqueles cuja respiração não é boa ou cujo aparelho respiratório não está em bom estado, a prática da respiração é ainda mais essencial, mas ela deve ser feita lentamente e, para começar, eles devem respirar e descansar alternadamente. [Hazrat Inayat Khan][1]

Confronto com o Medo

Nossa respiração geralmente é superficial, e grande parte da capacidade de nossos pulmões não é utilizada. Até certo ponto, respiramos de uma maneira superficial por comodidade: é preciso um esforço extra para respirar plenamente. Mas também fazemos isso por causa de um medo inconsciente. Expirar totalmente nos deixa vulneráveis por um momento. Se não houver ar disponível para inalar, pode faltar oxigênio para o corpo imediatamente. Nosso medo constante da possibilidade da falta de ar faz com que mantenhamos à nossa volta um "bolsão" de reserva de ar, que fica estagnado. É esse medo que torna a alteração do padrão de respiração muito difícil para determinadas pessoas. Mas enfrentar esse medo e dominá-lo desencadeia uma força que pode ser aplicada para atingir um objetivo na vida da pessoa.

Observe que "expirar" significa tanto "morrer" como "expelir o ar dos pulmões".

ex•pire \ik-'sp_+(e)r *freqüentemente para vi 3 e vt 2 ek-\ vb* ex•pired, ex•pir•ing
[ME *expiren*, fr. MF ou L; MF *expirer*, fr. L *exspirare*, fr. *ex- + spirare* respirar — mais em ESPÍRITO] *vi* (15c)
1. dar o último suspiro: MORRER
2. chegar ao fim
3. expelir o ar
-vt
1.*obs*: CONCLUIR
2. expelir de ou como se fosse dos pulmões[2]

Alguns estudantes têm dificuldade em seguir as instruções para expirar totalmente e esvaziar os pulmões. Eles resistem fortemente a prolongar a exalação para além de um determinado ponto. Inicialmente, esses estudantes podem ter a sensação de que estão fazendo a coisa certa, que *estão* com os pulmões vazios, quando na verdade podem estar ainda conservando de 25 a 50 por cento da capacidade de seus pulmões.

O medo que se encontra no fundo da respiração é exatamente o medo da morte. Nesse ponto do ciclo da respiração está um dos principais estados de um corpo morto — sem respiração. Respirar é vida. Quando um corpo morre, ele finalmente descarta sua reserva de ar. Não é exagero dizer que uma exalação plena produz uma (muito pequena) simulação da morte.

Conhecemos a morte quando vivemos, e conhecemos a vida quando morremos. [Hazrat Inayat Khan][3]

Essa prática é uma vacina contra o medo da morte. Nosso objetivo é permanecer totalmente *vivos* durante o maior tempo possível, e não podemos compreender o quanto a nossa vida é restrita e limitada pelo medo da morte enquanto não experimentarmos a expiração.

Muitos praticantes da meditação param nesse ponto, seja porque retrocederam para a agradável e relaxante respiração rítmica sem experimentarem a exalação plena, ou porque interromperam a prática totalmente. Raras vezes, ou quase nunca, eles indicam o medo como a razão para não meditarem mais. Eles citam a pressão do tempo, ou dizem que têm muitas outras coisas para fazer. Quando o medo está no coração, a mente se apressa para encontrar algo que a distraia do medo e alguma desculpa para a distração.

Até que a pessoa tenha se libertado desse medo, a meditação não pode realmente começar. A exalação plena é o único meio de conseguir a inalação plena. A inalação plena é necessária para fortalecer a transição na consciência que define a meditação. Com a inalação plena, a meditação desenvolve uma energia que transforma a vida.

Você não vence o medo da morte neste nível da Meditação PSI. Isso requer uma meditação posterior, avançada e superior. Mas essa experiência do estado de não-respiração é essencial; ela dá início ao processo de superação do medo.

A *Primeira Interferência*

A primeira interferência significa *expelir* totalmente o ar dos pulmões. Até então, você tinha respirado intensamente consciente, mas não tinha intervindo em seu ritmo. Agora, pela primeira vez, você irá, deliberadamente, fazer uma pequena alteração na sua maneira de respirar. Isso irá requerer prática, pois irá reeducar a respiração.

Deixe que a sua respiração retome o ponto final normal de sua exalação. Então, prolongue a exalação por mais três segundos e utilize esse tempo para esvaziar os pulmões. Limite a sua interferência a esses poucos segundos, uma vez por respiração, e deixe que o resto do seu ciclo de respiração prossiga normalmente. Nunca prenda a respiração no final da exalação.

Você pode facilmente expelir o ar por muito mais tempo do que o faz normalmente. (A essa altura, você talvez necessite de ajuda, porque aqueles que fazem uso de um reservatório de ar não estão conscientes de fazê-lo.) Mas evite um esforço extremo que torne sua respiração audível ou forçada.

Você pode fazer esse exercício deitado. (Meditar deitado não é recomendável porque é muito fácil adormecer, mas esse exercício preparatório é uma exceção.) Deite-se de costas e coloque uma das mãos suavemente sobre a região do estômago. Sinta como a sua mão sobe e desce à medida que você inspira e expira. Durante sua exalação, você deve sentir sua mão afundar abaixo do nível das costelas. Durante a inalação, sua mão deve se elevar acima do nível de suas costelas. É a mesma coisa que ter um balão ali posicionado que se enche e se esvazia com ar.

Como inspiração, observe a respiração de um bebê ou de uma criança pequena durante o sono. A amplitude de movimento na área do diafragma é muito grande.

Agora, sente-se novamente e utilize a exalação total para tornar a sua respiração rítmica. Esta única interferência, nos últimos poucos segundos da exalação, é uma força suficiente para manter a respiração contínua, da mesma forma que o empurrão com o pé em uma porta giratória a faz girar, da mesma forma que o pistão de vapor gira as rodas da locomotiva, ou da mesma forma que uma explosão empurra os pistões para baixo a fim de girar o carter do motor de um automóvel.

Limite a cerca de dez o número de respirações que você faz dessa maneira. É muito importante na meditação aprender a expelir o ar totalmente dos pulmões, mas isso é apenas parte do processo. Uma segunda interferência, apresentada no capítulo seguinte, complementa essa exalação total. Por enquanto, pratique a exalação total por apenas um limitado número de respirações.

Afluxo de Energia

Fazer uma inalação é energizar; isso cria um "afluxo" do sistema nervoso que você pode sentir emocionalmente. Note que a palavra *inspirar* também significa "absorver o ar". Uma inalação em seguida a uma exalação completa tem um poder especial. Ela parece *subir*, em oposição à exalação, que parece *descer*.

Inicie sempre a inalação tão logo a exalação esteja completa. Não interrompa a respiração no "ponto mais baixo", depois de exalar; isso é exaustivo. Deixe que a inalação se eleve naturalmente, sem tentar acelerar sua velocidade ou diminuí-la, para realizar uma respiração completa. Depois disso, ela transforma-se suavemente numa exalação. A respiração deve ser sempre suave e silenciosa.

Você irá saber que tem a exalação correta quando a inalação provocar um enorme afluxo de energia. É o mesmo que mergulhar e tocar o fundo de uma piscina no fim da exalação, e depois tomar impulso do fundo e subir rapidamente durante a inalação. Não fique no fundo — apenas toque-o — deixe então que a inalação suba rapidamente a partir daí.

Esse modo de respirar é revigorante e renovador. Ele faz tudo parecer novo e revigorado. Uma respiração completa irá proporcionar uma vida plena, ao contrário de uma vida pela metade que uma respiração superficial possibilita. Se este estágio for o mais avançado que você pode atingir na sua prática, ainda assim será imensamente beneficiado com o positivo e poderoso impacto da respiração plena na inspiração e na expiração. As transições serão agradáveis, a mudança não poderá ser evitada.

> Inicie cada respiração com os músculos abdominais; depois de alguns segundos, utilize os músculos do tórax. A cada inalação, a região do estômago deve elevar-se visivelmente. Então, para maximizar a inalação, você dilata o tórax. A exalação também começa com o diafragma. Comprima o tórax levemente apenas no final do ciclo da exalação.
>
> Se você mantiver a respiração nesse ritmo, com uma exalação completa consciente, não ficará sonolento durante a meditação. A energia da respiração irá mantê-lo desperto. O sono necessita de uma respiração que não chegue ao "fundo"; se isso acontecer, a inalação resultante irá despertá-lo.

A meditação é uma maneira de tornar a respiração consciente. Outra maneira é o exercício. O benefício do exercício, sob um ponto de vista místico, é a atenção que ele exige para a respiração. Por conseqüência, o exercício produz alguns dos benefícios da meditação, principalmente o impulso do inconsciente para trazer o não-resolvido à luz da consciência. Mas o esforço do exercício limita o efeito, colocando demandas físicas na respiração.

__EU COSTUMAVA ME PERGUNTAR__ por que conseguia ter tanta satisfação exercitando-me e praticando esportes e por que ficava tão exausto ao cortar a grama do jardim. Gostava do ginásio e odiava o cortador de grama, mas como esses sentimentos afetavam minhas forças e minha resistência daquela maneira? Um dia observei minha respiração enquanto cortava grama. Eu expirava, depois fazia uma longa pausa antes de inspirar. Assim havia duas diferenças entre minha respiração ao cortar grama e minha respiração ao fazer exercícios. Primeira, minha respiração ao cortar grama era inconsciente, enquanto minha respiração durante os exercícios era coordenada com os meus movimentos, assim ela era consciente e rítmica. Segunda, pelo fato de não gostar muito de cortar grama, eu havia adotado inconscientemente a "respiração morta", que certamente causa a exaustão em qualquer pessoa. A "respiração morta" significa expirar e depois fazer uma pausa antes de inspirar.

A exalação é também chamada de exaustão. Ficar sem respirar é exaustivo. É uma simulação do estado de morte, no qual não existe mais respiração. Ficar nessa situação elimina a nossa vida. Tendo observado isso, mudei meu modo de respirar para que a inalação começasse imediatamente após o fim da exalação, sem uma pausa. Então cortar grama tornou-se um exercício em vez de um trabalho enfadonho.

Prática da Respiração Durante uma Caminhada

Outra maneira de praticar a respiração plena é coordenar os seus passos com a respiração. Isso tornará a sua respiração consciente e rítmica.

Ao caminhar, faça com que a respiração siga seus passos. Inspire enquanto dá um passo com a perna direita e um passo com a perna esquerda, mais um passo com a direita e outro com a esquerda. Depois expire enquanto dá mais quatro passos: com a perna direita, com a esquerda, direita, esquerda. Mantenha este ritmo: inspire e expire a cada quatro passos.

Pratique também a exalação total. No terceiro passo da exalação, comece a comprimir o diafragma para que, no quarto passo, a exalação seja completa. Não prenda a respiração de maneira alguma.

Você também pode respirar dessa maneira enquanto corre. Nesse caso, no entanto, você precisará respirar mais, portanto, mude o ritmo de sua respiração de modo a inspirar e expirar a cada dois passos. Essa coordenação da respiração com passos mais largos lhe dará mais resistência na corrida.

Essas instruções são para a fase de concentração: respire de acordo com a maneira que caminhar. Na fase da contemplação, a respiração assume o controle e movimenta suas pernas. Então você estará caminhando de acordo com a sua respiração. Na fase da meditação, a respiração transforma-se numa infinita corrente de energia que flui através de você. Seus movimentos, então, não exigem esforço porque são comandados por uma energia ilimitada.

CERTA VEZ UM SUFISTA *foi para a cidade, e na sua volta disse: "Ah!, estou muito alegre. Havia júbilo na cidade". Seu discípulo pensou: "Que maravilha! Preciso ir ver isso!" Ele foi para a cidade, e quando voltou, disse: "Horrível! Como o mundo é terrível! Todos parecem estar brigando entre si. Esse foi o quadro que eu vi. Tudo o que eu senti foi depressão, como se todo o meu ser estivesse rasgado em pedaços". "Sim", disse o sufista, "você está certo." "Mas, explique-me", retorquiu o discípulo, "por que você ficou tão alegre e eu com o coração em pedaços." O sufista respondeu: "Você não caminhou no ritmo que eu caminhei pela cidade". [Hazrat Inayat Khan]*[4]

Realização

Não é suficiente dominar o pensamento, isso é subir um degrau, e embora possa se dizer que é muito difícil para uma pessoa dominar e assumir o controle da sua mente, ela deve enfrentar a batalha. Se a pessoa começar a dormir, a sonhar ou a ficar em um estado de reflexão, a mente fica relaxada, mas não adequadamente relaxada. Isso significa fugir da batalha, pensando que a venceu. A pessoa pode pensar que já ganhou a batalha, mas o que ela ganhou? A resposta é facilmente encontrada quando a pessoa observa as grandes tarefas que foram realizadas após a meditação, o que demonstra que a meditação é uma ação positiva, não simplesmente um relaxamento. [Hazrat Inayat Khan][5]

Existe uma conexão entre a sua capacidade de expelir totalmente o ar dos pulmões e a sua habilidade de realizar coisas na vida.

COMO PROFESSOR de meditação, observei pessoas cuja habilidade de expelir o ar dos pulmões totalmente variava, e acostumei-me com a dificuldade de fazer isso e com o medo que elas tinham de ficar sem ar nem por um momento. Quando estava ensinando meditação em empresas, esperei o mesmo problema entre os executivos. Ma não o encontrei entre aqueles que eram responsáveis pelos negócios e se interessavam por meditação. O grupo sabia que tinha de assumir riscos e enfrentar o medo, e que não podia se recusar a fazer um grande esforço para tal fim. Por isso, conseguia realizar uma respiração completa. Mas, entre os executivos mais idosos, a história era diferente, assumir riscos era algo que já acontecera em suas carreiras, e eles haviam assumido uma atitude conservadora desde então. Essa atitude consistia em se manterem como eram, em vez de se desenvolverem. Portanto, a tendência para reter a respiração era uma novidade para eles, que estavam menos interessados em meditação.

Expelir todo o ar dos pulmões é necessário, mas não é suficiente, se você quiser realizar os seus desejos. Cada realização requer, em determinado momento, que você dê mais do que planejou, a fim de expandir-se. Você poderá fazer isso se tiver conhecimento da reserva de poder após o final de cada exalação. Pessoas que fizeram coisas extraordinárias descobriram essa reserva e a utilizaram — emanando-a no seu trabalho.

Rememorando, o esforço requerido para atingir um objetivo sempre parece maior do que o que parecia ser necessário para obter esse resultado. Antes de ser obtido, o resultado parece valer o esforço, mas posteriormente ele parece ter tido um custo demasiado. Os místicos chamam a atenção para o fato de que, pela realização, se obtém muito mais que o objetivo, a posição e o reconhecimento resultantes. O ganho invisível, porém mais valioso, é a capacidade de realização, chamada de proficiência, que é desenvolvida com cada realização. A proficiência leva à autoconfiança, que é a definição de fé por parte dos místicos.

Diz uma piada: "Você conhece a definição de um ateu? Alguém que não tem nenhum meio *invisível* de apoio".

Quando nossa respiração é totalmente completada, já demos tudo de nós, empregamos todos os nossos recursos sem reservas. Por que esse esforço produz resultados? De onde provêm os resultados? Eles surgem porque o pêndulo que empurramos para longe voltou para nós.

Deposita tua confiança na assistência de Deus, e vê a Sua mão oculta agindo através de todas as fontes.
Dá tudo o que tens e recebe tudo o que te é oferecido. [Hazrat Inayat Khan][6]

Aceite essa respiração como o modelo de um modo de vida: aceite-a totalmente, não resistindo a nada; dê tudo o que puder, sem nada reter. Maximize o fluxo; aumente o envolvimento.

Simplesmente dito, a inalação afeta o mundo interior, nós mesmos, e a exalação afeta o mundo exterior, nossas situações e o ambiente. Respirar é uma troca entre os dois mundos. Quando vier a compreender isso, você entenderá por que a exalação é necessária para a realização.

A parte mais poderosa da exalação é o seu final, a conclusão. Mas a maioria das pessoas não utiliza essa parte da respiração, exceto quando fica com raiva e grita. O grito esvazia os pulmões, completa a exalação, e traz consigo o sentimento para uma completa expressão, na realização. A pessoa que grita desenvolve uma percepção de que "nada acontece até que eu dê um grito a esse respeito". Na verdade, algo acontece devido à exalação total, não devido à emoção. A exalação total faz com que o desejo aflore e o projeta para o mundo.

HOWARD QUERIA *ser um pai mais delicado, e estava magoado pelo fato de sua esposa e seus filhos não permitirem que isso acontecesse. Sua esposa assumia o papel de bondosa e delicada, assim Howard tinha de ser rude quando as coisas estavam erradas.*

"Não gosto de ficar com raiva", disse ele, "mas nada acontece antes disso. Nada acontece até que eu dê um grito a respeito do que está ocorrendo. Não conheço outra maneira para mudar as coisas." O problema era que ele não conhecia uma maneira de exalar totalmente o ar dos pulmões que não fosse através de um grito. Sua exalação total era tão poderosa que funcionava a despeito das reações negativas devidas ao seu temperamento raivoso. Seu poder e influência vinham de sua respiração, não de sua ira.

Howard inscreveu-se num curso de meditação, onde contou sua história. Além de não conhecer o poder de sua respiração, ele deveria eliminar um hábito de conduta

> *e renunciar à satisfação de provocar uma forte emoção. Mas estava disposto a tentar por causa dos filhos — eles estavam ficando traumatizados por suas explosões de ira.*
>
> *"Isso funciona do modo como você me explicou", Howard disse-me mais tarde. "É a respiração que faz com que as coisas mudem."*

 LIVRE-SE DA PREOCUPAÇÃO COM A EXALAÇÃO TOTAL PARA QUE POSSA CHEGAR AO PONTO DE NÃO RETER A RESPIRAÇÃO COM POUCO ESFORÇO A CADA DEZ RESPIRAÇÕES SUCESSIVAS.

Como Provocar uma Mudança

Algumas pessoas afirmam que ninguém pode mudar realmente. Outras dizem que, uma vez que a mudança é inevitável, ninguém pode realmente permanecer o mesmo. Outras ainda asseveram que "quanto mais as coisas mudam, mais elas permanecem as mesmas". A razão pela qual os sufistas evitam dogmas é por saberem que devemos permitir que uma verdade mude se for para que essa verdade permaneça a mesma.

A pergunta que importa é "*Eu* posso mudar?" Todas as afirmações acima dizem respeito a essa pergunta. É possível mudar o seu comportamento? Você pode aprender a agir de uma maneira diferente, mas a menos que sua atitude e sua identidade básicas sejam mudadas, você não será capaz de manter o seu novo comportamento em todas as situações.

> **UMA MULHER** *possuía um cachorro no qual vestia roupas e o tratava como a uma pessoa. Chegou até a ensiná-lo a sentar-se numa cadeira e a comer educadamente de um prato em cima da mesa. Ela dizia a todos que o seu cão era, na realidade, um príncipe em corpo de cachorro e que ele deveria ser tratado como tal, não como um animal. Uma sufista ouviu essa história e foi investigar. Enquanto caminhava para a casa da mulher, um gato a seguiu e, quando lá chegou, o gato estava ao lado dela na porta. Quando a mulher abriu a porta, o cachorro viu o gato e imediatamente pulou da cadeira e saiu correndo atrás do gato pela rua. A sufista disse à mulher: "Desculpe, eu estava procurando o cachorro que tinha a natureza de um príncipe, mas vejo que seu príncipe tem a natureza de um cachorro".*
>
> *Até um cachorro pode ser ensinado a agir como um nobre, até que apareça um gato.*

Por outro lado, a mudança é inevitável; tudo na vida está mudando. Você não pode deixar de mudar.

UM SUFISTA ESTAVA MOSTRANDO, certa vez, um machado que havia pertencido a George Washington. "Esse machado pertenceu realmente ao Presidente Washington?", perguntou-lhe seu cético discípulo. "Claro", disse o sufista, "embora eu admita que ele teve três novas cabeças e quatro cabos desde então."

"Você não pode chamá-lo de 'machado de Washington' uma vez que não existe uma única peça dele que seja a mesma de quando Washington o possuía", declarou o discípulo. "Por que não?", retrucou o mestre. "Não há agora nenhuma célula no seu corpo que ali estivesse quando você nasceu. Todas elas morreram e foram substituídas por outras. Mesmo assim, você alega ser a mesma pessoa."

Embora a mudança seja ininterrupta, ela também tem uma continuidade. A mudança que você deseja realmente é tornar-se mais parecido com o que você sempre foi. Enquanto você desenvolve uma sensação daquilo que é — sua identidade fundamental — você estará desejando, com maior avidez, mudar tudo o mais.

UM RABINO ANUNCIOU ORGULHOSAMENTE que a chama eterna na sinagoga estava continuamente acesa há 215 anos. Seu discípulo perguntou: "Uma vez que o senhor periodicamente abastece-a com um novo óleo, e uma vez que a chama é uma parte da substância que queima, a chama não é a mesma, não é verdade? E uma vez que o senhor usa atualmente um tipo diferente do óleo usado há um século, nem mesmo o tipo de chama é o mesmo. Algumas vezes o senhor substituiu a lâmpada, assim tampouco a base é constante. O que existe nessa chama eterna que não tenha mudado?"

"Sua luz", respondeu o rabino.

Quando você compreender sua natureza de luz, será feliz ao mudar alguma coisa a respeito de si mesmo que irá permitir que você se torne mais luminoso. É sublime compreender que por mais acomodado, magoado ou prejudicado que tenha se tornado, você ainda pode mudar e se tornar a pessoa feliz e radiante que gostaria de ser, porque essa é a pessoa que você sempre foi. Se lembrá-la ou imaginá-la, você pode se transformar nela, porque essa lembrança ou imagem resulta de uma realidade interior As pessoas têm imagens muito diferentes das pessoas que gostariam de ser se pudessem, o que demonstra que o ideal de cada pessoa expressa o que realmente ela é.

"MESTRE", DISSE SUBITAMENTE um discípulo, "tive uma visão de mim mesmo como um mestre espiritual." "Silêncio!", disse o sufista que estava meditando. A veemência com a qual o mestre deu essa ordem fez com que o discípulo ficasse sem respirar. Ele ficou literalmente mudo. O discípulo, um homem muito bem-falante e in-

telectual, geralmente fazia palestras para centenas de pessoas que ficavam extasiadas com suas palavras. Subitamente, ele sentiu que não havia necessidade de falar, e a partir daquele momento permaneceu em silêncio. O poder da mente e das palavras brotou dentro dele e tornou-se incomparavelmente maior porque estava oculto. Ele continuou a defrontar-se com a audiência, mas agora, em vez de falar, ele apenas olhava para as pessoas. Elas disseram que se beneficiaram mais com seu olhar do que com suas palavras. O seu olhar tornou-se uma força espiritual, e milhares de pessoas vinham para ser olhadas por ele, o que permitia que elas vissem a si mesmas.

A mudança pode ser consciente ou inconsciente. Para fazer uma mudança consciente, você necessita de uma imagem daquilo no qual desejaria se transformar, e de um catalisador para que a mudança ocorra. O catalisador para a mudança é a exalação total, a respiração na qual nada fica retido. Para estimular, para encorajar e para provocar mudança em si mesmo, elimine totalmente o ar do pulmão. A inalação que segue à exalação total é tão poderosa que pode fazer qualquer mudança que você imagine. Essas duas exigências, imagem e exalação, estão presentes na história acima.

Você tem mecanismos protetores que impedem a mudança, e mecanismos adaptadores que estimulam a mudança. Quando você sente-se ameaçado, toma medidas protetoras para encorajar a segurança e a sobrevivência. Quando sente-se seguro, toma medidas adaptadoras para melhorar a si mesmo. (O oposto deve também ser verdadeiro: você deve adaptar-se sob pressão e estabilizar-se quando não estiver ameaçado.)

O método do batimento cardíaco e da respiração conscientes, a Prática do Ritmo do Coração, possibilita a mudança consciente. Essa mudança não é uma mudança fortuita como a do vento, nem uma mudança periódica como a das estações. A mudança que você escolhe tem um objetivo, tem um sentido, para que possa transformar-se mais plenamente naquilo que você gostaria de ser e para concretizar a imagem interior de si mesmo, a imagem que revela a sua alma eterna.

7. RETENÇÃO DA RESPIRAÇÃO (CONSERVAÇÃO DE ENERGIA)

A Segunda Interferência

A inalação equivale a uma fonte de energia que se eleva; a exalação equivale a uma cachoeira que despenca. Entre elas, a respiração atinge uma "base" e um "topo". O topo da respiração é o período posterior à inalação e anterior à exalação. A respiração normal assemelha-se a uma elipse, e a primeira interferência transformou a respiração em uma elipse maior.

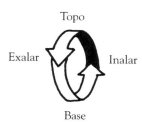

Respiração Normal

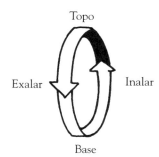

Depois da Primeira Interferência
Exalação Total

Precisamos então interferir mais uma vez no ritmo de nossa respiração e mantê-la no topo do ciclo. A razão prática é evitar a hiperaeração, que pode ser provocada ao absorvermos oxigênio em demasia durante uma forte inspiração. A exalação total faz com que a inalação tenha início no fundo dos pulmões, assim uma pessoa pode absorver tanto oxigênio numa respiração quanto normalmente absorve em duas respirações. Inicialmente, o cérebro e o sistema nervoso utilizam esse oxigênio extra, mas depois de alguns momentos a necessidade de oxigênio, mesmo num alto nível de conscientização e vitalidade, diminui outra vez.

Reter a respiração equilibra o suprimento com a necessidade, sem retroceder para uma respiração superficial e suas muitas limitações.

A representação da respiração assemelha-se agora a uma elipse com uma linha no topo. A linha horizontal representa a extensão de cada parte da respiração. Nunca retenha a respiração na base, após a exalação.

> Depois de inspirar inteiramente, retenha a respiração durante algum tempo, sem esforço. Quanto maior for sua expiração, por mais tempo você poderá reter a respiração.
>
> Reter a inalação diminui a velocidade do ciclo respiratório e previne a hiperaeração. A combinação da expiração total e depois a retenção da inalação constituem uma maneira de respirar que pode ser repetida indefinidamente.

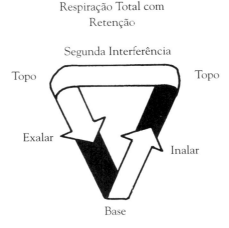

Respiração Total com Retenção

> No início, reter a respiração pode lhe dar uma sensação de urgência em vez de paz, se você sentir-se ansioso a respeito da necessidade de respirar. Você pode superar isso prolongando a exalação um pouco mais, tornando mais fácil a retenção da respiração. A prática fará com que você se acostume com a respiração retida.

 DESENVOLVA UMA RESPIRAÇÃO ESTÁVEL UTILIZANDO A EXALAÇÃO TOTAL E A RETENÇÃO DA INALAÇÃO. FIQUE À VONTADE COM A RESPIRAÇÃO TRANQÜILA PARA QUE ESTE SE TORNE UM PERÍODO DE PAZ.

Energia Conservada

O efeito de prender a respiração é a cessação de toda a expressão e a suspensão de todas as atividades. Em conseqüência, toda a energia da pessoa é conservada. A primeira etapa na conservação foi conseguir a tranqüilidade do corpo; a segunda etapa é parar o movimento da respiração. O processo interior continua, mas todas as ações e interações com o mundo exterior estão paradas. O poder interior desenvolve-se rapidamente e não é esgotado pela exalação subseqüente. Ele assemelha-se ao carregamento de uma bateria.

> Se alguém necessita de magnetismo ou o deseja, não há maneira melhor de obtê-lo se não através da meditação. Pois assim é que a bateria é recarregada pelo fato de ter gastado tanta energia em pensamentos, palavras e ações. [Hazrat Inayat Khan][1]

Observe o contraste entre a respiração retida na meditação e a respiração no sono. Durante o sono, a pausa ocorre na base da respiração, nunca no topo. Isso tem um efeito muito diferente e demonstra que o sono envolve menos a conservação de energia do que o reprocessamento de eventos mentais, como a segunda digestão de uma vaca ruminando seu alimento. A conservação de energia a partir da respiração retida, resultando enorme acúmulo de energia, é exclusiva da meditação. Quem pratica meditação e não tenha previamente tentado a exalação total, seguida pela retenção da inalação, ficará surpreso com o poder dessa simples técnica.

> Em tudo o que fazemos, pensamos e imaginamos, consumimos energia. Esse consumo de energia provoca envelhecimento e fraqueza. De modo contrário, a meditação em si mesma pode curar os males do homem, quaisquer que eles sejam.
>
> Quando a respiração é mantida em ritmo e é pura, o magnetismo que é, de ordinário, gasto ou consumido é preservado e absorvido pela atmosfera que a própria pessoa cria. Isso torna a pessoa uma bateria de vida... Através do silêncio e da tranqüilidade da mente, a pessoa retira infinitos recursos do espaço. [Hazrat Inayat Khan][2]

Tome então essa respiração como um modelo para a vida: você não pode perseverar, não pode ser bem-sucedido durante muito tempo, não pode manter o crescimento, não pode continuar a gastar energia, a menos que também a conserve. Você pode conservar energia com uma respiração retida.

O Tempo Permanece Imóvel

O poder da inalação nos deu a oportunidade de vivenciar o aspecto eterno de uma respiração tranqüila. Prender a respiração parece diminuir a velocidade da passagem do tempo. Você começa agora a sentir outro aspecto de si mesmo, um aspecto que não muda, ou que muda muito pouco.

A velocidade com a qual você respira afeta o metabolismo do seu corpo, que, por sua vez, afeta tanto o seu ritmo físico quanto o seu ritmo mental. O nível de respiração é um dos dois relógios existentes no corpo; o outro é o nível do coração. Quando respiramos lentamente, diminuímos nossa percepção do tempo e assumimos uma perspectiva a longo prazo.

A experiência de reter a respiração demonstra o quanto a percepção de nós mesmos e do mundo é afetada pela percepção da passagem do tempo. Albert Einstein descobriu o princípio da relatividade imaginando que estava sendo levado por um fóton, viajando na velocidade da luz.

Quando uma pessoa está se movendo, outras coisas que se movem parecem estar paradas. Quando uma pessoa está parada, tudo o mais parece estar em movimento. Quando uma pessoa está totalmente imóvel, pode sentir o movimento do sol, o crescimento de uma árvore, a dança de uma flor, e até a evolução de uma rocha.

O momento é breve, quando a nossa respiração é muito rápida,
O passado há muito já se foi, e o futuro dia seguinte é desconhecido.
Com uma respiração muito lenta, o presente torna-se muito vasto,
O presente detém o passado, e o futuro pertence ao presente.

Não se pode conhecer o rio por uma pequena jangada que desça a correnteza.
Fuja do rio do tempo, deixe a água passar por baixo
Da ponte onde paramos, para ver o presente fluir.
Cada gota do passado transforma-se numa gota do futuro,
Olhamos para todas elas e as chamamos de rio.

Mas como você pode ver a extensão do rio do Tempo?
A visão é muito curta, desta ponte do momento.
A ponte não vê — de onde vieram as gotas do rio,
Na coloração dos minérios da terra, como o passado as tingiram!
Ela não vê as gotas que se evaporam ao sol,
As gotas passam sem serem vistas, embora a ponte conte cada uma delas.

O que pode ver e conhecer — a natureza do rio?
O leito, as margens, os braços de terra que o seguram.
Silenciosas e eternas, estendendo-se desde a nascente na montanha,
até o oceano que é a meta, levando o rio em cada milha,
Elas *formam o rio, a água apenas enche as suas artérias.*

Debaixo do rio, o infinito rio do Tempo,
Está a imutável terra, que conhece a sua eternidade.

À medida que o praticante da meditação progride, sua personalidade começa a mudar. Primeiro, a personalidade assume algumas das puras características dos animais. Depois fica enriquecida pelas características das plantas, depois das rochas, e depois do sol e da lua.

O cervo permanece totalmente parado na floresta. Uma vez que seus olhos são perfeitos para ver o movimento, ele vê melhor seus predadores quando está parado. (Ele vê objetos parados quando está se movimentando.) Enquanto o cervo está parado, torna-se parte da floresta por causa da sua imobilidade, e vê o ambiente de uma maneira que poucos animais e ainda menos pessoas vêem. Mas a árvore vê a floresta até de uma maneira mais clara, pois ela cresceu com as outras árvores e permanece com elas, suas raízes entrelaçadas por décadas, durante as existências de muitos cervos. O cervo vê a floresta como ela é; as árvores viram como a floresta se desenvolveu.

Ainda mais paradas são as rochas. Elas viram as florestas surgirem e desaparecerem. Elas vivem no tempo geológico medido em milênios.

Quanto mais uma pessoa sabe, menos ela fala.

O silêncio das rochas encobre o seu saber, mas cada rocha é integralmente o todo da terra e leva dentro de si mesma o registro do nascimento e do desenvolvimento do planeta. Para interpretar o seu conhecimento, a pessoa tem de entrar na escala do tempo da rocha. A rocha fala brandamente, sem gastar energia, armazenando sua experiência no conjunto de suas moléculas, alterando sua composição, vibrando sua freqüência de vibração e opacidade. Com o passar do tempo, a rocha evolui para um cristal que tem pureza, transparência e uma única e definitiva freqüência de vibração, a cristalização de toda a sua existência.

Ao reter a respiração, pense em si mesmo como se estivesse em uma escala de tempo mais baixa, como a de uma árvore ou de uma rocha.

A cada respiração, o tempo passa cada vez mais devagar; finalmente, o tempo parece parar por completo. Por causa disso, você se torna consciente de seu componente eterno.

O Aprimoramento da Memória

Não percebemos o tempo como um *continuum* uniforme. Ou seja, alguns minutos parecem mais longos do que outros. Tampouco a memória ocupa-se dos eventos da vida uniformemente; alguns momentos ocupam uma grande parte da memória, enquanto alguns dias inteiros dificilmente podem ser registrados. O nível do estado de consciência é um multiplicador aplicado à memória. Quando nossa consciência está intensificada, um evento que pode ter tido a duração de um momento ocupa um grande espaço em nossa memória, como se tivesse sido gravado em câmera lenta. Na quietude, o tempo passa lentamente, de maneira tal que as percepções e os pensamentos que nos ocorrem são ampliados em nossa memória, e podemos nos lembrar deles nos menores detalhes.

Isso explica por que meia hora de meditação pode ter influência sobre todo o nosso dia. O estado de vigília da meditação faz com que o tempo pareça mais longo em nossa memória. O ritmo do estado de meditação fica gravado fortemente em nosso inconsciente, que então repete o mesmo ritmo durante todo o dia.

Esse aprimoramento da memória através da meditação, ao lado da extraordinária conexão que um grupo sente ao realizar a Prática do Ritmo do Coração em conjunto, resulta na atribuição de uma grande importância a esse grupo de meditação. As experiências na meditação são muito profundas e, com o efeito multiplicador que a meditação tem sobre a memória, essas experiências transformam-se nos maiores eventos da vida.

Estar Acima

O homem pode educar o seu ego sendo paciente com tudo à sua volta que tenha um efeito desagradável sobre si. Pois cada um desses efeitos sobre a alma irrita o ego. Quando o homem manifesta sua irritação, gera uma qualidade abjeta; quando a controla e não a manifesta, seu ego fica subjugado interiormente. O importante é manter-se acima de todas essas irritações. [Hazrat Inayat Khan][3]

A respiração retida leva-nos a manter a sensação de "elevação" na meditação que é inspirada pela inalação crescente. Para permanecer nas alturas, é preciso eliminar todo o ar dos pulmões, porque é a exalação que produz a extensão da inalação. A segunda interferência permite que nos beneficiemos plenamente da inalação detendo-nos na condição elevada e de pureza, para a qual a inalação nos guinda.

Assim sendo, descobrimos o significado literal da frase "estar acima de". Ele provém da compreensão da inalação como uma *ascensão*. Reter a inalação é na realidade "permanecer nas alturas". É por isso que o céu é concebido metafisicamente como "as alturas", ou lá em cima. A gravidade puxa as coisas para baixo; assim, "embaixo" torna-se uma condição anormal. Estar "embaixo" não exige nenhum esforço e é uma situação comum. A gravidade atrai tudo o que é matéria; a capacidade de flutuar do espírito torna-a imune à gravidade e nos leva na direção contrária: para cima[4]

Uma outra descoberta é que "estar acima" das coisas é exatamente como uma pessoa se sente quando está no alto com a respiração É como ver o mundo de um avião: o que era importante na superfície, agora não é importante; o que não era importante na superfície, na verdade inconcebível, agora é muito importante. Estar acima permite-nos ver o que é realmente importante e o que não o é, o que precisa atrair o seu envolvimento, como se empenhar mais, e como ajudar mais as pessoas. Para ver o interior de um lago, a pessoa precisa estar acima dele, não à margem. A visão do alto permite que a pessoa o veja em profundidade.

Depois de se sentir "nas alturas", acompanhe sua exalação, na descida, para o real, para a particular e o imediato. Da ausência de tempo, você volta para o momento crítico. Sua habilidade para priorizar o tempo, para lembrar o que é importante quando está rodeado por distrações, e para levar em consideração o seu discernimento constitui o teste do seu afeto para com as pessoas e a prova do seu senso de responsabilidade. A sua experiência com o infinito irá melhorar em muito a sua capacidade de administrar e controlar o seu tempo. Sem a experiência de sentir-se nas alturas, sua vida poderia parecer relativamente monótona, com pouca diferença em importância entre as coisas, e a experiência do momento presente iria dominar decididamente a sua realidade. Lá de cima, você vê que os hábitos que adquiriu no passado exercem força no presente e impulsionam lentamente o seu futuro em direção a um resultado incerto. O futuro que você almeja só será construído se você reorientar-se.

QUANDO A PESSOA *não teve uma experiência de elevação da consciência, tem dificuldade para determinar o que é e o que não é importante. Por exemplo: em uma grande empresa, a diretoria debateu durante uma hora e meia a respeito da instalação de uma pista de ciclismo ao lado da matriz da empresa. No entanto, ela decidiu adquirir uma nova subsidiária praticamente sem discussão. Em termos de futuro da empresa, custo imediato, reputação da companhia, ou de qualquer outro critério, a aquisição era muito mais importante do que a pista de ciclismo.*

Como outro exemplo, um conhecido meu dedica tempo e atenção consideráveis à sua lista de afazeres que têm prioridade e que geralmente contém pelo menos trinta itens. Ele preocupa-se com os itens que tem de adiar para o dia seguinte. Ge-

> ralmente ele lhes dá nova prioridade. Seria melhor para ele gastar alguns minutos na Prática do Ritmo do Coração a fim de adquirir a perspectiva de poder discriminar entre o que é ou não importante, e o que é urgente. Assim, ele poderia concentrar-se naquelas tarefas que iriam realmente favorecer a obtenção de seus objetivos.

> Leve sua respiração para o alto durante a inalação, como fez anteriormente. Deixe que o centro de sua consciência seja elevado pela respiração em ascensão, como uma bola de borracha em cima do esguicho de uma fonte. Prenda a respiração e mantenha a consciência exatamente acima de sua cabeça. Ao exalar, mantenha o centro de sua consciência no alto e deixe que a respiração desça de lá.
>
> Quando você e o seu mundo desaparecerem de sua consciência, volte a atenção para baixo. Da altura para a qual foi guindado pela respiração, "olhe" para baixo, em direção ao seu eu no contexto da sua vida. Pensando na atual situação da sua vida a partir dessa posição de vantagem, veja como o presente é a consequência natural de toda a sua vida e, ao mesmo tempo, uma etapa necessária para o desenvolvimento das qualidades e habilidades de que você necessita para a realização do seu objetivo na vida.
>
> Essa experiência o leva a reformular naturalmente sua orientação e suas prioridades a fim de que a atenção no presente passe a cultivar as sementes do futuro que você almeja.

Atenção: Se essa prática lhe causa náusea, tremor ou uma experiência indesejável de algum tipo, pare toda a prática ou substitua a noção de respiração pela luz. A luz é uma forma de energia particularmente segura. É necessário considerável experiência para poder controlar a energia interna de uma forma geral.

 EXPERIMENTE RETER A INALAÇÃO COMO UM AVANÇO PARA A ELEVAÇÃO ETERNA DA CONSCIÊNCIA, DE ONDE VOCÊ PODE OLHAR "PARA BAIXO" E TER UMA PERSPECTIVA DA SUA VIDA.

8. RESPIRAÇÃO E BATIMENTOS CARDÍACOS (PAZ)

É a nossa vida intelectual artificial e altamente especializada, com desnecessárias inquietações e preocupações, que destrói o ritmo dos batimentos cardíacos e dificulta colocar o centro de gravidade da personalidade no lugar que lhe cabe. Dormir, na melhor das hipóteses, dá apenas um alívio parcial. A meditação remove a autoconscientização, o maior obstáculo para a tranqüilidade e a paz. [Hazrat Inayat Khan][1]

A Descoberta dos Batimentos Cardíacos Enquanto se Retém a Inalação

A meditação é a tarefa de fugir do controle da mente inferior e de viver no coração. Somente quando a consciência está no coração é que a alma pode ser livre. A palavra "coração" não significa apenas o coração físico, mas tudo o que é material e está ligado ao coração, e, ao mesmo tempo, ela inclui todas as emoções mais elevadas, os pensamentos mais puros e as intuições profundas. Todos pertencem ao coração. (Hazrat Inayat Khan)[2]

Depois da inalação, retenha a respiração, e procure sentir as batidas do seu coração em qualquer parte do corpo. Quanto mais você prender a respiração, mais pronunciado se tornará o seu batimento cardíaco. Se você não notar as batidas do seu coração, retenha ainda mais a respiração. Para reter a respiração por mais tempo, prolongue a exalação e depois inale outra vez. (Nunca prenda a respiração depois da exalação.)

Uma vez que tenha sentido o batimento cardíaco, é fácil descobri-lo outra vez; é apenas uma questão de saber como senti-lo e onde procurar.

Através da conscientização do seu batimento cardíaco, você se tornará mais consciente de seu coração e de todo o significado de "coração".

A vida no coração surge quando a consciência está centrada no sentimento. [Hazrat Inayat Khan][3]

UM MÉDICO CONHECIDO MEU *trata de doenças do coração fazendo com que os pacientes escutem o próprio coração. Ele dá a eles um estetoscópio para tal fim. A teoria é a de que a atenção da mente consciente irá estabilizar e fortalecer a ação da mente inconsciente que controla o batimento cardíaco. Ele me disse que tem obtido bons resultados. Contei a ele que há milênios os místicos têm realizado a conscientização do batimento cardíaco, tanto para o desenvolvimento espiritual como em benefício da saúde e do vigor físicos, mas não necessitam de um estetoscópio. Ele perguntou como era possível ouvir o coração. Respondi que uma pessoa pode sentir o batimento cardíaco muito nitidamente, seja ela "experiente" ou não. Ele presumiu que eu estava imaginando um batimento cardíaco ou algo diferente ao descrever um superpoder que era irrelevante para seus pacientes. Mas expliquei que a habilidade para sentir o coração é adquirida muito facilmente caso a pessoa tenha praticado as duas intervenções na respiração: exalação total e retenção da inalação.*

Quando você descobre pela primeira vez as batidas do coração, pode sentir alguma preocupação. Primeiro: a descoberta pode acontecer como uma surpresa. No estado meditativo, sua consciência está tão aguçada que a súbita e evidente sensação do coração, batendo espontaneamente no seu peito, é assustadora. Segundo: pode ser terrível descobrir o coração em atividade, bombeando energicamente o sangue para mantê-lo vivo. Às vezes, pessoas que não praticam a meditação preocupam-se com que o seu coração possa parar subitamente, mas depois elas se esquecem disso mais uma vez. Porém, quando você está executando a Prática do Ritmo do Coração, não consegue esquecer nenhuma sensação que possa ter a respeito do seu coração e da fragilidade dele. Mas, da mesma forma que aprendemos a eliminar totalmente o ar dos pulmões, confiando que o ar está acessível para a próxima inalação, você pode aprender a estar consciente do seu batimento cardíaco e confiar em que a pulsação irá continuar.

Se essa prática causar inquietação, não se culpe de maneira nenhuma, mas tente descobrir mais a respeito de sua ansiedade. Continue com a prática. Qualquer progresso que venha a fazer irá resultar em aumento da fé e em diminuição do medo. Com a prática, a consciência do batimento cardíaco irá tornar-se reconfortante e tranqüilizadora.

A Prática do Ritmo do Coração faz crescer a fé, desenvolvendo uma certeza consciente de que o coração está batendo e continuará a bater. O fato de entrar esporadicamente em contato com o seu coração poderá provocar perturbações mentais em você, mas um contato contínuo irá criar uma familiaridade com seu coração. Sua preocupação inicial a respeito de se o seu coração irá continuar a bater será substituída pela confiança de que ele irá bater e bombear o sangue por muito, muito tempo. Essa confiança não está baseada em um cálculo de probabilidade teórico, mas na sua experiência de contato direto com seu coração, repetida dia após dia.

> A fé pode ser definida por duas expressões: "autoconfiança" e "convicção na expectativa". Os grandes homens do mundo, os maiores, são grandes mais pela sua fé do que por qualquer outra coisa, porque a maioria desses homens têm sido ousados e, por trás de uma ousadia, está a fé e nada mais. [Hazrat Inayat Khan][4]

Observe *em que região* do seu corpo você sente a batida do coração. Pode ser em qualquer lugar: nas mãos, nos ouvidos, no estômago. Nisso há uma informação: o inconsciente está dirigindo a sua atenção consciente para uma área que dela necessita. Considere que mensagem essa parte do seu corpo pode ter para você. Por que ela necessita de sua atenção? Que impressão do passado está ali gravada? Que conselho ela pode ter para você a respeito de como você pode utilizar melhor essa parte do seu corpo a serviço de seu objetivo?

Mantendo a Continuidade dos Batimentos Cardíacos

> Quando todo o mecanismo do seu corpo está trabalhando em determinado ritmo, o batimento do pulso, do coração, da cabeça, a circulação do sangue, a fome e a sede — tudo revela ritmo, e é a quebra do ritmo que é chamada de doença. [Hazrat Inayat Khan][5]

Depois de ter descoberto o batimento cardíaco enquanto retém a inalação, você deve achar que ele desaparece mais uma vez quando você exala. Enquanto você inspira e expira, o movimento da sua respiração pode ocultar o batimento cardíaco, mas ele continuará à sua espera quando você voltar ao topo da respiração.

Conte as batidas ritmadas do seu coração quando puder senti-las; depois, durante a exalação e a inalação, conte levando em conta esse ritmo.

Essa contagem irá ajudá-lo a descobrir o batimento cardíaco oculto sob a respiração até que esta se tranqüilize mais uma vez.

Respire muito suave e lentamente, e poderá ficar consciente do seu batimento cardíaco durante todo o ciclo respiratório. Embora a respiração seja suave, termine-a com uma exalação total.

Com a prática, o seu batimento cardíaco irá se tornar muito pronunciado e uma companhia constante sempre que você procurá-lo.

Observe duas experiências totalmente diferentes mas interligadas na Prática do Ritmo do Coração: uma extraordinária vulnerabilidade de um coração sensível que o leva aos mais profundos sentimentos e uma poderosa carga de energia que se irradia por todo o espaço em volta. A primeira é geralmente acompanhada por uma leve dor em seu coração. Na segunda, a força do seu batimento cardíaco pode provocar um abalo sutil no seu corpo. Essas são experiências que identificam a Prática do Ritmo do Coração.

 SINTA O CORAÇÃO BATER NO SEU PEITO, PELO MENOS QUANDO ESTIVER RETENDO A INALAÇÃO.

Harmonização da Respiração com o Ritmo dos Batimentos Cardíacos

Se existe alguma forma de concentração a ser utilizada na meditação, ela consiste em, antes de tudo, adequar-se ao ritmo do coração, observando o batimento cardíaco, sentindo-o e harmonizando-se com ele. [Hazrat Inayat Khan][6]

Coordene os dois principais relógios de seu corpo, utilizando o batimento cardíaco para dar o ritmo da respiração.

Utilizando o batimento cardíaco como um cronômetro, conte o número de batidas do coração durante a exalação. Lembre-se de prolongar a respiração até o fim, usando os números finais da contagem para fazer isso.

No início da respiração, comece a contar as batidas do coração a partir de um, enquanto inala.

No final da respiração, comece a contar as batidas do coração novamente a partir de um, enquanto prende a respiração.

Agora você tem três totais que medem a duração das três partes da respiração. Continue a contar cada respiração

O Ritmo Simétrico da Respiração

A primeira coisa que é necessária na meditação é compreender que ela é um ato de sintonização com Deus. Portanto, embora seja necessário relaxar, embora seja importante controlar as emoções e as funções da mente e do corpo, também é importante elevar, por assim dizer, o nível do coração, para que essa sintonia possa ser realizada. [Hazrat Inayat Khan][7]

Neste ponto, introduzimos a terceira e última intervenção no ritmo da respiração, que ajusta a respiração a uma harmônica ressonância com o coração. Isso dá um significado literal à citação acima, que esclarece o seu significado metafísico. Através da prática da meditação, você até agora já desenvolveu uma conscientização dos ritmos da respiração e do coração. Já sentiu como a respiração reflete o seu estado interior, e sabe que o batimento cardíaco é regulado apenas pelo inconsciente. O alinhamento desses dois ritmos sintoniza as mentes consciente e inconsciente. Já tendo vivenciado um relaxamento na meditação, você sabe que a meditação é também muito mais que relaxamento; isso proporciona um equilíbrio entre o sentimento e o pensamento, entre contemplação e ação. O que finalmente permite que essa sintonização seja realizada é a elevação do nível, o nível de intensidade, do batimento cardíaco em sua consciência.

> O ritmo é o mais importante [nas práticas da respiração], pois deve haver um equilíbrio na respiração. A inalação e a exalação devem ter o mesmo ritmo, mas a retenção da respiração não necessariamente, ter um ritmo igual ao da inalação e da exalação, três compassos de um mesmo ritmo, mas três compassos compõem uma frase ou sentença de música estranha em ritmo. Para torná-la regular, são necessários quatro compassos. Por isso, a retenção deve equilibrar-se normalmente tanto com a inalação quanto com a exalação, a fim de a compor com quatro compassos. [Hazrat Inayat Khan][8]

A terceira intervenção consiste em ajustar as três partes do ciclo respiratório a fim de corresponder a um ritmo de quatro partes, chamado Respiração Simétrica. O ciclo respiratório é definido pela extensão da exalação, que é um dos quatro lados iguais de um quadrado. A inalação é feita com a mesma duração da exalação, completando outro lado do quadrado. Então, depois da inalação, a respiração é retida duas vezes por tempo igual ao posterior à exalação, formando os dois lados restantes do quadrado.

A respiração é equilibrada em duas direções: a duração da inalação é igual à duração da exalação, e a duração da respiração em atividade é igual à duração da respiração retida.

A Respiração Simétrica não é equilibrada internamente, ela é alinhada ao batimento cardíaco porque a pulsação estabelece o tempo para a contagem. Se a exalação ocorre em seis batimentos cardíacos, então um lado do quadrado é seis, e a duração de todo o ciclo respiratório é 6 vezes 4, ou 24 batidas do coração. Isso torna a freqüência do coração igual aos vinte e quatro harmônicos da freqüência da respiração. Os dois principais relógios do corpo estão agora sincronizados entre si. O quadrado pode também estar baseado em ciclos mais extensos; é a forma do quadrado que é importante, não a extensão dos lados.

> Na Respiração Simétrica, estabeleça uma duração para a exalação que corresponda a seis batidas do coração. Utilize as três últimas batidas para concluir a exalação. Conte também seis batimentos cardíacos para a inalação. Depois retenha a respiração durante doze batidas do coração.

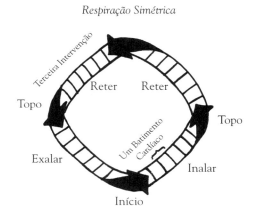

Respiração Simétrica

> Se a respiração for muito longa, conte quatro batidas do coração para a exalação, quatro para a inalação e oito para a retenção. Se seis batimentos cardíacos fizerem com que o ciclo respiratório seja muito curto, use oito batimentos cardíacos para a exalação e as mesmas proporções a partir daí. Uma respiração curta dura quatro batidas do coração. Seis é a média. A duração de oito batidas é moderadamente longa.
> A inalação não precisa ser linear o tempo todo. A maioria das inalações surgirá nos primeiros números da contagem, mas continue com a respiração que está começando, apenas ao senti-la, até o fim da contagem. Só quando a contagem da inalação termina é que você começa a contagem

da retenção. Na exalação, também, a maioria do ar irá penetrar nos primeiros números, mas o término da contagem é muito importante.

A respiração deve ser regular. Só mude a sua duração muito gradualmente. A respiração deve ser suave. Evite fazer mudanças súbitas, ofegar e respirar com intensidade; mantenha a respiração silenciosa.

 MANTENHA A RESPIRAÇÃO SIMÉTRICA POR 15 MINUTOS.

Controle dos Batimentos Cardíacos

A pessoa deve acostumar-se a recuperar o seu poder, ou a ter influência, sobre sua circulação e sua pulsação, e pode fazer isso com a força do pensamento e a força de vontade juntas com a respiração. Através da força de vontade, a pessoa pode gerar uma determinada condição em seu corpo para que a circulação obtenha um determinado ritmo. Ele decresce de acordo com a sua vontade. A pessoa pode fazer o mesmo com a regulação da sua pulsação pela força de vontade.

Portanto, relaxar não significa sentar-se tranqüilamente. Ela pode remover a tensão do corpo, da circulação, dos sistemas nervoso e muscular da pessoa. [Hazrat Inayat Khan][9]

Uma vez que o batimento cardíaco e a respiração estejam em harmonia, a tensão no seu corpo começará a se dissipar. Uma forte sensação de paz virá dominá-lo. Essa paz não é apenas uma emoção, é uma força. Um dos seus efeitos é diminuir a velocidade do batimento cardíaco. Quando isso acontecer, você sentirá a necessidade de ajustar a sua respiração.

Ao prosseguir com a Respiração Simétrica, observe que a sua respiração, que está agora associada ao seu batimento cardíaco, é muito curta. Com o relaxamento, a necessidade de respirar é menor, o que contribui para a sensação que deseja de que a respiração seja cada vez mais longa. Conseqüentemente, você deve aumentar o número de respirações por batimento cardíaco. Se estiver contando oito batimentos por exalação, passe para dez. Dez batimentos representam uma respiração longa; um ciclo completo tem quarenta batimentos cardíacos. Se você já estiver com dez, passe para doze batimentos.

Aumente a duração da sua respiração lentamente, e apenas quando for necessário. Você precisa ser capaz de manter o novo ritmo sem esforço. À medida que a velocidade do coração e a velocidade da respiração aumentam, a sua faculdade de percepção de um minuto também irá aumentar.

Assim que a vontade tiver o controle da circulação e da pulsação do corpo, também terá o controle da meditação durante horas. É por essa razão que os sábios podem meditar por horas a fio, pois eles já dominaram sua circulação. Eles podem respirar da maneira que desejarem, com mais lentidão ou com mais rapidez. E quando não há tensão no sistema nervoso ou muscular de uma pessoa, ela pode obter um repouso que dez dias de sono não conseguiriam proporcionar. [Hazrat Inayat Khan][10]

Irradiando Paz

A paz nasce quando o eu está em harmonia com o ritmo do coração. Isso é conseguido de duas maneiras. Na meditação em silêncio cessam todas as vibrações e a pessoa penetra na corrente de vida do coração. Na música, o ritmo e a harmonia são direcionados para e através do coração a fim de que ele assuma a pulsação apropriada. [Hazrat Inayat Khan][11]

A sincronização dos ritmos do coração e da respiração cria um forte explendor: o explendor da paz. A paz irradia-se com a pulsação do coração para a atmosfera que o cerca. Ela afeta o espaço e pode ser sentida a uma grande distância. (No Capítulo 4, está descrito o campo magnético do coração.)

> Enquanto você expira na Respiração Simétrica, deixe o ritmo coordenado que você sente interiormente expandir-se para o espaço que o cerca como paz. Essa paz é uma intensa e estável onda de vibração que faz com que tudo que ela atinja se harmonize com ela.
>
> Ela tem início dentro de você, quando o ritmo do batimento cardíaco, em harmonia com o nível de velocidade da respiração, cria uma paz que se estende por todo o seu corpo como uma única onda pulsante. Então ela se expande para o exterior sem esforço, sem "empurrar" a respiração para fora.
>
> Cada pessoa a quem essa respiração de paz atinge torna-se mais harmonizada interiormente como a fonte de seu ritmo. A paz tem o poder de criar paz nos outros fazendo com que todos fiquem em alinhamento, ou em sintonia.

No Capítulo 4, eu disse que, quando duas pessoas se encontram, suas respirações ficam coordenadas. A respiração mais forte — isto é, a mais consciente — define o ritmo, e a respiração da outra pessoa adapta-se a ela. A Respiração Simétrica é a respiração mais poderosa de todas; ela ajusta todas as outras respirações ao seu ritmo, que é a paz. A maneira como faz isso não é estranha — ela o faz da maneira como um tambor define o ritmo de um pelotão, ou uma voz límpida define o timbre de um coral. A razão pela qual a Respiração Simétrica é a mais poderosa é o fato de seu ritmo ser extremamente estável, uma vez que está interligada com o nível de velocidade das batidas do coração, que na meditação é por si mesma totalmente estável.

Sua respiração envia para o exterior ondas de pressão, exatamente iguais a ondas sonoras de baixa freqüência, que preenchem o espaço à sua volta. Simultaneamente, você envia suas ondas de magnetismo por intermédio do batimento cardíaco. A coordenação desses dois ritmos está evidente para todos, ainda que inconscientemente.

Para exercer influência, uma respiração tem de transmitir energia numa freqüência que possa ser equalizada pelo receptor. Uma respiração rápida, como a de quem está ofegante, exerce pouca influência. Quando você está ofegante, as outras pessoas não ficam ofegantes. A energia da respiração rápida de uma pessoa não se harmoniza com a respiração das outras, a menos que seja repetida, como em uma risada ou em um cântico. (A respiração de uma risada irá se espalhar sobre um grupo de pessoas, produzindo uma sensação excitante na mente que provoca mais risadas.)

Os ritmos mais lentos são os que mais exercem influência. Um bocejo, por exemplo, é uma respiração muito contagiante. Até um único bocejo reproduz seu ritmo no modo de respirar dos outros.

Esses exemplos podem ajudar a explicar por que a Respiração Simétrica tem tanto poder de influenciar os outros. Ela é uma respiração de uma única baixa freqüência repetida dentro da variedade de respirações, mais lenta e mais estável do que qualquer outra respiração. Seu efeito é tornar mais lenta e estabilizar a respiração dos outros. Por isso, ela provoca nos outros todas aquelas emoções e experiências que correspondem a esse tipo de respiração, principalmente paz.

 SINTA UMA PAZ EXTRAORDINÁRIA, NO SEU ÍNTIMO, EXPANDINDO-SE COMO UMA FORÇA PARA O ESPAÇO QUE O CERCA.

9. RESPIRAÇÃO DIRECIONADA (CURA)

A Pulsação em Todos os Lugares

Todas as vezes que o coração se contrai, envia uma onda de sangue que se movimenta através das artérias. Como em uma miniatura de uma máquina que provoca ondas, a compressão transforma em ondas o fluxo regular do sangue que penetra no coração através das veias. Essas ondas de sangue se diversificam através de uma estrutura das artérias semelhante a uma árvore, sendo impelidas para canais cada vez mais estreitos até que, por fim, as ondas cheguem aos vasos capilares. Os capilares são tão estreitos que apenas uma única célula do sangue pode passar por eles de cada vez. Uma onda de sangue colide com essa compressão como uma onda colide com um rochedo no mar. Despedaça-se ao penetrar nela, e isso provoca uma pressão diferenciada no tecido em torno do capilar. Por isso, uma pessoa pode sentir o pulso em qualquer parte que escolher do corpo, apenas dirigindo a atenção para ela.

> Durante a Respiração Simétrica, dirija o pensamento para as pontas de seus dedos. Através da concentração, faça com que os sensores de pressão nas pontas dos dedos fiquem muito sensíveis. Assim, você poderá sentir a pulsação do seu coração nas pontas dos dedos.
>
> Você pode descobrir o batimento cardíaco primeiro no estômago, ou nos ouvidos, ou nas pernas. Isso é muito individual. Dirija a atenção para os seus pés, e tente encontrar o pulso naquele local. Quando o encontrar, procure-o nas têmporas. Ele se assemelha a um determinado tipo de dor de cabeça, porém sem dor: apenas um latejo. Você ficará surpreso com o fato de a pulsação ser tão forte naquele local, e de que ela sempre desa-

parece. É benéfico descobrir o seu batimento cardíaco em qualquer lugar, mas continue procurando sentir no peito a fonte do pulso.

Agora, concentre-se no peito e nas pontas dos dedos. Procure o batimento cardíaco no peito e nas pontas dos dedos ao mesmo tempo. Com a prática, você poderá sentir que a pulsação nas pontas dos dedos ocorre uma fração de segundo após a batida do coração.

Finalmente, tente sentir o pulso em todos esses lugares ao mesmo tempo. Quando puder fazê-lo, todas as partes de seu corpo parecerão estar pulsando ao mesmo tempo, principalmente o tronco e a cabeça, com a pulsação nas mãos e nos pés ligeiramente retardada.

 SINTA O SEU BATIMENTO CARDÍACO NAS MÃOS, NOS PÉS E NAS TÊMPORAS.

Direcione a Respiração para o seu Interior

Os sistemas respiratório e circulatório se completam. O sistema circulatório continua, através da circulação sangüínea, o que o sistema respiratório iniciou. A respiração é um processo de troca com o ambiente; a circulação é um processo interno. A Respiração Simétrica sincroniza esses sistemas em um único ritmo, utilizando o batimento cardíaco.

A corrente sangüínea literalmente carrega o ar respirado por todo o corpo. Na exalação, podemos sentir uma onda desse ar expandindo-se para fora do peito e varrendo todo o corpo. Você pode direcionar essa onda por intermédio da concentração, a fim de que possa sentir a respiração através das mãos, por exemplo.

Um dos resultados da meditação é a possibilidade de sentir o ar sendo inspirado ou expirado através de alguma parte do corpo. Naturalmente, o ar componente da respiração continua a fluir através da boca ou do nariz, mas a pessoa pode sentir que a energia componente da respiração penetra no corpo através de uma determinada parte do corpo, como o peito ou as mãos.

A doença e uma deficiência da respiração em atingir a parte afetada do corpo. Por meio da concentração em algum ponto no interior do corpo ou na pele, você pode fazer com que o ar penetre ou saia através desse ponto. Você sentirá isso como um fluxo de energia. Essa sensação natural, de maneira nenhuma estranha ou desconfortável, faz com que, na verdade, sintamos como se o ar estivesse passando pela área na qual nos concentramos.

Biomagnetismo

O corpo humano possui um campo magnético mensurável. Esse campo é fraco em relação ao campo magnético da terra, que pode movimentar a agulha de uma bússola; mas em relação ao tamanho do corpo no que diz respeito à terra, o campo magnético desse corpo é enorme. O campo da terra é talvez dez mil vezes mais forte do que o campo individual de uma pessoa, porém a terra é cem bilhões de vezes maior em massa. O campo magnético da terra é conseqüência de seu núcleo de ferro, mas o campo magnético do corpo humano resulta de suas correntes elétricas. Qualquer corrente elétrica gera um campo magnético ao longo do curso de seu fluxo, e o corpo tem muitas correntes elétricas que fluem através dos músculos e dos nervos.

> **O CAMPO MAGNÉTICO DO CORPO** *pode ser facilmente observado quando os outros campos estão bloqueados. O Laboratório Magnético Harold Bitter, no Instituto de Tecnologia de Massachusetts, possui uma cabine para medir a unidade de massa elétrica, uma sala fechada que protege o interior dos campos magnéticos exteriores. Dentro dessa cabine, o campo magnético de uma pessoa pode ser facilmente detectado à distância de dez metros e meio por instrumentos convencionais. Ali eu assisti a uma demonstração que confirmou o que os místicos vêm relatando de suas experiências a respeito dos pólos do campo magnético do corpo e do direcionamento do fluxo magnético: o corpo possui dois pólos magnéticos, um no coração e outro na cabeça, e o fluxo magnético gira em torno do coração.*
>
> *O corpo humano é consideravelmente mais sensível aos campos magnéticos do que os instrumentos convencionais. Ele é no mínimo tão sensível quanto uma planta. Pesquisas têm revelado que as plantas têm uma aguda sensibilidade ao magnetismo dos seres humanos, o que pode ser por elas demonstrado pela mudança da resistência elétrica na superfície de suas folhas. Essa reação é denominada Resistência Elétrica Exterior (REE) nos seres humanos e é um componente essencial no teste de detecção de mentira. Através da medição da REE da planta, pode ser inferida a percepção do magnetismo de uma pessoa por parte da planta.*[1]

Essa meditação, que Pir Vilayat ensinou-me, demonstra de maneira peremptória a realidade do campo magnético do corpo.

> Enquanto estiver meditando com a Respiração Simétrica, concentre-se em suas mãos. Procure duas sensações nelas: a primeira é a pulsação, a segunda é uma energia como um campo elétrico, uma força vital, um zumbido ou uma leve pressão nas mãos.
>
> Se essa sensação não surgir imediatamente, seja paciente. Uma vez que a tenha experimentado pela primeira vez, você poderá fazê-lo outras ve-

zes facilmente. É uma experiência que depende da aprendizagem, como andar de bicicleta. Lembra-se como foi difícil aprender?

Abra os olhos e olhe para as suas mãos. Então coloque uma mão na frente do queixo, com a palma voltada para cima, com os dedos para a frente e ligeiramente curvados para cima. Agora, sopre suavemente através da mão, enviando o ar respirado diretamente através daquela mão até as pontas dos dedos. Dirija os olhos para o alvo de sua respiração: as pontas dos dedos. Depois de algumas respirações, troque de mão.

Depois de alguns minutos, abaixe as mãos e olhe para elas. Provavelmente, irá sentir desenvolver-se nelas uma grande sensibilidade, uma sensibilidade ao magnetismo.

Coloque então as mãos em frente do peito, afastadas mais ou menos trinta centímetros e com as palmas voltadas uma para a outra. Lentamente vá aproximando as mãos, parando antes que elas se toquem. Observe a sensação de pressão entre elas, como se você estivesse tentando comprimir uma bola de borracha. À medida que tenta vencer essa resistência, ela desaparece subitamente e volta a aparecer quando as mãos estão mais próximas, como se você tivesse encontrado uma bola menor dentro da bola maior.

Agora afaste lentamente as mãos, até uma distância de mais ou menos um metro e empurre-as na direção uma da outra. Repita. Tente fazê-lo um pouco mais rapidamente; isso irá ajudá-lo a sentir o diferencial da pressão.

Essa energia que você sente nas mãos é o ar respirado. Pelo fato de estar concentrando a mente e o olhar nas suas mãos, você faz com que o ar respirado que ali está torne-se mais intenso. Ele torna as suas mãos mais sensíveis ao magnetismo.

Tudo tem um campo magnético em volta, e quando as mãos são sensíveis, podem sentir as camadas desse campo, principalmente em torno da faixa que delimita as coisas. Cada mão sente o campo magnético da outra. O campo magnético possui camadas que estabelecem os níveis de resistência que a pessoa sente em diferentes distâncias.

 SINTA A ENERGIA MAGNÉTICA DO SEU CORPO NAS MÃOS.

Autocura

Quando você puder sentir o ar respirado passando através de qualquer parte do corpo, estará pronto para usar sua respiração para curar a si mesmo. Direcionando a respiração para uma parte do corpo que está debilitada, poderá torná-la saudável e forte. Quando puder sentir sua respiração em alguma região específica, estará aumentando a circulação naquele local, focalizando o sistema imunológico ali localizado, expelindo então as toxinas na exalação.

Posicionado para meditar, fazendo a Respiração Simétrica, examine cuidadosamente o corpo em busca de áreas que estejam doentes ou doloridas. Na meditação, você pode sentir dor em alguma parte do corpo onde normalmente não sentiria. A dor que você sente, embora física naquele momento, pode não ser de origem física, um sinal de ansiedade emocional, conflito mental, pressões conflitantes, ou sofrimento existencial; em outras palavras, *stress* mental ou emocional.

Quando encontrar uma área dolorida ou que apresente desconforto, envie suavemente sua respiração para aquela região. Comece por visualizar a área. Direcione seus pensamentos para a profundidade adequada, correspondente à pele, ao músculo, ao órgão ou ao osso. Se tiver uma nítida sensação de dor, saberá então exatamente onde aplicar a respiração. Se não tiver essa sensação, não saberá que tipo de tecido está danificado, assim dirija a respiração para a área em geral. O efeito da respiração será o de purificar as sensações naquele lugar. Quando a sensação desaparecer, passe para outra região. Se não descobrir uma região de seu corpo que necessite da respiração, deve ficar desconfiado. Examine a região entre as omoplatas, atrás da garganta ou acima do estômago. São regiões muito sensíveis.

Pessoas de diferentes profissões devem adaptar a Prática do Ritmo do Coração às suas necessidades específicas.

Atletas: A Prática do Ritmo do Coração pode beneficiar a força física e a coordenação se os exercícios físicos forem feitos no ritmo da respiração e do coração. Em primeiro lugar, reporte-se à Prática da Respiração durante uma Caminhada, no Capítulo 6. Depois, use a Prática do Ritmo do Coração para se concentrar nos músculos que necessitam de fortalecimento. A inalação produz rejuvenescimento, ao passo que a exalação limpa os músculos das toxinas acumuladas. As células musculares, da mesma forma que todas as células, possuem uma memória. Sua força pode ser minada por algumas lembranças, ou aumentada por outras. Elas reagem instantaneamente às suas condições emocionais. Os músculos precisam de muito oxigênio, embora poucos atletas saibam como respirar. Um fluxo contínuo do ar respirado através do tecido muscular alimenta-o e purifica-o nos níveis físico, mental e emocional.

Intelectuais: Sem a meditação, o cérebro desenvolve-se sem uniformidade. Envie o ar respirado para a frente da sua cabeça (atrás da testa), para o topo (coroa), para a parte traseira da cabeça exatamente acima do pescoço (para a primeira vértebra cervical que sustenta a cabeça) e para as têmporas direita e esquerda. Essas regiões parecem diferentes ao receberem o ar respirado? Ao enviar o ar respirado para esses locais, você estará equilibrando os hemisférios do cérebro e ajudando a sua mente a absorver os conceitos e os detalhes.

Pintores: O lado esquerdo do coração é movido pela harmonia e pela beleza, enquanto o lado direito expressa o que você sente. O lado esquerdo recebe inspiração; o lado direito cria. Você sente uma profunda paixão pela pintura? Pode retratar sua paixão de forma que as outras pessoas recebam de sua pintura o que você sente quando cria? Faça com que o ar respirado penetre pelo lado esquerdo do centro do seu peito, acima dos mamilos. Depois, pelo lado direito do centro. Passe mais tempo fazendo isso no lado que responda menos. Repita até sentir uma pressão dentro de sua caixa torácica, dilatando o peito para fora em ambos os lados, indicando a intensificação dos atributos do coração.

Administradores: Inspire através do plexo solar, exatamente abaixo do centro da caixa torácica. Depois expire para dentro da região do estômago, exatamente abaixo do plexo solar. Isso irá aumentar a força de sua autoridade e de sua presença centralizadora. A inalação irá torná-lo sensível aos sutis mas claros sinais de sua intuição "visceral" — a bússola interior que indica a "direção correta" e a "direção errada". A exalação irá expandir, ou irradiar, o seu domínio e o seu comando para dentro do mundo que o cerca. Tendo em vista que o mundo exterior é criado a partir de seu mundo interior, ela fortalece aquele processo natural que faz de sua vida uma projeção de si mesmo. (É também muito gratificante direcionar a exalação para dentro da área do estômago.)

Profissionais que Prestam Assistência: Sem utilizar o lado esquerdo do coração, você se tornaria um burocrata que é incapaz de criar uma empatia com as pessoas a quem serve. Sem utilizar o lado direito, você sofreria um desgaste emocional e, talvez, também um desgaste físico. Você precisa desvincular-se de seus pacientes, clientes ou alunos, porém faça isso de uma maneira que possa reatar esse vínculo facilmente. Você também precisa desenvolver seu discernimento, porque se não compreender aquilo que eles não compreendem, não poderá ajudá-los, e se eles conseguirem fazer com que você compreenda uma coisa da maneira que eles compreendem, você não poderá ajudá-los. A aptidão para um discernimento desapaixonado é desenvolvida pela respiração através da testa e do centro do peito, o "chakra do terceiro olho" e o "chakra do coração" dos místicos. Inspire através da testa e expire através do peito. Repita até que sinta também o que sabe intuitivamente, e o que você sinta no íntimo faça sentido para a sua compreensão.

 SINTA-SE COMO SE ESTIVESSE INSPIRANDO E EXPIRANDO ATRAVÉS DE ALGUMA PARTE DO CORPO, NÃO PELA BOCA OU PELO NARIZ. POR EXEMPLO, RESPIRE PELAS MÃOS OU PELO PEITO.

Cura

Todo o mecanismo do corpo funciona pela ação da respiração, e toda desordem que ocorre nesse mecanismo é causada por alguma irregularidade na respiração. Por isso, os médicos percebem qualquer perturbação no estado de saúde de um paciente examinando-lhe o pulso ou os batimentos cardíacos. O médico dirá que foi a doença que causou a alteração na pulsação e nos batimentos cardíacos, mas o místico sabe que ela foi causada pela respiração. [Hazrat Inayat Khan][2]

Assim, sua respiração pode ser direcionada para ajudar a cura de outras pessoas. Você pode somar sua respiração à respiração delas, tornando-a mais forte, mais ritmada e mais equilibrada.

Se o paciente que estiver doente tivesse a habilidade necessária para direcionar sua respiração para a área afetada, tivesse desenvolvido uma respiração de forma consciente, ritmada e plena, e tivesse lembrado da necessidade de usar a respiração para a cura pessoal, então talvez a doença não tivesse ocorrido. De qualquer forma, sua respiração combinada é mais forte e pode atingir a doença, enquanto a respiração da outra pessoa sozinha não poderia fazê-lo.

Você pode utilizar o efeito curativo da respiração em benefício de outra pessoa direcionando sua respiração através das mãos. Depois que as mãos estiverem energizadas, coloque as pontas de seus dedos sobre a área afetada do paciente.

Instrua o paciente para inspirar quando você expirar, e expirar quando você inspirar. Faça então uma respiração ritmada que não seja muito longa, de forma que o paciente possa acompanhar o seu ritmo. Não utilize a Respiração Simétrica nesse momento; e não prenda a respiração totalmente. Você pode marcar o ritmo da sua respiração, por exemplo, afastando ligeiramente as mãos do paciente quando inspira e aproximando-as mais uma vez quando expira. Se o paciente não puder ver as suas mãos, use então uma palavra ou um som quando mudar de direção para que o paciente possa coordenar a respiração dele com a sua.

Ao expirar, direcione o ar exalado para fora através das pontas dos dedos como um borrifo refrescante de energia curativa. Quando inspirar, atraia o ar da respiração para si, através das pontas dos dedos, absorvendo a energia poluída do paciente. Mantenha sua respiração silenciosa. (Uma respiração que seja audível é, de algum modo, limitada.)

Depois de cinco a dez respirações, afaste suas mãos do paciente e agite-as fortemente várias vezes para remover o magnetismo poluído que elas absorveram. Ou lave as mãos em água corrente, ou mergulhe-as um tanque com água. Depois, volte a colocar suas mãos sobre o paciente e continue a prática.

Um aperfeiçoamento dessa prática consiste em concentrar-se mais numa metade da respiração do que na outra. Sua exalação fornecerá mais energia; sua inalação absorverá a poluição. Quando a região afetada do paciente está fraca e necessita ser fortalecida, a exalação é mais útil. Mas algumas doenças, como uma dor de cabeça, uma inchação ou um tumor, resultam de uma sobrecarga de energia. Nesses casos, a inalação será mais eficiente.

Naturalmente, sua respiração deve ter um ciclo total; portanto, embora esteja se concentrando mais nas inalações, por exemplo, você estará exalando nos intervalos.

Essa prática funciona porque suas mãos estão emitindo energia real. A existência dessa energia foi documentada através da fotografia Kirlian, que mostra um extenso fluxo de energia saindo dos dedos de um agente de cura. A ciência ainda não descobriu como essa energia afeta o corpo, mas os místicos afirmam que essa é a própria energia vital. Alguns a denominaram de energia biomagnética porque ela age sobre objetos biológicos até certo ponto como o magnetismo age sobre objetos ferrosos.

Seria um erro pensar que os "agentes de cura" são pessoas especialmente dotadas. A cura é um poder natural que todos possuem de maneira inata em virtude de sua respiração. Algumas pessoas desenvolveram a concentração, a respiração e a abertura do canal do coração para a mão para que possam transmitir o efeito curativo natural a outras pessoas. Quem quer que tenha um filho, um pai, um ser amado ou um amigo, tem tanto a necessidade como o incentivo para desenvolver sua habilidade de cura.

Direcione a Respiração para Além do Corpo

O campo magnético do corpo não se limita ao espaço coberto pela pele — ele pode realmente se estender para além dos limites do corpo, para o espaço que o cerca. Na realidade, o campo magnético transcende facilmente esses limites para formar um corpo magnético muito grande.

Está comprovado cientificamente o fato de que o corpo possui um campo magnético, e de que a pulsação desse campo ocorre de acordo com o batimento cardíaco. O campo magnético de um corpo em repouso possui dois principais pontos de concentração, ou pólos: o coração e o cérebro. O campo magnético do coração é cem vezes mais forte do que o do cérebro. O campo magnético do corpo é criado, em grande parte, pela eletricidade que se desloca através dos músculos. O músculo do coração é o único que está continuamente se contraindo e se distendendo, por isso controla o campo magnético de uma pessoa em repouso.

Sob o ponto de vista dos místicos, o campo magnético não é um produto do corpo físico, mas a sua origem. Em vez de considerar a energia, o magnetismo ou a "vibração" que uma pessoa emite, os místicos consideram a energia, o magnetismo ou a vibração que estão continuamente *transformando-se* nessa pessoa. Este é o ponto de vista "interior" da Meditação PSI: o corpo está sendo continuamente criado a partir do pensamento, que está sendo continuamente criado a partir da emoção, que está sendo continuamente criada a partir da energia ou do magnetismo, que estão sendo criados continuamente a partir da consciência. Em vez de pensar que sente o campo magnético do seu corpo saindo de seus dedos, você deveria pensar que o que sente nos dedos é uma intensificação da energia magnética que está se transformando em seu corpo. O corpo magnético não é uma extensão do corpo físico; pelo contrário, o corpo físico é uma concentração do corpo magnético.

Essa sutileza é importante num estágio mais avançado porque ela leva diretamente ao estado de contemplação. No nível do principiante, a idéia ajuda a superar qualquer noção de que essa energia magnética é "minha".

A seguir a meditação a respeito do corpo magnético:

> Inicie a Respiração Simétrica, utilizando o batimento cardíaco para calcular os ciclos respiratórios. Então, procure descobrir o batimento cardíaco em qualquer parte do corpo ao mesmo tempo: no peito, nas mãos, nos pés, nas têmporas, em qualquer lugar.
> A seguir, procure encontrar o batimento cardíaco na pele, em todo o seu corpo. Continue com essa experiência.
> Agora, observe que sua "pele" não parece ser a superfície de seu corpo físico; em vez disso ela é a pele ou superfície de um corpo "inflado" muito maior. Esse é o corpo magnético. Seu corpo físico está no interior desse campo magnético, da mesma forma que a terra encontra-se no interior de seu campo magnético. O magnetismo não apenas envolve o físico; ele o interpenetra.
> Ao expirar, deixe que o corpo magnético se expanda para o exterior, tornando-se muito maior e mais difuso. Ao inspirar, atraia o corpo magnético para dentro mais uma vez, tornando-se cada vez mais intenso ao se concentrar, até que se materialize como o seu coração (não em seu coração; mas como seu coração).

 SINTA OS BATIMENTOS CARDÍACOS NA SUPERFÍCIE DO SEU CORPO MAGNÉTICO.

Meditação com as Plantas

É um princípio dos místicos que, a fim de enviarmos energia, necessitamos de um receptor. Assim, podemos ir além com a prática de enviar energia se tivermos alguém para quem a estamos enviando. Como você viu na seção sobre a cura, a energia que você sente é intensificada quando tem um objetivo. Naquela prática, você utilizou apenas a energia nas mãos. Agora, tendo descoberto onde encontrá-lo, você irá utilizar todo o campo magnético.

Na prática a seguir, utilize plantas como receptores de sua energia magnética.

> Coloque um vaso com uma planta viva a dois metros de distância de onde você está sentado.
> Repita a prática anterior para sentir o seu corpo magnético.
> Estenda seu campo magnético para fora, em direção à planta, enquanto expira; depois recolha-o, mais uma vez, enquanto inspira.

Numa segunda meditação, coloque a planta no outro lado do aposento, ou volte-se para uma planta exatamente do lado de fora da sua janela. Amplie seu campo magnético em direção à planta enquanto expira, e atraia o magnetismo da planta para dentro de seu coração enquanto inspira.

Em experimentos com plantas que realizei com praticantes de meditação, eles foram capazes de sentir se as plantas necessitavam de água ou não.

À medida que troca magnetismo com a planta, sua identidade funde-se com ela, e você começa a sentir o que a planta sente. Observe se você se sente ressequido e com sede, ou se você saliva abundantemente. Depois observe se você se sente fraco e inerte ou forte e cheio de vida. Você tem alguma sensação de coceira na pele ou nos braços e nas pernas?

Depois da meditação, verifique as condições da planta e tente correlacionar sua experiência com o que observou.

Terceira Parte

OS ELEMENTOS DO CORAÇÃO

10. OS QUATRO ELEMENTOS

Agora que você já sabe como coordenar respiração e batimento cardíaco, seu objetivo é desenvolver as qualidades do coração. O coração tem quatro aspectos, quatro orientações, quatro *elementos* que podem ser desenvolvidos.

O conceito dos quatro elementos, sempre defendido pelos místicos, não pode ser explicado em termos científicos, pois para os místicos ele tem um significado peculiar. "Água" não é água como nós a entendemos na linguagem comum, ela significa liquidez. "Fogo" é entendido de várias maneiras; ele significa ardor, ou calor, ou aridez, ou fulgor, tudo o que é vivo. [Hazrat Inayat Khan][1]

O coração pode expandir-se em quatro direções: altura, profundidade, expansão, para a frente e internamente, como mostra o seguinte diagrama:

As Dimensões do Coração

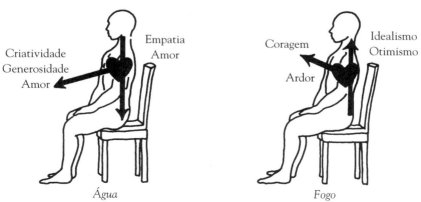

As Dimensões do Coração

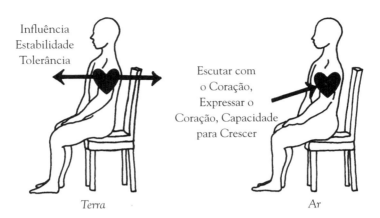

Esses diferentes elementos do coração correspondem aos quatro Elementos místicos — Terra, Água, Fogo e Ar — como se vê a seguir:

Elemento	Direção	Efeito no Coração
Ar	Interna	Escutar com o coração, expressão do coração em palavras e desenvolver a capacidade de crescer
Fogo	Para o alto e para a frente	Fazer crescer a força no coração: coragem e ardor
Água	Fluindo e para a frente	Desenvolver a criatividade, a generosidade, a empatia e o amor
Terra	Expandindo	Ampliar a influência, a estabilidade e a tolerância

Cada Elemento realiza primeiro um determinado tipo de purificação no coração: filtragem (Terra), lavagem (Água), fusão (Fogo) ou expansão (Ar). Depois, os Elementos têm outro efeito no coração: desenvolvê-lo de uma das quatro maneiras que isso pode acontecer. Por exemplo, para desenvolver as qualidades da água no coração — criatividade, generosidade e empatia — é utilizado o Elemento Água. Essa aplicação dos Elementos no desenvolvimento humano foi uma descoberta decisiva dos sufistas, que a manifestaram na arte mística da alquimia, o processo de transformação dos corações de chumbo em corações de ouro.

Ao ampliarmos a Prática do Ritmo do Coração para incluir os quatro Elementos do Coração, ganhamos um instrumento consideravelmente eficaz que poderemos utilizar para nos levar a ficarmos conscientes de nosso coração, para expressarmos as qualidades do coração e para viver de acordo com o coração. A maneira de pôr em ação os Elementos é modificar a respiração e a visualização durante a Prática do Ritmo do Coração. Existem quatro maneiras diferentes de respirar, e essas respirações correspondem aos quatro Elementos.

Elemento	Inspiração	Expiração
Ar	boca	boca
Fogo	boca	nariz
Água	nariz	boca
Terra	nariz	nariz

Essas são as quatro maneiras de respirar. Você respira o tempo todo de uma dessas quatro maneiras, e a maneira como você respira produz o Elemento correspondente em sua mente e em seu coração.

> A cada mudança do elemento na respiração — o que ocorre freqüentemente de dia e de noite — o estado de espírito do homem se modifica; seus desejos, sua disposição, sua expressão e até seu ambiente se modificam. E não apenas isso, cada Elemento que ele respira tem seus efeitos sobre cada coisa que ele faça. [Hazrat Inayat Khan][2]

- A Respiração Terra é a forma de respirar que você utiliza quando está sentado sozinho em silêncio. Ela é muito tranqüilizante. Você também utiliza essa respiração numa crise; ela ajuda-o a superá-la. Quando você está assustado ou querendo evitar ser notado, você inspira e expira através das narinas, com a boca fechada.
- A Respiração Água surge espontaneamente no suspiro: você se livra da ansiedade com uma curta exalação feita com ênfase, através da boca. A Respiração Água também é utilizada na cura. Ela é muito útil para pôr as crianças para dormir, pois é a respiração que elas utilizam quando estão dormindo.
- A Respiração Fogo proporciona-lhe o ânimo necessário, tal como uma respiração de surpresa — uma rápida inalação através da boca. A Respiração Fogo é a respiração que o levantador de pesos usa exatamente antes do levantamento, ou do jogador de futebol antes do jogo. Ela provoca um repentino aumento de energia.
- A Respiração Ar é geralmente utilizada por programadores de computação, que tendem a respirar pela boca. Ela direciona energia para dentro da mente, que é a superfície do coração. Quando uma pessoa está desorientada, tentando situar-se, respira com a boca aberta, talvez mais rapidamente do que o normal.

Utilizamos diferentes respirações no decorrer do dia, e cada uma delas expressa uma situação diferente. Essas respirações diferem não apenas na extensão (ritmo) e na profundidade (o grau de exalação), mas também em sua ênfase na inalação ou na exalação. Há quatro combinações possíveis de ênfase: na inalação, na exalação, em ambas ou em nenhuma delas. A respiração enfatizada é mais curta e feita através da boca. Quando você prestar atenção à sua respiração, observará esses e outros exemplos dos quatro ritmos da respiração.

Cada uma dessas respirações também intensifica o batimento cardíaco em diferentes regiões do corpo:

Elemento	*Ritmo da Respiração*	*Batimento Cardíaco*
Ar	Sem pausa, respiração suave	Em toda a pele
Fogo	Ênfase na inalação, seguida de pausa	Na cabeça
Água	Sem pausa, ênfase na exalação	Nas mãos
Terra	Respiração Simétrica	No peito

Iniciaremos com a Respiração Simétrica, no peito, como a vínhamos fazendo, e então adicionamos uma concentração a essa respiração para manifestar o Elemento Terra. Depois, mudaremos o ritmo da respiração para expirar através da boca a fim de introduzir o Elemento Água. Em terceiro lugar, vem o Elemento Fogo e, finalmente, o Elemento Ar.

O tipo de respiração que você usa muda durante o dia, correspondendo a mudanças no seu estado de espírito e na sua atenção. Ela mostra como você se sente, quanto você está "sintonizado" no momento. Ela revela, portanto, quais os tipos de atividades são apropriados naquele instante. Atividades impróprias provavelmente não são bem-sucedidas. Com suspiros, você não escala montanhas, mas relaxa, até o ponto de adormecer. Com inalações rápidas, você não permanece quieto, você está em atividade! Através da meditação com os Elementos, você se tornará mais familiarizado com os ritmos da respiração que utilizamos todos os dias. Eles contêm informações vitais das quais você necessita para decidir o momento certo para fazer as coisas. Identificando os Elementos em sua respiração, você poderá escolher uma atividade que esteja adaptada ao seu estado interior ou às suas condições.

Os detalhes de cada Elemento e o caminho por ele definido serão apresentados nos capítulos seguintes.

A Prática

Em essência, a Respiração dos Elementos é feita da seguinte maneira:

> Ao inalar, imagine que está recebendo; ao exalar, que está espalhando. O que faz a pessoa exalar e espalhar? O poder divino do espaço, que purifica e restaura o vigor da pessoa, que a encoraja e possibilita que a alma se revele. Esse pensamento deve ser constantemente mantido na mente durante o exercício. Existem muitas outras formas dessa experiência, mas esta é a fórmula genérica. [Hazrat Inayat Khan][3]

Hazrat Inayat Khan recomendava que todos os estudantes de meditação realizassem essas práticas todos os dias. Em sua forma mais resumida, as quatro Respirações dos Elementos devem ser praticadas cinco vezes cada uma.

É necessário que o principiante e os mais adiantados façam as vinte respirações dos elementos. [Hazrat Inayat Khan][4]

Os Elementos da Saúde

A purificação da respiração não proporciona apenas a saúde do corpo e da mente, proporciona também juventude perpétua e vida longa. [Hazrat Inayat Khan][5]

Os primeiros efeitos dos Elementos consistem em purificar o coração físico e o emocional, a fim de melhorar a saúde.

Fisicamente, os Elementos melhoram a saúde tanto para curar as doenças físicas quanto para promover o bem-estar que evita a ocorrência de doenças.

Existem germes e impurezas, mas há também elementos para purificá-los. Esses quatro elementos, terra, água, fogo e ar, como dizem os místicos, não apenas criam os germes, mas também podem destruí-los, se a pessoa souber como utilizar esses quatro elementos para purificar o seu corpo e também a sua mente com eles. [Hazrat Inayat Khan][6]

No plano emocional e mental, a interpretação inadequada é a de que os Elementos são propriedades naturais da mente e que, se um dos Elementos estiver muito deficiente, ocorrerá uma doença mental. A interpretação mais completa é a de que as várias faculdades e funções da mente estão classificadas de acordo com os Elementos, e que um plano de tratamento para os distúrbios da mente surge desse fato. Se você vê a vida através das lentes dos Elementos, começa a considerar as doenças como deficiências deles. Portanto, se aplicar uma terapia que fortaleça os Elementos, você poderá criar um plano de tratamento. Felizmente, a Prática do Ritmo do Coração é particularmente eficaz no fortalecimento dos Elementos, tanto no corpo quanto na mente.

> Da mesma maneira que o sol e a água são necessários para que as plantas cresçam, os quatro Elementos são necessários para que uma pessoa mantenha sua saúde perfeita. Uma pessoa que saiba como respirar de uma maneira correta pode manter o corpo livre de todos os tipos de impurezas. Até a mente é beneficiada com isso, pois a mente é composta de quatro Elementos, os Elementos na sua mais excelente condição. [Hazrat Inayat Khan][7]

A seguir, algumas perturbações mentais e emocionais que podem ser remediadas através da meditação com os elementos na Prática do Ritmo do Coração:

Elemento	*Eficaz Contra*
Ar	Sentimento de culpa, confusão, desânimo, tristeza, negatividade
Fogo	Depressão, falta de liberdade, pessimismo
Água	Inflexibilidade, obstinação, ressentimento, retraimento
Terra	Atordoamento, medo, falta de objetividade

Parte do que faz com que seja difícil obter um bom estado de saúde é a falta de um modelo através do qual possamos identificar a saúde e perceber o início de nosso afastamento dela. A saúde é caracteristicamente considerada como a ausência de doenças físicas. Isso é uma maneira de ver retrógrada, de procurar o efeito em vez da causa. Quando a mente assume uma atitude doentia, o corpo físico conseqüentemente irá sofrer os efeitos, mas isso demorará tanto que provavelmente a pessoa não observará a relação entre causa e efeito. O que necessitamos é de um modo de ver voltado para o futuro, que indique a procedência, um ideal de uma atitude saudável à qual procuramos nos igualar. Então, quando observarmos o aparecimento de qualquer condição característica de uma doença, a reconheceremos como um sintoma prematuro daquilo que finalmente nos levará a adoecer, e poderemos de imediato cuidar dessa condição antes que a doença se manifeste.

Sabemos que uma pessoa que com freqüência tem pensamentos incongruentes pode ficar facilmente melindrada, não leva muito tempo para sentir-se magoada; às vezes, pequenas coisas a fazem ficar irritada, pelo fato de a irritação já estar presente, basta apenas um pequeno detalhe para provocar uma irritação mais profunda. [Hazrat Inayat Khan][8]

Uma vantagem da Prática do Ritmo do Coração é que ela fornece um modelo do que é saúde. Esse modelo é mostrado na 3ª Parte, da mesma forma que os Elementos são descritos em maiores detalhes. Por exemplo, o otimismo é um componente natural de uma psique saudável. Quando as coisas parecem desfavoráveis, o otimista sabe que existem atitudes que ele pode adotar, pessoal e imediatamente, para impedir que as conseqüências apareçam. Só perdemos essa tendência quando nos sentimos derrotados; contanto que tenhamos otimismo, ainda assim estamos ganhando. Quando perdemos nosso otimismo, o ceticismo, o ressentimento, a frustração e o comportamento autodestrutivo se apossam de nós. A doença física surge logo após essas perturbações mentais. A Prática do Ritmo do Coração pode restaurar o otimismo do espírito humano e a clareza de visão da qual ele depende. Por outro lado, a negatividade é um outro tipo de doença O que permite que uma pessoa permaneça otimista sem se deixar levar pela negatividade? A força do coração.

Outra vantagem da Prática do Ritmo do Coração é que ela alimenta a expansão da profundidade da emoção.

Para o cientista, o aspecto emocional do homem não interessa; se o corpo está perfeito, de acordo com a sua concepção, ele acha que o homem está com saúde. Porém, do ponto de vista místico, se fisicamente o homem está forte mas a sua natureza emocional está oculta, ele não está com saúde, existe algo errado com ele. [Hazrat Inayat Khan][9]

Tenho certeza de que você conhece muitas pessoas que parecem ter grande energia e agilidade mental, mas que escondem seus sentimentos debaixo de uma carapaça da personalidade. A despeito de sua convicção de que estão "bem", essas pessoas não têm idéia do que lhes está faltando. A razão é que é difícil para elas perceberem isso.

A tendência natural dos seres humanos é ter um coração aberto que nos permite ficar facilmente comovidos, tocados pela beleza corriqueira, suscetíveis à simples bondade humana, vulneráveis em vez de nos colocarmos em posição defensiva, absorvidos pelos sentimentos e magnânimos para com os outros. Essa qualidade natural cessa quando a dor que acomete um coração sensível e aberto torna-se opressiva. A Prática do Ritmo do Coração pode fortalecer o seu coração para que permaneça aberto e ainda trabalhe em benefício da humanidade. Na realidade, ter o coração aberto é uma grande vantagem, até nos negócios.

11. O ELEMENTO TERRA

[Pela cor] amarela você saberá que esse é o Elemento Terra, que sugere benefício, pois a terra é fértil, sólida e rica de recursos. [Hazrat Inayat Khan][1]

O que é a Terra

Como sabem os cientistas florestais e os jardineiros que trabalham com produtos orgânicos, a Terra tem a capacidade de purificar os resíduos através da absorção e da filtragem. Nesta etapa da Prática do Ritmo do Coração, adaptamos essa capacidade para a purificação e o desenvolvimento do coração. Cada centímetro cúbico do solo do planeta Terra contém bilhões de microorganismos. Os corpos desses microorganismos são uma parte integrante daquilo que chamamos de solo. Eles renovam e também aglutinam o solo através de suas atividades. Toda a biosfera, inclusive nosso corpo, está saturada de microorganismos. Os microorganismos criam os alimentos que comemos e até os digerem para nós. Finalmente eles irão converter nosso corpo em elementos químicos que podem ser assimilados e devolvidos ao solo quando morremos. O Elemento Terra é representado como o conjunto de todos os microorganismos existentes em nós e à nossa volta, que formam o solo e todos os seres vivos.

Ao mesmo tempo que a Terra pode ser poluída a curto prazo pela atividade humana, ela pode purificar a si mesma absorvendo a poluição e transformando as impurezas em si mesma, a Terra. Este é o princípio da fertilização, através do qual o lixo e os dejetos, por exemplo, são transformados em solo fértil.

A Terra pode efetuar essa transformação porque está viva. Os microorganismos que constituem a Terra ingerem toda a matéria decomposta que com eles entra em contato e a digerem para construir seus próprios corpos e, portanto, a massa da Terra. Da mesma forma que a Terra está literalmente digerindo nosso corpo, está também abastecendo-os com a matéria, os nutrientes e os elementos biológicos dos quais ele necessita. Nossa existência física é o resultado do equilíbrio dessas duas atividades: os cuidados da Terra para conosco é proporcional à decomposição que ela provoca em nós.

A prática do Elemento Terra é uma experiência da frase bíblica "Do Elemento Terra [pó] vieste, e para o Elemento Terra retornarás". Realizando essa prática, intensificamos nossa relação com a Terra, nossa mãe definitiva, e fortalecemos nossa mente e nosso corpo.

Seleção e Filtragem

Esta é a primeira etapa da Prática do Ritmo do Coração com o Elemento Terra:

> Inspire e expire pelo nariz. Mantenha a inspiração e a expiração equilibradas, com igual duração, sem enfatizar nenhuma delas. Complete cada exalação.
>
> Faça com que sua exalação exclua, rejeite e livre-se de tudo aquilo de que você não necessita, física, mental e emocionalmente. Faça com que sua inalação renove, recrie e resgate tudo aquilo de que você realmente necessite.
>
> Respire várias vezes, pensando no que você está eliminando e no que está renovando.
>
> Esse é o efeito fundamental do Elemento Terra: separar ou filtrar os materiais construtivos do refugo.

Através dessas respirações, você desenvolve a qualidade do discernimento — para saber o que eliminar e o que absorver. Fundamentalmente, esse simples ato de discernimento cria a sua vida. O que é alimento para uma pessoa é veneno para outra; o que é atraente para alguém é repulsivo para outrem. O que uma pessoa considera excitante, outra considera enfadonho. O que uma pessoa considera uma desgraça, outra a recebe como uma bênção. Assim, você seleciona e filtra tudo o que a vida oferece de modo a criar a sua própria vida. Você atrai para si e absorve tudo aquilo de que necessita e acha belo e descarta-se do que não pode utilizar e do que não gosta. Seu coração faz isso mediante um processo de afinidade, identificando aquilo que o satisfaz. Quando seu coração é forte, faz isso muito bem, preenchendo a sua vida com o que é atraente e familiar para você e fazendo de sua vida um paraíso. Quando seu coração é fraco, não é capaz de atrair ou preservar o que lhe agrada; sem o poder de coesão, sua vida perde a integridade natural e a alegria.

Por mais que o coração tenha sido magoado e ferido, por mais que esteja enfraquecido, amargurado ou empedernido, ele sempre pode se recuperar. Podemos nos inspirar no Elemento Terra: os microorganismos da Terra possuem uma fantástica capacidade para se recuperar, para crescer em quaisquer circunstâncias, para se desenvolver onde haja apenas uma insignificante oportunidade. As orquídeas nascem onde existe pouco solo, o musgo onde há pouca luz e o cacto onde há pouca água, embora o solo, a luz e a água sejam essenciais para o desenvolvimento dos vegetais. Quando as condições externas não são ideais para o crescimento e a cura do seu coração, você ainda pode criar condições internas que o irão estimular. Curar e desenvolver o seu coração é focalizar a atenção sobre ele e direcionar sua respiração através dele, como o fazemos na Prática do Ritmo do Coração.

> Durante a Prática do Ritmo do Coração com o Elemento Terra, mantenha o ritmo da Respiração Simétrica (Capítulo 8), e fique consciente de que o coração está batendo no seu peito.

Para ficar consciente do batimento cardíaco, você tem de tornar o inconsciente acessível. Uma vez feito isso, você sentirá as batidas do seu coração. Você poderá não notar nenhum outro efeito dessa situação, mas em algum momento você observará que está pensando de uma maneira diferente. Reconhecidamente, é difícil observar o seu processo de pensamento, uma vez que aqueles pensamentos também se tornaram parte desse processo. Mas você pode rememorar a torrente de pensamentos que produziu e ver que está pensando em coisas nas quais normalmente não pensa e, além do mais, que está pensando a partir de um ponto de vista diferente. Quando tiver mais experiência com a Prática do Ritmo do Coração, descobrirá muito mais indicações e resultados dessa situação.

Permuta com a Terra

> A etapa seguinte é considerar o processo de eliminação e renovação como uma permuta que você faz com a Terra. Tudo aquilo de que você se livra é absorvido pela Terra, e tudo o que você absorve é uma dádiva da abundância da Terra. Aquilo que não lhe é mais necessário pode ser usado por outrem; aquilo de que você necessita está disponível como um subproduto de outros processos.
>
> Sua respiração controla o processo da permuta; seus batimentos cardíacos a acionam.

Por trás dessa metáfora para a conscientização mais ampla, o que está na verdade sendo permutado? É algo que está realmente acontecendo entre você e a Terra? A Terra tem um cheiro característico. A maior parte do que percebemos a respeito da terra é o seu odor. Nossa respiração leva esse odor para dentro do corpo e faz com que ele ali circule. Esse odor é produzido principalmente pelos microorganismos que são levados do solo para o ar. Sua inalação é literalmente uma absorção da substância do Elemento Terra, uma vez que a Terra abrange as bactérias, os fungos, os bolores, e assim por diante, que a interpenetram e cujos corpos formam o principal ingrediente do solo. Alguns desses microorganismos, no interior do nosso corpo, são responsáveis por nossa digestão. O que eliminamos de nosso corpo em nosso fluxo de dejetos constitui uma rica fonte de nitrogênio para os microorganismos que criam uma nova Terra. Depois que os nossos dejetos são digeridos pela Terra, transformam-se em água, dióxido de carbono para os vegetais e solo.

O que absorvemos da Terra está mais óbvio no nosso suprimento de alimentos. Para mim, o que é maravilhoso numa cenoura é que ela foi gerada de algum modo por microorganismos para reagrupar os elementos químicos no solo bem como para criar moléculas que ali não se encontravam antes, como beta-caroteno, e para desenvolver células vivas em uma característica estrutura alaranjada. Há muito pouco numa cenoura que já não existisse no solo da Terra.

Assim, estamos alimentando a Terra e nos alimentando da Terra. Aqui, na meditação, você pode ter a certeza de que esses processos são contínuos e ininterruptos. Não somente cada refeição como também cada respiração que você faz é uma permuta com a substância da Terra, nossa biosfera.

SÃO FRANCISCO ESTAVA *sentado em um bosque, cercado de animais, com pássaros pousados nos seus ombros e nas suas mãos, quando um homem da aldeia aproximou-se. Imediatamente, todos os animais e pássaros fugiram. "Por que eles estavam tão contentes por estarem junto com você mas tiveram medo de mim?", perguntou o homem. "O que você comeu no almoço?", redargüiu São Francisco.*

O Magnetismo da Terra

A etapa seguinte na prática é pensar no tamanho da Terra na qual vivemos. Pense nos lugares nos quais você já esteve na Terra, em outros lugares dos quais ouviu falar, e nos espaços ainda mais distantes dos quais nem sequer ouviu falar. Pense também na quantidade de pessoas, animais, peixes, insetos e vegetais que compartilham a Terra.

Ao exalar, pense em si mesmo como apenas um dos muitos e incontáveis seres em uma imensa biosfera. Ao inalar, veja a si mesmo como uma personificação da Terra e de tudo o que está contido em seu âmbito. A Terra contribuiu com a própria substância para formar o seu corpo. Suas células contêm as proteínas dela, que se desenvolveram e se ordenaram como DNA durante éons. Você é o beneficiário direto da experiência da Terra, e faz parte do mecanismo da Terra para a transmissão dessa experiência.

A constatação da imensidade da Terra o leva ao limiar da transformação da matéria em energia. Além da enorme massa que forma o seu corpo físico, a Terra possui um magnetismo ainda maior que forma o seu campo magnético. A permuta que ocorre entre você e o planeta é tanto magnética quanto química e biológica, e realizar essa permuta magnética conscientemente irá beneficiá-lo.

Se você pegar uma barra de ferro e esfregá-la várias vezes numa direção sobre um ímã, ela ficará imantada. Nesse processo, o magnetismo do ímã original não diminuirá. O magnetismo é o resultado de um ajustamento físico das moléculas de uma substância. O magnetismo de um pedaço de ferro pode ajustar as moléculas de outro pedaço de ferro, de forma que o magnetismo aumenta em ambos. Um ímã pode perder seu magnetismo quando é sacudido fortemente.

Já vimos no Capítulo 9 que o corpo humano possui um campo magnético. A correlação entre o campo magnético, a saúde e a influência de uma pessoa ainda não foi objeto de pesquisa científica, mas intuitivamente associamos o campo magnético com o carisma, tanto que chamamos as pessoas carismáticas de "magnéticas".

Sempre que um condutor, como um fio, é colocado em um campo magnético ativo, uma corrente flui pelo fio. Sempre que uma corrente flui por um condutor, forma-se um campo magnético em torno do condutor. Esses são princípios do eletromagnetismo que são aplicados em todos os geradores e motores elétricos. Esses princípios demonstram como o magnetismo pode ser transferido. O campo magnético da Terra é estável em seu posicionamento, mas oscila lentamente na sua força. O campo magnético de um ser humano é também relativamente constante em seu posicionamento, mas oscila de acordo com o batimento cardíaco. Assim, tanto a Terra quanto o ser humano geram campos magnéticos ativos. Em qualquer condutor fixo com o posicionamento adequado, uma corrente elétrica será criada. A espinha dorsal do ser humano tem o posicionamento vertical, e a coluna vertebral transmite eletricidade. Até os microvolts são importantes no nível celular.

Isso orienta a prática:

Ao inspirar, pense no campo magnético da Terra, com suas linhas de força circundando o globo terrestre perpendicularmente à sua espinha dorsal que está na vertical. Sua espinha dorsal prolonga-se de uma área de

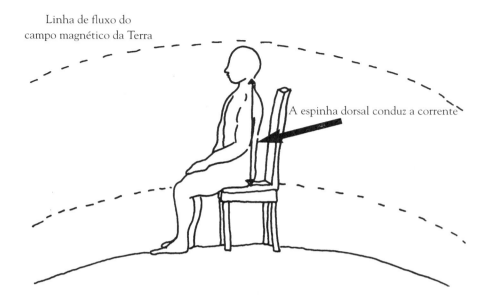

magnetismo da Terra mais fraco na cabeça para uma área de magnetismo da Terra relativamente mais forte em sua base, muitos centímetros mais perto do centro da Terra. Mesmo essa pequena distância e o pequeno diferencial magnético criam um fluxo que corre em sua espinha dorsal, que é um supercondutor biológico para essa energia quando você se encontra em estado de meditação.

Você pode aumentar o fluxo de energia fazendo com que ele suba pela espinha dorsal quando inspira, imaginando que sua inalação leva a energia magnética da Terra para cima através de sua espinha dorsal. Essa imagem parece reduzir a resistência na espinha dorsal ao mínimo, permitindo que uma corrente mais forte flua para o alto. A energia que flui em sua espinha dorsal parece surgir diretamente da Terra.

A energia que flui através de seu corpo intensifica seu campo magnético. Conseqüentemente, a absorção do magnetismo da Terra provoca um aumento do magnetismo pessoal.

Você não sente diretamente o magnetismo, uma vez que não há um sentido que possa percebê-lo. Você o sente apenas indiretamente, como pressão de vários modos. Primeiro: a pele na qual você sente a sua pulsação, o revestimento do campo magnético (Capítulo 9), parece ser muito maior do que o seu corpo físico. Segundo: você pode sentir um formigamento e uma pressão nas mãos. Terceiro: seu batimento cardíaco parece ser "mais forte", difundindo as batidas de uma maneira mais forte e para mais longe. Quarto: você sente-se *poderoso* — emocionalmente forte — ao mesmo tempo que sente uma generosidade para com o mundo todo.

> Enquanto você expira, o fluxo cessa e o seu campo magnético enfraquece e se contrai. A contração é acompanhada por uma sensação de estar afundando na Terra. Esse afundamento não é físico, é claro; ele se deve à diminuição do campo magnético do corpo. Quando seu campo é forte, você pode sentir facilmente que o seu magnetismo é diferente do magnetismo do campo magnético da Terra. Mas quando o seu campo magnético se contrai, seu magnetismo é subjugado pelo da Terra. Essa é a causa da sua sensação de afundamento, ou submissão, ou absorção pela Terra.

Um campo magnético em movimento, ou um condutor em movimento dentro de um campo magnético, é necessário para gerar uma corrente, que é um fluxo de elétrons em movimento. No campo magnético de um ser humano, o movimento ocorre devido à respiração. O magnetismo da Terra muda apenas lentamente, e sua espinha dorsal, o condutor, permanece imóvel. Suponho que uma pessoa pode modificar a resistência da coluna vertebral respirando através dela, e isso constitui um fator principal para a experiência do desenvolvimento ou do enfraquecimento do campo magnético do corpo. Embora o mecanismo físico não seja conhecido, a experiência é muito conhecida.

> Enquanto inspira, imagine que está atraindo o magnetismo ascendente da Terra para dentro de seu campo magnético, reforçando-o.
> Enquanto expira, imagine que seu campo magnético está sendo subjugado pelo magnetismo da Terra.
> Pelo fortalecimento e enfraquecimento de seu campo magnético, você gera uma corrente de energia entre a Terra e você mesmo.

 SINTA UMA CORRENTE DE ENERGIA FLUINDO ALTERNADAMENTE DA TERRA PARA VOCÊ E DE VOCÊ PARA A TERRA, ENQUANTO INSPIRA E EXPIRA.

A Essência da Terra

A Terra como criatura tem muitos nomes; quase todas as culturas têm um nome para ela. Os zoroástricos (como os três reis/sacerdotes que predisseram o nascimento de Cristo observando as estrelas) chamaram de *Zamiat* a entidade cujo corpo é a Terra. A religião deles, da mesma forma que a tradição espiritual dos nativos norte-americanos, considera todas as partes da natureza como seres vivos: rios e montanhas, e até o fogo, a água, o ar e a terra, todos são grandes entidades. Isso corresponde à visão dos místicos de que a inteligência, a autoconscientização, a autopreservação, a auto-expressão e a busca de um objetivo são características de cada ser vivo, e que tudo está vivo. Penso em Zamiat como o Elemento Terra, o único organismo gigantesco cujas células são os microorganismos, no interior e em torno do planeta, que formam a biosfera. Gaia é um nome atual para ela.

> Com a conscientização de Zamiat, o arcanjo da Terra, você pode incluir o Elemento Terra da Prática do Ritmo do Coração no âmbito da emoção. O intercâmbio entre você e a Terra transforma-se em um relacionamento entre dois seres.
> Sinta sua exalação como uma submissão a Zamiat, e deixe-se ficar em seus braços. À medida que continua a prática, tente eliminar qualquer resistência que sinta ao seu abraço.
> Quando inspirar, sua entrega transforma-se no desejo de servir aos interesses da Terra, advindo do amor por ela que lhe oferece a própria substância para tornar-se a sua substância.
> Quando sua inalação atinge o auge, você sente o poder e o saber da Terra emergindo dentro de si. Você se torna a Representação de Zamiat e intuitivamente percebe suas preocupações e prioridades.

ENTREI EM CONTATO COM ZAMIAT *em um retiro nos Alpes em 1984. Depois de meditar durante muitos dias, cheguei a um estado de percepção em meu coração que até então me era desconhecido. Entreguei-me a essa experiência (ou seja, empenhei-me em dela participar sem interrupção) por mais longo que fosse o tempo por ela exigido. Era como estar sendo atraído para dentro da Terra e envolvido por ela. Sentia-me cada vez mais amplo e imóvel. Então renunciei ao meu corpo, abandonando qualquer desejo de me mover.*

Com o passar das horas, enquanto a experiência se intensificava, senti que a entrega era cada vez mais necessária e desisti de observá-la e analisá-la. Ou seja, resolvi que não pensaria a respeito ou prestaria atenção ao que estava acontecendo comigo. Iria apenas senti-lo no momento sem querer saber aonde isso me levaria. Então comecei a sentir a presença de uma imensa entidade, à minha volta e dentro de mim, algo que era eu e também mais do que eu. Mais entrega me foi solicitada e não me preocupei com o meu futuro. Isto é, eu sabia que essa experiência iria mudar tudo a respeito do resto de minha vida. Depois me foi solicitada uma entrega ainda

> maior, e abandonei a concepção de ser uma pessoa isolada. Uma enorme emoção me invadiu. Mais entrega ainda me foi pedida, e abandonei o último vestígio do meu eu, meu senso de vida independente. Não morri, mas queria morrer, minha vida foi substituída por um envolvimento com toda a vida. Foi então que compreendi que havia sido absorvido pela consciência de Zamiat. Pensava da maneira que ela pensava, sentia o que ela sentia. Mais tarde, naquela noite, a sensação diminuiu e recuperei a maior parte de minha individualidade.
>
> A partir daquele momento, minha vida mudou radicalmente. Cada aspecto de minha vida exterior mudou significativamente: meu trabalho, meu relacionamento, minha situação de vida, minha comunidade. Minha vida interior aperfeiçoou-se, através de uma profunda transformação que fez, finalmente, que me concentrasse no meu coração e ampliasse a minha compreensão espiritual. Alguns anos mais tarde, fui convidado para participar de uma concorrência pública para um projeto de construção de uma fábrica de fertilizantes computadorizada. Meu entusiasmo foi tão grande que o cliente não aceitou nenhum outro concorrente. De imediato, mostrei-me totalmente confiante no meu propósito de criar aquele projeto por causa de minha experiência com Zamiat. Ele tornou-se o ápice de minha carreira técnica como gerente de programação e desenhista técnico.

Duas grandes emoções da vida são a submissão e a glorificação. A submissão não é frustração nem fracasso; é simplesmente o reconhecimento de que você faz parte de algo maior e mais amplo que domina todas as pessoas. Através da submissão de seu orgulho pessoal, você pode vivenciar a glória do todo. O filho submete-se aos pais, a pessoa que ama submete-se ao ente amado. O presidente de uma empresa submete-se ao cliente ou ao mercado. O médico submete-se à capacidade do corpo para curá-lo.

A submissão começa como uma surpresa mas transforma-se em reconhecimento e aceitação. Ela revela a arrebatadora emoção de que você não está sozinho ou agindo sozinho, mas é parte de um enorme movimento ou sistema. A submissão é um reconhecimento de uma força maior que se opõe a seus esforços, mas isso não resulta em frustração. Ela leva a uma reorientação e, finalmente, a um sucesso ainda maior.

No Elemento Terra da Prática do Ritmo do Coração, a submissão à Terra lhe proporciona uma reorientação de seu objetivo que permite então que o poder e o saber da Terra auxiliem e intensifiquem os seus esforços. Você sabe o que é trabalhar em oposição ao seu corpo, ficar acordado a noite inteira para escrever um ensaio, ir para o trabalho quando está gripado, ou correr com uma contusão no joelho. Compare essa oposição com cooperação, ou com o apoio do corpo ao seu trabalho. Neste caso, a força de seus músculos faz com que você corra sem esforço, um banho de chuveiro inspira um pensamento criativo, seu bom estado de saúde lhe proporciona persistência, ou uma refeição compartilhada cria colaboração. O princípio do Elemento Terra é aplicado ao máximo.

> Não trabalhe em oposição ao seu corpo; deixe que seu corpo ajude o seu trabalho.

Seu corpo, um fruto da Terra, tem poder e saber, da mesma forma que a Terra. Você não pode negligenciar o seu corpo e, no final das contas, ser bem-sucedido. Da mesma maneira, nenhum negócio de risco pode ignorar seus efeitos sobre a Terra e ainda sobreviver, a menos que seja absolvido dos resultados de suas ações por algumas políticas governamental, pela maneira como as leis e a orientação política favorecem e protegem a extração mineral e a energia nuclear, para citar apenas dois exemplos. Se os executivos escutassem o próprio corpo, seriam beneficiados com o saber da Terra que lhes é transmitido por intermédio dele. Escutar as batidas do seu coração é uma parte importante da escuta de seu corpo, pois elas transportam a mensagem do corpo maior, o planeta Terra.

> Identifique-se com a própria Terra. Sinta então como a Terra "funciona": — suas abordagens, atitudes e compreensão, e seus princípios.
>
> A Terra é maior que qualquer conflito ou perturbação. É mais velha que qualquer pessoa viva sobre ela. Aqueles que atraem para si as qualidades da Terra desenvolvem sua persistência e sua permanência. A partir daí, desenvolvem outras qualidades: disciplina (ação duradoura, não desperdiçada), ética (princípios que sobrevivem ao tempo) e responsabilidade (pela permanência).

A Representação da Terra

Como representação de Zamiat e como uma entidade da Terra, os princípios da Terra tornam-se também os seus princípios. Violá-los o colocará em risco de ser aviltado, abatido ou esquecido. Manter os princípios da Terra faz de você uma pessoa em que os outros, inclusive a Terra, podem confiar.

> Pedro, tu és a pedra sobre a qual construirei a minha igreja.[2]

> Reflita a respeito de como a sua vida manifesta o princípio de conservação da Terra. Um sistema ecológico reprocessa seus resíduos por si mesmo. Quais são os resíduos de sua vida? Você repassa esses resíduos para os outros, aproveitando-se deles ou sobrecarregando-os? Por exemplo:

- Os custos de lidar com os produtos residuais de nosso consumismo são repassados para a sociedade como um todo.
- Nossos períodos de despreocupação são explorados pela indústria do entretenimento, que então encoraja o escapismo e a excitação em outras pessoas.
- Nossa ansiedade e nosso medo alimentam a indústria bélica, que encoraja o conflito armado e alimenta o medo dos outros.
- Nossa relutância em assumir a responsabilidade por nossa comunidade dá origem à autoridade do governo, que reduz a responsabilidade pessoal na sociedade.
- Nossa opção por um modo de vida prejudicial à saúde sobrecarrega nossas famílias ou a sociedade.

Reflita a respeito de como você utiliza os resíduos dos outros. Você:

- Tira proveito do medo, dos erros ou da ignorância dos outros?
- Usa aqueles que esqueceram do próprio objetivo para servir a seu objetivo?
- Mantém em sua autopercepção a maldade da mente daqueles que o ridicularizam ou magoam?
- Permite que o seu ritmo se descontrole quando os que estão à sua volta ficam descontrolados?
- Perde a fé ao ver tanta violência e falta de esperança na sociedade?

    Quando o seu Elemento Terra está fortalecido, você poderá reciclar melhor seu resíduo mental, emocional e psíquico sem descarregá-lo no ambiente de outra pessoa. Da mesma forma que devemos parar de destruir nossos resíduos materiais, que contêm valiosos minerais e componentes essenciais que precisam ser devolvidos ao solo, devemos parar de desperdiçar nossos resíduos não-materiais, que contêm valiosas lições de vida. Se você não assumir a responsabilidade por criar seus próprios problemas e, em vez disso, culpar os outros por enganá-lo, não aprenderá tudo o que a vida ensina. O valor da experiência da vida será então desperdiçado.

    Naturalmente, você já cometeu erros. Eu já cometi graves erros que poluíram o terreno emocional e a atmosfera mental dos outros, tornando a vida mais difícil para todos. Muito do que fazemos de errado é resultado de nossa ignorância, de querer progredir sem ver os efeitos a longo prazo sobre nós mesmos e a curto e a longo prazo sobre os outros. (Os herbicidas matam microorganismos no solo, poluem a água e prejudicam a saúde dos agricultores e consumidores, mas a curto prazo parecem ser uma boa idéia para os produtores de herbicidas.)

No seu Elemento Terra, você pode reprocessar os seus erros. Usando uma analogia com a adubação, você pode renovar o solo com o lixo que produziu. Eis alguns fatos a respeito da adubação:

- O adubo é feito de microorganismos aeróbicos (que respiram oxigênio), que renovam o solo digerindo resíduos orgânicos, sem odor, que foram misturados em determinada proporção.
- Quando uma pilha de adubo esfria, a atividade de adubação torna-se lenta. O interior da pilha geralmente permanece quente, mas ali não existe ar suficiente para a digestão aeróbica. Por isso, a pilha deve ser revolvida periodicamente e ficar protegida do frio. Uma vez que a aeração e o calor são difíceis de serem obtidos juntos, a adubação em geral leva muito tempo.
- Se o lixo orgânico é mantido sem contato com o ar, microorganismos anaeróbicos o digerem, produzindo desagradáveis odores e gás metano.
- Se os resíduos anaeróbicos sofrem uma posterior aeração, podem produzir apenas um adubo fraco porque seu nitrogênio foi privado de componentes voláteis.

A adubação nos ensina, por analogia, como reprocessar nosso lixo não-físico:

- Comece por descobrir seus erros, expondo-os à sua consciência (aeróbica) em vez de reprimi-los ou negá-los (anaeróbica).
- Observe os seus erros e falhas sob a perspectiva (em proporção igual) das suas realizações. Não tente interpretar um único evento ou eventos isoladamente dos padrões e da história de sua vida.
- Observe os erros sob diferentes pontos de vista (revolva a pilha) para assegurar uma consistente e continuada atenção (aeração).
- Conserve o fervor (temperatura) pelo seu sincero e determinado desejo de mudar.
- Proteja o processo das críticas e das análises (o vento inclemente, desencorajador) dos outros, permanecendo na segurança do seu coração. Ou seja, permaneça consciente de suas emoções e mantenha o coração em calma para que a defensiva e a racionalização (frieza) não ocorram.
- Se o rancor, o retraimento, o sentimento de culpa ou a dureza do coração (maus odores) começarem a surgir, procure ajuda para mudar o processo. Esses são sintomas de uma compreensão deficiente (anaeróbica). Eles não são sinais de progresso. Embora alguns psicólogos achem que qualquer reação (digestão) seja um progresso, o Elemento Terra ensina que apenas a reação que é acompanhada da compreensão (aeróbica) indica progresso (produz uma terra renovada). Sem compreensão, o processo (digestão anaeróbica) pode produzir um resultado pior (uma pilha de adubo malcheiroso) do que o problema original (lixo).

Para conservar o vigor, cada um precisa reprocessar o próprio lixo. Se nos aproveitarmos do lixo dos outros, negamos a eles o valor de parte da vida deles. Por exemplo: muitas pessoas dispõem de algum tempo de lazer à noite depois do trabalho. A indústria da televisão ocupa essas horas em benefício próprio, enquanto atiça o desejo de novos entretenimentos e bens de consumo. Mas as pessoas necessitam das horas de lazer para processar seus dilemas e desafios, para aprofundar seus relacionamentos, e para pensar em seu futuro. Preencher essas horas de lazer com outros estímulos é o mesmo que privar uma pessoa de dormir sem sonhar, o que as tornará confusas, desorientadas, desesperançadas e, por fim, mentalmente doentes. (A indústria do entretenimento, como todas as atividades humanas, tem seu valor, principalmente quando amplia os sonhos, os ideais, as esperanças e a fé das pessoas, e quando as pessoas a escolhem deliberadamente.) Não existe nada que cure melhor do que a paz, e tudo que contribui para a paz contribui para a saúde. Disseminar uma atmosfera de paz com a Respiração da Terra irá beneficiar sua família e até sua comunidade.

A Terra tem várias regras para aumentar os seus bens materiais. Primeira: reprocesse o seu lixo, transformando-o em algo valioso, para que nada seja perdido. Aqueles bens não perdurarão quando são esbanjados. Segunda: torne-se mais responsável, isto é, torne-se mais confiável no que diz respeito àquilo por que já é responsável, ou amplie a dimensão de sua responsabilidade. Os bens materiais abandonarão o lugar onde não há preocupação com eles, e serão atraídos para o lugar onde estejam em segurança.

> Os que possuem riquezas terrenas fazem com que eu entenda o seu caráter. "Escapo das mãos que me retêm, fujo daquele que me persegue, fujo de quem me cobra, vivo com aquele que me usa com parcimônia, abandono aquele que não cuida de mim, mantenho-me distante de quem não me tem. Aquele que não me possui é realmente pobre, mas o que me possui é ainda mais pobre". [Hazrat Inayat Khan][3]

Terceira: considere que o maior bem de uma pessoa ou de uma empresa é uma boa reputação. Uma boa reputação é algo que uma empresa desenvolve e é a conseqüência da vida de uma pessoa. Para aumentar o seu conceito, faça o que é bom para sua reputação.

> Uma boa reputação é um crédito concedido a um homem por outra pessoa. Portanto, é seu dever sagrado mantê-la. [Hazrat Inayat Khan][4]

A Terra é a firme plataforma que sustenta toda a vida. À medida que você respira, sinta a continuidade que mantém ligados os acontecimentos da sua vida como as contas de um colar. Os eventos são numerosos, mas estão ligados por um único fio, numa ordem crescente de desenvolvimento, mas sempre interligados. Essa é a uniformidade em uma vida de mudanças.

A Paz da Terra

Sua percepção de tempo provém de sua respiração e de seu batimento cardíaco. Quando você diminui a velocidade de sua Respiração Simétrica, o tempo se amplia para você.

A Terra é enorme no tamanho físico e na idade. Podemos perceber o seu tamanho por causa de nossa experiência de vê-la da lua. Mas ainda é muito difícil avaliar a idade da Terra. Sua existência no tempo geológico é calculada em milhões de anos. Comparada com nossa experiência pessoal de tempo, a Terra é eterna. Usamos essa característica de existência infinita e eterna da Terra na etapa final do Elemento Terra na Prática do Ritmo do Coração.

Ao se firmar na Terra durante a expiração, você adota naturalmente a percepção da Terra quanto a espaço e tempo. Deixe que a percepção do eu se expanda horizontalmente em todas as direções à medida que expira, para que você se expanda por toda a Terra.

Da mesma maneira, sua percepção de tempo evolui de local para global, do tempo solar para o geológico. É a diferença entre o tempo que está baseado na rotação da Terra, descrevendo uma órbita em torno do sol, e o tempo baseado nas próprias condições da Terra. De acordo com a perspectiva de alguém que já viveu muito, o tempo é determinado não por jornadas em torno do sol, mas pelas mudanças que ocorreram dentro de si mesmo. Não é o tempo das ações, mas o tempo dos acontecimentos.

Sua inalação o leva a uma desagregação do tempo, onde há apenas o eterno presente que inclui o passado e o futuro. A retenção da respiração o leva à ausência do tempo. Sua exalação o traz de volta para o tempo, que tem presente, passado e futuro.

Existe uma sensação que corresponde à situação de ausência de tempo na retenção da respiração, e essa sensação é a paz. Ao expirar, deixe que a paz se propague de você para os quatro pontos cardeais. Ao inspirar, deixe que seu próprio ser fique impregnado de paz.

Paz não significa passividade; é uma atmosfera que se expande e que tem o poder de colocar as pessoas e as circunstâncias em harmonia e equilíbrio, difundindo a paz.

Ao expirar, sinta a ampliação de uma zona de paz, levando o mundo à sua volta para a mesma situação. Ao inspirar, perceba a sensação de paz intensificar-se dentro de si mesmo. Ao reter a respiração, deixe que sua sensação de tempo se dissolva no infinito.

 SINTA A PAZ QUE SE PROPAGA DE VOCÊ MESMO PARA TODAS AS DIREÇÕES, MODIFICANDO AS CONDIÇÕES À SUA VOLTA.

12. O ELEMENTO ÁGUA

Quando chegamos ao elemento água, descobrimos que ele é maleável e pode ser vertido de um recipiente para outro. Podemos desviar o curso de um rio ou de um regato e fazer com que ele siga em outra direção. [Hazrat Inayat Khan][1]

O que é a Água

O Elemento Água é aquele que torna as coisas tenras, flexíveis, fluidas, maleáveis e férteis. É a água na Terra que faz com que ela mantenha a vida.

O banho é a purificação pela água. A água tem a capacidade de dissolver substâncias e removê-las. Seu fluxo purifica todas as coisas em seu caminho ao mesmo tempo que fortalece, acalma e limpa.

No processo de alquimia, a Arte Nobre, o primeiro passo é passar a substância do estado sólido para o estado líquido e do líquido para o estado volátil, para que ela possa ser transformada. Enquanto estiver no estado sólido, ela não pode ser transformada. No estado líquido, pode ser purificada mais facilmente. [Vilayat Inayat Khan][2]

No interior do corpo, o Elemento Água é observado na circulação do sangue e da linfa e na essência e na superfície limítrofe de cada célula. Pela ação do Elemento Água, os nutrientes são distribuídos e as impurezas do corpo são eliminadas. Na psique, o Elemento Água revela-se na capacidade de dar e receber, de criar e apreciar a beleza, de amar.

Pelo fato de a água ser (geralmente) um líquido, é mais suscetível à atração da gravidade do que um sólido. Devido à força de gravidade da Terra, tanto as pedras quanto as correntes de água rolam para baixo nos terrenos em declive, mas as pedras ficam presas e param onde seu atrito as detém, impedindo que se movam. Praticamente, a água não provoca nenhum atrito, não tem partículas dimensionadas nem forma fixa. Sua adaptabilidade permite que ela encontre um caminho através de todos os obstáculos, atingindo finalmente o rio na base da montanha e correndo para o mar.

A água também é suscetível ao aquecimento dos raios do sol, que é amenizado pelo vento. Dependendo do clima e das condições geológicas, a água pode fluir rapidamente rio abaixo, ficar estagnada em um charco, ser evaporada pelo vento, cair como chuva, ser absorvida pela Terra ou cobrir a Terra como gelo, embora permaneça essencialmente a mesma.

A definição da água como uma molécula de H_2O é extremamente simples. Nenhum dos outros Quatro Elementos possui uma definição tão simples e clara. Podemos dizer que a sua fórmula química é a sua "essência", embora suas manifestações sejam de formas variadas. A essência da água é pura, não obstante a sua manifestação assuma rapidamente a forma e a característica de qualquer coisa com a qual esteja em contato. Sua essência é simples, embora exista comumente em formas tão diferentes como flocos de neve e nuvens. Sua beleza é observada em encantadores efeitos sobre uma paisagem, sobre uma flor e num arco-íris. As coisas que têm água tornam-se flexíveis como um ramo de salgueiro; as que não têm água tornam-se frágeis como um galho seco.

A água gosta de se movimentar, de fluir, de circular. A água em movimento tende a purificar-se, ao passo que, estagnada, torna-se impura. Em suas profundezas, a água circula naturalmente em torno de si mesma; quando se eleva, ela flui mais rapidamente. Seu objetivo é sempre atingir o oceano, e não respeita nenhum obstáculo. Se bloqueada em seu caminho de volta, avoluma-se até que possa passar pelos lados ou por cima do obstáculo. Sua tendência é sempre previsível — não surpreende ao passar por cima de tudo ou ao opor-se a mover-se rapidamente. Ela quer apenas fluir em direção ao seu encontro com o mar. Pode desaparecer no ar ou sumir na terra, mas a descobrimos nas nuvens ou nos lençóis freáticos, e sabemos para onde ela vai. Embora se movimente, ela o faz com beleza e graça. Sua natureza fluida não poderia fazê-lo de outra maneira.

Portanto, são estas as características da água: pureza, flexibilidade, adaptabilidade, beleza, receptividade e generosidade. A água é reconhecida, admirada e procurada, pois suas propriedades são fascinantes e altamente valiosas. O Elemento Água da Prática do Ritmo do Coração desenvolve as características da água em uma pessoa.

A Criação do Movimento

Sentado em uma postura de meditação, tornando a sua respiração consciente, rítmica e plena, inicie a Respiração da Água, mudando a direção de sua respiração.

Inspire pelo nariz e expire pela boca, criando um fluxo descendente de ar respirado e de energia. Com a boca ligeiramente aberta, coloque ênfase na exalação. Faça com que o ar saia como uma suave corrente, como um sopro muito leve e controlado. Mantenha a respiração silenciosa e natural, mas complete cada exalação. Relaxe o corpo.

Deixe o Elemento Água fluir através da sua respiração. Imagine que está sob uma etérea cascata de um delicado borrifo de energia. A cascata não apenas passa por cima de você mas também penetra no seu corpo pelo alto da cabeça e flui através de seu corpo. (Imaginamos uma cascata porque é o que realmente está acontecendo. Há uma chuva de raios e partículas do espaço exterior que o está atingindo a cada momento.)

Você pode realizar essa prática em pé ou sentado. Se estiver em pé, a corrente de água que o purifica fluirá pela ponta dos seus dedos e pelas solas dos pés. Se estiver sentado, ela fluirá pela ponta dos seus dedos com braços pendentes nos lados do corpo, e pela base da espinha. Seja como for, a água continua a fluir para dentro do solo.

> Durante a inalação pelo nariz, concentre-se com muita intensidade no centro da coroa (no alto da cabeça) e na essência da água que desce pela coroa como uma chuva de energia. Durante a exalação pela boca, deixe que a energia se propague por todo o corpo. Fique consciente de que a energia vital desce pelo centro do corpo, e ao longo dos braços e das pernas. Você a libera através das solas dos pés, através das pontas dos dedos e através dos cabelos.[3]

O efeito essencial dessa prática é sentir o movimento descendente de energia através de seu corpo e, conseqüentemente, sentir que você é, em essência, fluido. O fluxo é fisicamente descendente, da cabeça para os pés, e também corresponde ao aspecto descendente da meditação. (Mais a esse respeito será encontrado no subtítulo "A Transformação da Energia" deste capítulo.) A fluidez pode superar qualquer obstrução ao fluxo de energia em seu interior. A água gosta de se movimentar, de fluir, e ao fluir ela elimina todos os problemas. Ela assume todas as formas e preenche todos os recipientes.

Um fluxo intensificado de energia põe a mente a salvo de suas armadilhas, superando a ansiedade e a negatividade.

SINTA UM FLUXO DE ENERGIA DESCER PELO SEU CORPO, COMO UMA SENSAÇÃO FÍSICA, PRINCIPALMENTE NA PONTA DOS DEDOS.

Esse é um objetivo idêntico ao da acupuntura — estimular a energia no interior do corpo, o que irá eliminar todas as doenças.

As batidas de nosso coração, o latejar no pulso ou na cabeça, nossa circulação, o mecanismo de todo o nosso corpo funcionam de maneira rítmica. E quando o ritmo é obstruído, ocorrem então a desordem e a doença. [Hazrat Inayat Khan][4]

[Na Respiração Água] a energia flui por todo o corpo. Devemos ter em mente que isso ocorre não apenas nos fluxos ascendentes e descendentes, mas também na corrente sangüínea que permeia todo o corpo. [Hazrat Inayat Khan][5]

Você sentirá, alternadamente, (a) a sensação de um fluxo ou correnteza fluindo pelo seu corpo, e (b) a sensação de que você *é* o fluido da correnteza. Essa é a diferença entre "canalizar" e "ser". É mais fácil *canalizar* a correnteza do que ser a própria água. Mas esse é um ponto delicado que você poderá examinar mais tarde; isso não deve ser uma preocupação quando se está aprendendo a prática.

Tente reduzir a sua resistência ao fluxo. Deixe que seu canal fique mais desobstruído, e a correnteza irá aumentar. O único limite à correnteza é o seu canal. Um canal tem duas finalidades: ele tanto recebe quanto oferece. Você nunca receberá mais do que pode oferecer. Para aumentar a quantidade recebida, aumente a quantidade oferecida, concentrando-se na exalação que emana do seu coração para o seu tórax e daí para o mundo.

Examine seus sentimentos e ressentimentos para com os outros e quaisquer frustrações consigo mesmo que sejam persistentes e imutáveis. Dogmatismo, rancores, preconceito e intolerância são sentimentos confusos. A emoção equivale à água, os sentimentos confusos equivalem ao gelo. O objetivo dos sentimentos é a comunicação entre as pessoas e entre os níveis interiores de uma pessoa. Quando seus sentimentos tornam-se rígidos, a comunicação praticamente cessa, assim você fica sem conexão com os outros e sem o conhecimento de seu estado interior.

Através de seu ritmo e de sua exalação total, a respiração refreará suas emoções. Quando se sentir sufocado por suas emoções, você poderá também exalar com um suspiro. Poderá então aplicar o princípio da Água aos seus relacionamentos: um aumento na exalação aumentará a inalação.

- Se quiser ser admirado, admire os outros.
- Se quiser ser respeitado, respeite os outros.
- Se quiser ser considerado, considere os outros.
- Se quiser ser amado, então ame os outros.

O oposto também é um princípio da Água: um aumento da inalação aumentará a exalação. Enquanto inspira, sinta o fluxo descendente de energia vital como uma correnteza de amor que se derrama sobre você. Você está sendo amado continuamente e de maneira incondicional; sua inalação é uma prova disso. Ao sentir o amor fluindo por todo o corpo, você sentirá naturalmente que pode facilmente transmitir aos outros a generosidade que está recebendo. Quanto mais permitir que o amor se movimente através de si, mais amor poderá receber.

Reflita — onde, em seus relacionamentos, existe um fluxo insuficiente? O que restringe a sua capacidade de amar ou de ser amado? Deixe que o Elemento Água flua através de seu coração, infiltrando-se profundamente nas suas emoções, criando simpatia e compaixão para com os outros e a vulnerabilidade de um coração aberto que permita aos outros ter acesso a você.

Da mesma forma que o coração faz o sangue circular, ele também faz o Elemento Água circular em seu interior. Observe o seu batimento cardíaco como prova de que a sua essência é fluida e que essa essência está fluindo através de seu corpo.

 SUPERE A TIMIDEZ, A INSOCIABILIDADE E O EGOÍSMO NUM AMBIENTE SOCIAL, USANDO A RESPIRAÇÃO DA ÁGUA.

A Essência da Água

A etapa seguinte da Prática do Ritmo do Coração com o Elemento Água requer uma maior compreensão. Até agora consideramos a natureza e as características da água em suas diferentes formas. Por trás dessas características da água encontra-se a sua identidade. Da mesma forma que a finalidade da terra é constituir-se numa plataforma viva que sustenta todos os seres vivos, a água também tem uma finalidade, e essa finalidade é a de abrir caminho e carregar o Fluxo de energia descendente.

Todas as manifestações da água estão ligadas entre si, e juntas elas formam uma massa gigantesca de água. Isso é fácil de ser observado nos regatos que se ligam aos rios que se ligam aos mares que se fundem para formar os oceanos. É a essência da água que divide uma parte de seu corpo de uma outra, não existe limite em nenhum lugar. As moléculas da água formam uma substância líquida constante. Quando uma gota d'água é adicionada a um copo d'água, a água no copo assimila a gota completamente. Assim, o Elemento Água está relacionado com a qualidade do amor. Nosso corpo de água revela uma afeição tão grande por outro que os dois se fundem sem diferenciação.

Não são apenas todos os afluentes que se interligam para serem levados para o oceano, mas toda a água que existe em qualquer parte está interligada. Isso ocorre porque em toda a biosfera não existe um só lugar que não tenha um pouco de água. Até no deserto muito árido, o ar e a areia têm alguma água. Todos os microorganismos da Terra necessitam de água, uma vez que absorvem nutrientes e oxigênio apenas em estado líquido. Portanto, ao definirmos o Elemento Terra como uma massa de microorganismos, estamos dizendo que a Terra e a Água existem no mesmo lugar.

ESSA MASSA NORMAL *de água é reconhecida pela ciência e utilizada como "terra" elétrica, um ponto de referência comum para todos os fenômenos elétricos e uma parte de alguns circuitos elétricos. É o Elemento Água que age como a "terra" elétrica, não o Elemento Terra que é um isolante elétrico.*

Uma vez que toda água está interligada, ela serve como uma rede de comunicação através da qual todos os seres vivos se comunicam totalmente. Nas grandes massas de água, as baleias enviam mensagens para além de centenas, ou talvez milhares de quilômetros, através de um sonar de ultra-baixa freqüência. É possível que, nos rios, os peixes também se comuniquem através da água. Consideramos a água como algo que separa a terra, mas do ponto de vista de criaturas que têm a água como origem, ela é um ambiente imutável que fornece simultaneamente alimento, proteção e comunicação

Representação da Água

UMA PESSOA QUE NÃO *sabe da existência do Rio Tigre leva para o Califa[6] que mora perto do rio um pote de água fresca. O Califa aceita, agradece e dá-lhe em paga um pote cheio de moedas de ouro. "Uma vez que esse homem veio pelo deserto, deve voltar pelo rio", diz o Califa. Ao sair por outra porta, o homem entra em um barco que está à espera e vê a água corrente do Tigre. Ele baixa a cabeça em reverência e diz: "Foi uma grande gentileza o fato de ele ter recebido meu presente". [Rumi][7]*

> *A verdadeira essência da água é a generosidade, compartilhá-la, e essa história fala de generosidade. O homem que levou o pote de água estava sendo generoso ao oferecer a substância mais preciosa no deserto. Por sua vez, o Califa também foi generoso. Então o homem ficou sensibilizado pela generosidade manifestada na forma do rio.*
>
> *Tudo o que damos aos outros, tudo o que deles recebemos, é água, que é amor. Ninguém a cria, ninguém a destrói. Apenas a transportamos e a distribuímos. Demonstramos amor ao oferecê-la, e demonstramos gratidão ao recebê-la. Durante o procedimento de dar e receber água, possivelmente ficamos molhados. Então nos perguntamos: "Que água me molhou? A água que eu estava oferecendo ou a água que eu estava recebendo?" Essa dúvida resulta numa clara percepção: isso não importa. Tanto o pote de água que lhe dou quanto o pote de água que recebo de você pode nos levar ao rio do amor.*

Como uma entidade de água, você pode contribuir de muitas maneiras para a cura e o desenvolvimento de outras pessoas. Sua presença pode fazer com que as coisas cresçam e floresçam. Como uma suave chuva de verão, você pode afetar a atmosfera de forma muito ampla, trazendo vida nova e criatividade. Até um deserto floresce depois de uma chuva. Se as pessoas não estiverem em pleno vigor, considere como sua obrigação levar para elas a água de que necessitam

Primeiro, você tem de se identificar com a água; depois tem de transmiti-la. Não se preocupe com *o que* deverá fazer. Quando estiver identificado com a água, cada um de seus movimentos terá seu encanto, sua percepção será criativa, seu sorriso será de amor, e sua respiração será a cura.

> Identifique-se com a essência do Elemento Água e sinta a natureza da água como sua própria natureza. Você é água, e todos os demais também o são. Como água, não existe fronteira entre você e os outros seres de água.
>
> As pessoas não são aquilo que parecem ser. Para estimar alguém com quem você não simpatiza, ou simpatizar com alguém com quem você não pode se relacionar, pense nessa pessoa enquanto inspira e expira. Atraia a atmosfera dela para si mesmo enquanto inspira, e deixe que a expiração o faça sentir como ela manifesta seu ser interior. As pessoas não são verdadeiramente definidas pelos papéis e situações nas quais você as vê. Elas finalmente livram-se de seu confinamento, e podem surpreendê-lo. Você pode ajudar uma pessoa a se desenvolver, e se beneficiar com o crescimento de suas habilidades, identificando as pessoas além das limitações da situação em que se encontram.

Pense para que aspecto da sua vida você pode trazer o Elemento Água. O dinheiro que você ganha não é suficiente? A essência da água é aumentar o fluxo.

Dinheiro, o que você mais deseja? "Mudar de dono". [Hazrat Inayat Khan][8]

Em termos comerciais, essa essência traduz-se no aumento do volume ou da participação no mercado com menos preocupação com a rentabilidade. Ela aumenta o contato com o cliente e o serviço. Faz mais, para um número maior de pessoas. Torna-o mais envolvido, de maneira mais profunda com seus clientes. Esse envolvimento não significa ser mais astuto, habilidoso ou eficiente. A recomendação da água é: abra mais lojas; aumente o volume; contrate mais pessoas; faça mais transações; amplie o âmbito de seus negócios. A prosperidade aumentará da mesma maneira que os pequenos regatos se transformam em grandes rios.

Você está envolvido em um projeto que está emperrado? Tem problemas com seus filhos? O Elemento Água trará sucesso e crescimento contanto que esteja em movimento. Quando a água está impedida de mover-se livremente, fica estagnada ou evapora-se em vez de fluir para o mar.

Os parágrafos anteriores devem ser interpretados como lugares-comuns até que você os adote como uma prática, executando-os com os ritmos da respiração e do coração. O problema com os lugares-comuns é que eles não mobilizam a vontade de uma pessoa o suficiente para produzir uma mudança substancial no modo de agir. As pessoas agem da maneira que o fazem por causa da experiência e por causa de seu temperamento. Administrar uma empresa não é diferente — você irá agir da maneira que aprendeu a fazê-lo, apoiado e limitado por seu temperamento. Você pode reconhecer a sabedoria do princípio da água, mas se você não tiver um forte Elemento Água dentro de você, e o Elemento Terra for predominante, seu hábito de economizar dinheiro e progredir lentamente e com segurança irá suplantar o princípio da água. A utilização do Elemento Água da Prática do Ritmo do Coração irá ativar o Elemento Água dentro de você para que possa agir de acordo com o princípio da água de maneira mais fácil e natural. Todos os quatro elementos são suas prerrogativas, não apenas um elemento ou dois que se manifestaram até agora. Se necessitar do Elemento Água, ele está à sua disposição — basta apenas ativá-lo com sua respiração.

Com o Elemento Água fluindo através de você por meio da respiração, perceba como você consegue ultrapassar os obstáculos, como os seus contínuos movimentos podem destruir até mesmo as pedras, e ainda como a sua natureza fluida pode tornar flexível o que é rígido. Você harmoniza-se com todas as pessoas, fazendo com que possa suportar as situações difíceis. Seu movimento remove tudo para longe de você, superando as dificuldades através de sua maleabilidade e boa vontade. Todos querem fazer parte do que você faz, porque você faz parte de todos. O Elemento Água em sua presença elimina os obstáculos deles, da mesma forma que o Elemento Água dentro de você elimina os seus obstáculos.

Uma pessoa pode destruir as pedras golpeando-as e quebrando-as com um martelo, ou pode utilizar o método da água para contornar as pedras; ou se isso não for possível, a pessoa pode crescer pacientemente atrás delas, para finalmente ultrapassá-las. O martelo pode ser utilizado, mas o método da água deve ser tentado dez vezes antes de o martelo ser experimentado sequer uma vez.

Outro desenvolvimento da prática consiste em nos considerarmos como prolongamentos dos corpos de nossos ancestrais, como uma corrente de vida que vem fluindo através de nossa geração, uma corrente que se encontra continuamente no processo de transformação. O segundo aspecto desse desenvolvimento é tomarmos consciência do nosso fluxo para dentro de outras pessoas e do fluxo das outras pessoas para o universo. Estamos constantemente absorvendo o universo e transformando o universo num ser humano. [Vilayat Inayat Khan][9]

A Transformação da Energia

Na Física, as formas de energia são classificadas de acordo com os seus níveis. Formas de energia de freqüência mais baixa, como a gravidade e o calor, provocam o movimento da matéria física, enquanto as formas de energia de freqüência mais alta, como os raios-X e os raios cósmicos, passam através da matéria. Os místicos têm também uma concepção dos níveis de energia. Um princípio de energia que é comum tanto à física como ao misticismo é que a energia mais baixa é mais facilmente assimilada mas também se esgota mais facilmente; a energia mais alta é mais difícil de ser atingida, mas é sem dúvida mais abundante.

Os níveis de energia no interior de uma pessoa, de acordo com o ponto de vista místico, são:

Freqüência Mais Alta, Mais Abstrata

Sistema de Energia Descendente

Nível da Alma
Nível do Coração
Nível Mental
Nível Físico

Freqüência Mais Baixa, Mais Concentrada

O mundo físico é, na verdade, o local para o qual se direcionam todos esses níveis de energia: a etapa definitiva, final, da criação, onde os potenciais ocultos do universo são demonstrados.

Seu corpo físico pode estar cansado, mas sua mente pode revitalizá-lo com mais energia. Por exemplo: assim que você pensa que está em perigo, seu corpo reage vigorosamente, sem fadiga. Também, através da concentração você pode mudar a condição de seu corpo: você pode dizer a ele que não está com fome ou cansado. O corpo se cansa rapidamente, mas também se recupera rapidamente, se a mente ajudar. O que geralmente acontece é que a mente também fica cansada, e então não pode estimular o corpo. A mente cansada renuncia à responsabilidade pelo corpo, que então entra em colapso, enquanto a mente restaura a si mesma fechando-se para o ambiente exterior e voltando sua atenção para o interior. A mente na verdade fecha-se, numa espécie de sono profundo, por apenas mais ou menos uma hora à noite. Durante o resto do tempo de sono, ela fica selecionando e ordenando as impressões ocorridas naquele dia. Quando termina, as vias neurais estão desimpedidas, e a memória é restaurada e mais uma vez acessível.

Quando sua *mente* está cansada, pode ser reestimulada pelos profundos sentimentos de seu coração. Seu *coração* também pode ficar cansado, como se estivesse exausto pela piedade entre os que prestam assistência médica ou legal, mas ele também pode ser revigorado pelo que você reconhece ser verdade em sua entidade espiritual, em sua alma. Até a sua *alma* pode se tornar desiludida e desistir de interessar-se pela vida — e então você não será capaz de estimular o seu coração quando ele sucumbir ao pessimismo, à depressão ou à dor.

Afortunadamente, ainda existe em nosso interior uma fonte de energia ainda maior e mais recôndita, uma energia que é capaz de realizar uma redenção até da pessoa mais cética e desiludida. Um *espírito* indomável é essencial para toda a vida. Você não pode afirmar que esse é o *seu* espírito; esse é *o* espírito, o espírito de tudo. É a unidade "por trás" e "no interior" de cada partícula de existência, e nós podemos recorrer a ele para recarregar nossa individualidade.

À medida que você direciona a respiração para baixo através de seu corpo, está transformando a energia mais alta em energia mais baixa. Você está utilizando o espírito do universo para revigorar sua alma, empregando o idealismo de sua alma para renovar a criatividade de seu coração e a sua generosidade, levando o amor de seu coração para dentro das reações automáticas de seu sistema nervoso, e levando a conscientização de sua mente para dentro das células de seu corpo.

Essa purificação e essa renovação envolvem o seu corpo com a luz, a força e a consciência de sua essência. Em vez de ser um envoltório da pureza de seu ser interior, seu corpo se transforma em uma manifestação de sua alma. Esse é exatamente o objetivo da meditação descendente — a criação de um novo mundo na vida real do mundo de puro potencial, onde o plano, ou a alma, de todas as coisas está mantido. Isso é recriação e renascimento como uma cocriação com o criado.

Essa experiência do fluxo do espírito na carne, da energia na matéria, acontece em um fluxo descendente que é constante mas também está disposto em níveis. Isso se assemelha a uma série de bolas de bilhar, cada uma das quais percorre uma curta distância antes de bater na próxima logo à frente. Assemelha-se também a uma corrente elétrica, cujos elétrons pulam de um átomo para outro contíguo em constante sucessão. O elétron que sai de uma extremidade de um fio não é o mesmo que entrou no fio pela outra extremidade. Mas diferentemente das bolas de bilhar e dos elétrons, a energia do verdadeiro espírito, universal e impessoal, é transformada através de diversos estágios antes de materializar-se nas células do seu corpo. O processo acontece ininterruptamente, mas você o intensifica ao torná-lo consciente.

A corrente de energia descendente que se transforma em cada nível, de espírito em carne é chamada *Ishk* pelos sufistas, o que significa "amor divino". No Ocidente, a corrente descendente é chamada de *PSI*, a força espiritual que cria e modifica a realidade física. (Por isso, nós denominamos o nosso método geral que enfatiza a meditação descendente *Meditação PSI*.) O objetivo do Elemento Água da Prática do Ritmo do Coração é vivenciar a Corrente PSI descendente dentro e por si mesmo.

> Você é um canal que transporta para baixo e para o exterior a energia que desce através de você. Mas você também é mais do que uma canalização, pois também está transformando a energia enquanto ela passa através de você.
>
> Levando em conta que a Corrente de energia que flui do nível superior para o nível inferior, transformando suas características em cada transição, "atinja" em sua consciência os níveis mais altos de energia e sintonize-se com a fonte etérea "lá no alto".

A colocação dos níveis de energia fisicamente acima de você é simplesmente pragmática. A energia espiritual sutil, difusa e ilimitada está em toda parte, e por isso é a energia densa e concentrada que realmente movimenta a matéria nas proximidades. Mas existe uma razão pela qual os seres humanos vinculam o conceito de "mais fino" com o de "mais elevado" e estabelecem que aquilo que é "mais elevado" está fisicamente acima de si mesmos. Talvez isso se relacione com o fato de a cabeça estar acima do resto do corpo. Cientificamente, existe uma verdadeira chuva de partículas subatômicas invisíveis de alta energia, como neutrinos, que se chocam com o planeta ininterruptamente, provindas do espaço exterior, um local que está sempre "acima" em relação ao centro de nossa Terra. Essa chuva de energia cósmica é uma forma física da Corrente PSI.

MUITO PROVAVELMENTE, AFIRMAM OS ASTROFÍSICOS, a origem *da água em nosso planeta é celestial, o depósito de incontáveis meteoritos de gelo acumulado durante éons de tempo. Essa é a razão pela qual dizemos literalmente que a origem, a fonte, das águas da vida* está no alto acima de nós, e que essa água flui *para baixo em nossa direção.*

A maneira como desenvolvemos essa noção de que "o mais elevado", no sentido de "mais essencial", ou "mais original", é também o "mais alto" relativamente ao espaço, não é nossa preocupação neste livro. Contanto que compreendamos que isso é exatamente um artifício mental, ele funciona, portanto vamos utilizá-lo. Na realidade, o espírito permeia toda a matéria, da mesma forma que a mente permeia todas as células do corpo. Todas as células, não apenas as do cérebro, possuem memória e inteligência. Embora tudo esteja em toda parte, seus sentidos percebem melhor o que é mais essencial: a manifestação de energia que é matéria.

Você pode ficar mais consciente da energia por trás da matéria, do pensamento por trás da ação, do sentimento por trás do pensamento, do arquétipo por trás do exemplo, e do espírito por trás da forma, atingindo o "ápice" da sua consciência. A ação interna é a parte ascendente e transcendental da meditação da água. (Ver o Capítulo 1 no que diz respeito à meditação ascendente e descendente.)

> Conscientize-se do fluxo de sinais que descem de seu cérebro, através da coluna vertebral, para o interior dos órgãos e músculos, proporcionando coordenação e ritmo a todas as partes de seu corpo. Ao inspirar (pelo nariz), pense no seu cérebro. Ao expirar (pela boca), pense no fluxo descendente de sinais.
>
> Ao expirar, pense na corrente descendente de partículas subatômicas de alta freqüência e na radiação de energia de alta-freqüência que constantemente cai do espaço sobre nós como uma chuva. Essas partículas e ondas passam através de nosso corpo verticalmente, em paralelo com a espinha dorsal.
>
> Pense nos arquétipos abstratos que descem como exemplos: nas noções sutis como idéias definidas, como desejos, como comprometimentos, como ações. Associe mentalmente a sua cabeça (inalação) com as mãos (exalação).
>
> Ao inspirar, pense em si mesmo como se fosse luz, difusa e etérea. Deixe-se absorver pela energia "que vem do alto" que é impessoal, imaculada e infinita.
>
> Ao expirar, atraia essa energia de sua fonte "lá no alto" para baixo através de seu canal e para dentro de seu coração que pulsa. Seu coração é o ponto de convergência de toda a Corrente PSI, e ele pulsa em resposta como uma demonstração expressiva de energia permeando a matéria.

Canalização da Corrente

O passo seguinte do Elemento Água da Prática do Ritmo do Coração é oferecer aos outros a Corrente PSI que flui em você.

> Ao expirar, direcione a Corrente PSI de energia que passa através de seu corpo para voltar-se para a frente quando atingir o centro de seu coração e faça com que ela atravesse o seu peito e vá para a área à sua frente.
>
> Pense então em alguém que você conhece e ama, colocando essa pessoa exatamente à sua frente e encaminhe a corrente de energia do seu coração para o coração dela. É o seu amor por essa pessoa e a necessidade que ela tem do fluxo ilimitado de energia que libera o amor que abre o seu coração. A Corrente PSI é em essência uma corrente de amor. Ela toca o seu coração, excita-o profundamente, expressa a si mesma em seu amor por

outrem, e atinge essa pessoa a qualquer distância através de sua conexão ilimitada. Em resumo, a outra pessoa sente-a quando você a sente.

Há uma verdadeira experiência chamada de "bênção"; e é isso que acontece.

Algum dia será desenvolvido um sensor eletrônico para detectar a bênção, e então poderemos mensurá-la e quantificá-la. Não há dúvida de que outras pessoas podem sentir essa energia que sai do seu peito através do coração e da expiração. Se o receptor estiver em um estado de meditação, ele poderá senti-la direta e nitidamente. Se não, ele a sentirá intuitivamente.

O efeito é recarregar o coração da pessoa, principalmente quando você expira, da mesma maneira que o seu coração está sendo recarregado, quando você inspira, pela energia do espírito que está sendo canalizada e sendo transformada. Do coração da pessoa, a Corrente passa para a sua mente e para o seu corpo.

O Amor da Água

Da mesma maneira que a água é o elemento que limpa e purifica no mundo físico, o amor desempenha a mesma função nos planos superiores. [Hazrat Inayat Khan][10]

A água é uma metáfora para o amor. O amor tem a capacidade de excitar o seu coração, de fazer a vida fluir, de criar a beleza. E seu coração tem o poder de excitar o coração dos outros: de aliviar a sua angústia, suavizar a sua amargura, amenizar a sua tristeza e preencher o seu vazio.

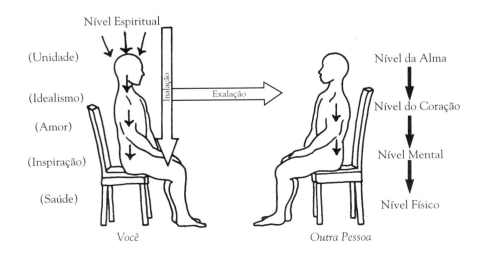

Conscientize-se das batidas do coração no seu peito. Quando a conscientização chega ao coração, ela leva a respiração para lá. Pense na respiração no nível do coração como amor. A respiração que flui através do seu coração excita-o profundamente. Pense nas incessantes batidas do seu coração, o único movimento em seu interior que nunca cessa, como sua essência. Então o amor está sempre fluindo através de sua essência.

É o amor que existe em você que entra em contato com o amor que existe nos outros e cria o receptáculo do Amor, a Amada, que recebe o Amante. O Amante e a Amada anulam-se mutuamente para se transformarem no próprio Amor, da mesma forma que duas gotas de água unem-se e abandonam sua "forma de gota" para se transformarem em "umidade".

Assim, esta é a conclusão da Respiração Água, você medita com a respiração direcionada para os três aspectos do Amor. Inala a fonte do Amor, o Amante Cósmico. Exala como o Amor se expressa, refletindo-se como a Amada. Em todos os momentos está o Amor em si mesmo, independente da forma ou direção. Tanto a inalação quanto a exalação fortalecem a respiração, tanto o amante quanto a Amada fortalecem o amor.

Inale como a Amada que atrai o Amor incondicional e ilimitado para dentro de si mesma, preenchendo seu ser com Amor enquanto retém a respiração, e exale como o Amante, cujo ser se difunde por toda a existência.

Esqueça todas as concepções de Amante e Amada enquanto a inalação e a exalação formam um ciclo em enlevada união. "Amante" e "Amada" só fazem sentido para alguém que se encontra à parte de ambos, cujo ponto de vista distingue no meio do indistinguível. Os que são apanhados na união sentem apenas Amor. A unidade do Amor é perfeitamente nítida, e toda a dualidade é apenas aparente.

13. O ELEMENTO FOGO

Quando aparece o fogo, o coração fica naturalmente mais quente, e a frialdade, que é o mal comum de todos os corações, começa a esvaecer. [Hazrat Inayat Khan][1]

O fogo tem a tendência de elevar-se, por isso a chama cresce em altura e até a fumaça sobe, e todos os objetos nos quais o fogo predomina revelam uma tendência para subir. [Hazrat Inayat Khan][2]

O que é o Fogo

Toda a matéria está sujeita à gravidade, mas a inclinação natural de algumas coisas é elevar-se em oposição àquela força. Por exemplo: a muda de um vegetal cresce para o alto, usando parte de sua preciosa energia para opor-se à gravidade. A fumaça eleva-se quando o ar acima do fogo é aquecido. As montanhas impulsionam para o alto seus picos recortados, e os vulcões entram em erupção para demonstrar que até a terra gosta de elevar-se. O raio sobe do solo para o alto a fim de neutralizar as partículas opostas de carga elétrica que se precipitam para baixo.

Nas pessoas, a energia que se eleva é toda aquela que é "inspiradora", que causa alegria, é inesperada e excitante. A energia que se eleva faz com que os cantos da boca, as sobrancelhas e a testa se ergam, os olhos brilhem, os braços se levantem e as pernas pulem. Ela é uma energia interna, embora possa provocar reações externas. A energia do fogo pode estender-se através de todos os espectadores, pulando de uma pessoa para outra à medida que cria entusiasmo. Nós a captamos uns dos outros, a aumentamos e a pomos em circulação novamente.

Dentro do corpo, o Fogo atua no sistema digestivo para transformar os alimentos em calor e energia.

Na personalidade, o Fogo aparece no humor, no idealismo e no dinamismo. A distorção do Fogo surge no comportamento destrutivo ou agressivo. O que há de melhor no Fogo é a força e a liberdade que basicamente aparecem juntas a serviço da verdade.

O Fogo como o concebemos é apenas o esboço do que é o Elemento Fogo. À medida que o Elemento Fogo se desenvolve, transforma-se em luz; quando se desenvolve ainda mais, transforma-se em verdade.

O Elemento Fogo da Prática do Ritmo do Coração ativa o Fogo interior através da respiração.

Inspire e expire a partir da região do estômago. Ao inspirar, sinta a área do estômago expandir-se, fazendo com que sua cintura se retraia. Ao expirar, a área do estômago cede, e sua cintura fica muito maior. (Agora desaperte seu cinto.)

Leve cada respiração para dentro do seu estômago, o que produz uma sensação intensa e confortável. Retenha a respiração no estômago, depois expire.

Sua respiração possui dois componentes que estão sincronizados no mesmo ritmo: o fluxo de ar e o fluxo de energia. A energia da respiração está sendo direcionada para dentro e para fora do estômago. O fluxo de ar pode ser direcionado isoladamente.

Nesta prática de purificação, o ar deve ser inspirado através da boca e expirado através do nariz. Em cada inspiração, separe levemente os lábios e sorva o ar, levando-o a atingir a parte de trás da garganta. Depois, feche os lábios e retenha a respiração. Mantenha a boca fechada enquanto expira através do nariz.

Fique consciente do fato de que estamos continuamente em chamas, continuamente no estado de combustão em nosso corpo e em nossa mente. [Vilayat Inayat Khan][3]

Depois de dez respirações como esta, provavelmente você irá sentir um calor evidente em seu plexo solar. Ao senti-lo, transfira a atenção para seu coração e expire. Isso permitirá que a energia no plexo solar surja em seu peito como luz, produzindo um efeito calmante e enternecedor em seu coração.

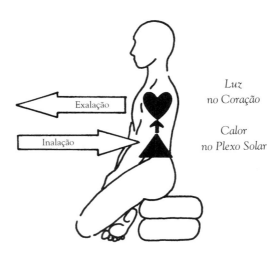

O plexo solar é a fornalha em seu corpo. Ao direcionar a energia da inalação para ele, você está soprando o fogo, aumentando sua intensidade. Seu metabolismo aumenta, intensificando sua digestão, queimando o seu corpo e transformando a matéria em energia. O calor permanece no plexo solar, mas a energia produzida pelo "fogo no estômago" espalha-se por todo o corpo, subindo particularmente pela espinha dorsal e preenchendo o peito. A luz desse fogo, mas não o seu calor, sobe naturalmente pela espinha até o coração. O coração é aquecido pela luz, não pelo calor.

 AQUEÇA LEVEMENTE A REGIÃO DO ESTÔMAGO EXPIRANDO TOTALMENTE, UTILIZANDO O ELEMENTO FOGO.

Aumento da Atividade do Sistema Nervoso Central

O suave sopro do vento aviva o fogo do meu coração. [Hazrat Inayat Khan][4]

O Elemento Fogo da Prática do Ritmo do Coração aumenta o nível metabólico e a Atividade do Sistema Nervoso Central (ANC), o que resulta em entusiasmo, coragem e autoconfiança.

> Se os seus lábios se mantiverem fechados o quanto puderem enquanto você absorve o ar, a corrente de ar parece atingir a glândula tireóide e a parte de trás da garganta. Isso vitaliza todo o processo de combustão no corpo. [Vilayat Inayat Khan][5]

Inspirar pela boca, o que acentua a inalação, e dirigir o pensamento para a região do estômago/plexo solar ao fazer isso, é uma técnica para aumentar o seu nível metabólico. Da mesma maneira que soprar um fogo faz com que suas chamas e seu calor aumentem, essa prática aumenta conscientemente o nível no qual a matéria de seu corpo é convertida em energia. Sua ANC também se torna maior, um outro sinal de que a meditação está afetando o funcionamento básico de seu corpo e de sua mente.

Através dessa prática, você pode aumentar o número de calorias queimadas por dia, até quando está repousando. Você na verdade queima sua carne no fogo interior do metabolismo. É evidente que algumas pessoas queimam mais calorias por dia do que outras. Embora possa haver um componente genético dessa diferença, o maior fator é o nível metabólico.

A temperatura do corpo é regulada por um mecanismo inconsciente, o sistema nervoso autônomo. No entanto, experiências em laboratório provaram que uma pessoa pode variar sua temperatura, e até a temperatura de um dedo ou de uma mão. Os iogues, por exemplo, são capazes de intensificar a produção de calor do próprio corpo, controlando seu nível metabólico. Mergulhando na água gelada do rio Ganges, a cerca de 4.500 metros de altura no Himalaia, e depois se enrolando em toalhas úmidas naquele frio, secam as toalhas com o calor do corpo.

> Podemos ter alguma influência no consumo de energia em forma de calor. Enrijecendo nosso corpo e nossos músculos, de algum modo elevamos a temperatura de nosso corpo. Até as emoções podem aumentar a temperatura do corpo. Por exemplo: quando nos irritamos, nos inflamamos com maior intensidade. O controle das emoções está na mente. Embora isso aconteça inconscientemente, podemos intensificá-lo através do pensamento. [Vilayat Inayat Khan][6]

Em geral, as pessoas descobrem que ganham peso à medida que envelhecem e ficam mais sedentárias. Algumas delas preferem ficar com esse excesso de peso a se protegerem contra os distúrbios por ele causados. Mas se você quiser reduzir o seu peso, o Elemento Fogo pode ajudar. Além de comer alimentos saudáveis e fazer exercícios regularmente, o efeito da mudança de seu modo de respirar pode ser impressionante. Na verdade, o efeito de alguns minutos de exercício é pequeno se comparado com o efeito da respiração durante todo o dia. Se você a praticar todos os dias, a respiração do Elemento Fogo irá se estender por muito mais tempo durante o dia, muito além do período consciente da própria prática.

O efeito mental do Elemento Fogo será provavelmente o primeiro a ser notado por você. A mente fica mais viva e trabalha com mais rapidez. Quando a mente recebe energia ascendente, pensa de uma maneira completamente diversa, como a mente rápida de um adolescente ou o poder mental de um cientista. Seu modo de pensar será muito mais espontâneo do que o normal, e assim os seus pensamentos podem surpreendê-lo com sua originalidade, criatividade, sagacidade e clareza. Você compreenderá por que a sagacidade é associada com a inteligência.

O efeito emocional do Elemento Fogo é entusiasmo e alegria. Isso alivia o peso que o tem oprimido. Traz à sua lembrança a inesgotável fonte de energia que jamais lhe poderá ser arrebatada. Você sorrirá quando sentir a energia subindo como uma serpente pela sua espinha dorsal e iluminando a sua mente.

> **PAUL É UM HOMEM** de setenta e poucos anos que estuda a Prática do Ritmo do Coração conosco. "Adoro o Elemento Fogo", disse-me ele, "mas não posso fazer a prática com ele durante muito tempo." "Por quê?", perguntei-lhe. "Bem, depois de alguns minutos, tenho muitas idéias boas. Não consigo mais ficar quieto. Tenho de me levantar imediatamente e pô-las em prática." Esse é o aha! da experiência da Prática do Ritmo do Coração, e é muito persuasivo. Mas recomendo reprimir o impulso de levantar-se e agir. Se você reprimi-lo, o impulso irá desaparecer por algum tempo, mas ressurgirá, mudado. Então, reprima-o mais uma vez. Cada vez que você reprimir o impulso, a idéia irá amadurecer em seu inconsciente. Quando se tornar consciente outra vez, ele estará em uma forma aperfeiçoada. Na terceira vez em que ele surgir, apegue-se a ele. Abra os olhos, interrompa a prática e mantenha essa idéia em mente até que possa executá-la.

Se por acaso você começar a sentir medo pelo fato de a energia que está subindo parecer muito forte, apenas mude a sua respiração, voltando para a respiração do Elemento Água. Isso fará com que o fluxo de energia diminua imediatamente enquanto a corrente de água que desce apaga o fogo. Não execute a prática do Elemento Fogo à noite até que tenha experiência suficiente com isso, porque ela pode dificultar o sono. A manhã é um horário maravilhoso para a respiração do Elemento Fogo.

Fogo na Luz

Faz-se uma vela para que se transforme totalmente em chama. Nesse momento de destruição não há sombra. Há apenas uma chama que representa um refúgio. [Rumi][7]

Até agora estamos tratando de calor e energia. Mas o Elemento Fogo tem muito mais importância se a energia que ele estimula estiver transformada em luz.

> Inspire com a boca aberta e leve o ar respirado para o plexo solar. Enquanto você retém a respiração, deixe que a luz do fogo que está no plexo solar suba pela espinha dorsal até o local mais alto nas costas entre as omoplatas. Então, expire através do nariz e envie o ar respirado para a frente a partir do coração
> Inspire, outra vez, em direção ao plexo solar, prenda a respiração enquanto a energia se eleva como luz para o meio do peito e irradie a luz para a frente enquanto você expira.
> Concentre-se no efeito de cada etapa da respiração sobre o fluxo de energia. Mas a energia flui continuamente: enquanto você está concentrado na radiação que provém do seu coração, a energia ainda está precipitando-se para dentro do seu plexo solar.
> Agora, observe o fluxo de energia e a sinergia que ele cria com a sua respiração. O fluxo de energia é ampliado pela sua respiração e sua respiração é ampliada pelo fluxo de energia. A energia que entra preenche o seu corpo com o ar respirado, e a energia que sai leva consigo, aos poucos, o ar respirado para fora do corpo mais uma vez.
> Assim sendo, isso se assemelha a uma suave corrente de eletricidade que sobe pela espinha dorsal entre o meio e o topo de suas costas.

 SINTA O FLUXO DE ENERGIA SUBINDO DO SEU CORAÇÃO, CULMINANDO EM UMA PRESSÃO NO SEU PEITO.

Purificação pela Luz Interior

O Elemento Terra começa o processo de purificação pela filtragem; o Elemento Água o continua pela lavagem. Depois, o Elemento Fogo leva a purificação a um nível muito intenso: o batismo pelo fogo.

> Eu vos batizo com água, mas aquele que virá depois de mim vos batizará com fogo e com o Espírito Santo. [João Batista][8]

Há aqui uma progressão no processo de purificação: o Elemento Terra fortalece seu discernimento, o Elemento Água a sua mente e as suas emoções. O Elemento Fogo purifica o propósito de seu coração. Cada nível de purificação revela uma quantidade maior de suas qualidades inatas e de sua força, tornando-as acessíveis e passíveis de serem utilizadas em sua vida. Todos nós ansiamos por corrigir os nossos erros, por sermos liberados de nossas limitações e por sermos perdoados de nossas fraquezas. Todos nós já fizemos coisas das quais nos arrependemos, e todos nós abrigamos pensamentos e emoções que não podemos afastar. Eles são em grande parte atenuados pela autodisciplina, pelo poder da terra e pelo amor incondicional da água que lava o nosso coração.

Contudo, algo mais se encontra além dessa atenuação. Na Igreja Católica, chama-se pecado da omissão, além do pecado da comissão. Ele tem a ver com a escolha mais básica que fazemos, oculta em nossas escolhas, ações e pensamentos do dia-a-dia. "Qual é o propósito de minha vida?" Essa é a indagação que temos evitado, até o ponto de negarmos que o objetivo de nossa vida é algo a respeito do qual temos uma opção. A questão, porém, diz respeito à sua verdadeira intenção, ao objetivo ao qual você dedica a sua vida. Você pode descobri-lo no fio que liga os acontecimentos de sua vida, ou no tema do drama que você cria ao viver da maneira como vive. Tudo o mais em sua vida flui de sua intenção, seja ela consciente ou inconsciente.

NO SEU PÁRA-CHOQUE *estava escrito: "O garoto que tiver mais brinquedos ganha". Tom achava que essa frase era engraçada para expressar desabridamente um objetivo muito comum. Era uma sátira, não se aplicava a si mesmo. Mas quando Tom olhou para a sua vida à luz do Elemento Fogo, não ficou tão seguro. Talvez aquilo fosse uma expressão do seu inconsciente, tentando chamar a atenção do seu consciente. Ele começou a indagar qual seria o seu objetivo na vida. Haveria ali algo realmente que demonstrasse dissonância com a frase consumista? Já havia atirado fora alguns brinquedos, ou realmente os havia partilhado em vez de exibi-los? Já dedicara algum tempo a algo que não estivesse relacionado à aquisição ou ao uso de brinquedos? O tempo que despendia com seus filhos não era uma maneira de dedicar-se, de alguma forma, aos seus próprios brinquedos? Qual era o verdadeiro objetivo de Tom na vida?*

ALGUMAS DAS PESSOAS *que me conhecem vão ficar surpresas por eu ter escrito um livro a respeito de meditação. Minha especialidade e meu trabalho profissional são livros sobre ciência da computação. Atualmente, sou consultor de uma companhia de investimentos. Tenho cinco filhos e uma esposa, a quem sou devotado. Meus colaboradores, outros pais das escolas de meus filhos e meus vizinhos conhecem-me pelas funções que exerço. Nessas funções e atividades, me é desafiador manter claro o meu objetivo, e às vezes perco o rumo. Mas depois de décadas, posso ver que as escolhas que fiz foram motivadas por um único objetivo: dar uma contribuição ao campo da meditação. Por esse motivo, tenho sacrificado relacionamentos, empregos de que eu gostava e muito dinheiro. Esses sacrifícios testaram os meus planos e fortaleceram meu objetivo.*

Pense na coisa pela qual você daria a sua vida. Porque a coisa pela qual você morreria é o que torna valiosa a sua existência. [Valayat Inayat Khan][9]

Chega uma hora em nossa vida em que devemos tornar nosso objetivo consciente, esclarecê-lo, testá-lo e fortalecê-lo. A própria vida nos compele a fazer isso, e o processo parecerá terrivelmente inconveniente, irritante, talvez até doloroso e traumático, até que o reconheçamos como a necessária purificação de nosso objetivo. É, de algum modo, uma provação pelo fogo. Ela aparece diferente na vida de cada pessoa, mas é algo que sempre acontece.

Se você participar conscientemente da purificação do objetivo, o seu inconsciente não terá de utilizar medidas extremas para conseguir a sua atenção. A purificação consciente pode ser feita com a luz, usando a Respiração do Elemento Fogo. O seu objetivo necessita de inspiração. Suas ações, até seu humor e suas atitudes estão nitidamente evidentes para os outros. O seu objetivo é menos óbvio. Para perceber o seu objetivo, você tem de "colocá-lo sob a luz" — isto é, comparar a sua vida com o seu ideal.

Primeiro, você necessita de uma luz forte. E tem de lembrar nitidamente de que aquilo em que você sempre pensou era o mais importante. Nossos ideais tendem a se desvanecer na obscuridade da vida prática. Eles são substituídos pelo que costumamos chamar de "realismo", mas que é, na verdade, acomodação. Isso exige um estado de alta intensidade para relembrar, ou talvez descobrir pela primeira vez, a missão ou o objetivo que gostaríamos que nossa vida tivesse. Sem a energia suficiente para perseguir esse objetivo, caímos na complacência, preenchendo os dias de nossa vida com trabalhos inúteis. Mas teremos finalmente de enfrentar nossas lamentações.

As duas coisas que as pessoas lamentam no fim da vida são as que até então não fizeram e a pessoa na qual não se transformaram.[10]

Sob uma luz suave, todas as coisas parecem pouco nítidas, sem contornos definidos. Sob uma luz forte, os contornos são nítidos. Uma luz forte cria características fortes. As sombras são fortes, diferentes das áreas de luz direta. É por isso que o Elemento Fogo, ao produzir luz, pode provocar uma purificação do seu objetivo. A luz brilha através da obscuridade de sua vida e expõe a verdade. A energia do Fogo o estimula e faz com que você possa se lembrar do seu objetivo original.

O fogo no seu plexo solar necessita de combustível para gerar a luz interior, e assim você o alimenta com o combustível de seus pontos obscuros.

Quando você retém a respiração, o fogo em seu plexo solar produz tanto calor quanto luz interior. Essa luz fica concentrada no seu coração. A luz tem como conseqüência a sua revitalização a partir do interior. Essa luz está em todas as células, em todas as partes do seu corpo. A intensidade dessa luz em muitos lugares cria um profundo contraste com algumas áreas obscuras dentro de você onde a iluminação é menor.

Visualize a luz em seu interior, em todo o seu corpo, preenchendo-o com luz internamente e propagando-se para o exterior através de sua pele. (Ao visualizar o que realmente está acontecendo, você o intensifica.)

A luz emerge de dentro de você do mesmo modo como o sol surge no alto de uma montanha no alvorecer. Inicialmente, você pode ver uma área iluminada por trás e em torno de uma área muito escura. Essa é a fase de descoberta, e a imagem visual é um símbolo daquilo que você pode sentir. Quando começa a refletir a respeito da luz, logo descobre o que, na verdade, não é luz.

Depois, o sol se eleva um pouco mais, e os primeiros raios de luz se irradiam ultrapassando as margens da área escura. O contraste entre luz e escuridão torna-se extremo. Por um instante, pode parecer que a área escura irá absorver a área luminosa e a luz não poderá sobreviver. Essa é uma fase de luta e contraste. Você sentirá nesse momento que existe alguma luz dentro de si, mas pode achar que não a merece, e sentirá também uma opacidade no seu íntimo que não poderá ser iluminada. E o que é pior, a sua parte escura está então exposta pela luminosidade da luz contrastante.

Onde quer que encontre essa opacidade, uma parte de você que não está iluminada, pegue-a e alimente-a com o fogo no seu plexo solar. As partes dentro de você que você não acha valiosas, que não contribuem para a iluminação, que até tentam esconder a verdade que você não pode negar, queimam com muita facilidade e constituem um ótimo combustível. Alimente o fogo com elas.

Em outras palavras, ao expor a fraude da opacidade dessa auto-ilusão, você recebe uma grande inspiração. Quando um embuste fica exposto à luz da verdade, ele se desfaz em pedaços, produzindo ainda mais luz.

Sempre que um ser humano desperta da ignorância e da autolimitação, os espíritos benfazejos, os anjos e arcanjos irrompem numa celebração cósmica. [Vilayat Inayat Khan][11]

Finalmente, o sol brilha acima da montanha e o mundo é inundado com o seu esplendor. Quando você olha para o sol lá no alto, a área escura embaixo dificilmente pode ser vista. Ela não tem nenhuma importância, não pode deter a luz. O sol tem um brilho fulgurante, nada pode se comparar a ele. A luz é esplêndida, não tem igual. Essa é uma fase de superação acompanhada de uma imensa alegria.

Nessa altura, o fogo em seu plexo solar é mais do que uma fornalha, é um incêndio destruidor para dentro do qual tudo é atraído. Um fogo muito intenso cria, na verdade, seu próprio vento que o alimenta, trazendo mais combustível e oxigênio para dentro dele. Deixe que a imagem que você tem de si mesmo, tudo o que pensava que era sua personalidade, seja consumido em uma purificação. Tudo em você que pode ser destruído pelo fogo, será imediatamente queimado.

Só então você compreenderá até que ponto estava errado. A verdade a seu respeito não pode ser destruída pelo fogo; ela não sofre a ação da combustão. O que você pensava ser importante era apenas urgente. Muito do que você achava ser urgente era desnecessário. Não se culpe. Deixe que tudo queime, queime, e então só restará o que não for destruído pelo fogo.

A ALQUIMISTA RECEBEU *o aprendiz, a quem entregou para seu treinamento um grande e sujo pedaço de metal em estado bruto. "Esfregue e limpe-o — e vamos ver o que temos", disse ela. Grande parte quebrou-se ou despedaçou-se, e todos os pedaços foram cuidadosamente reunidos e triturados tanto quanto possível, depois separados em fragmentos maiores ou em pó. Tudo foi molhado e examinado à luz da lua. Algumas partes exalavam inicialmente um mau cheiro, mas o odor diminuiu. Alguns fragmentos estavam enferrujados e foram separados. "Dê-me essa cal, por favor", pediu ela e misturou a parte pulverizada com a cal. Adicionando mais algumas gotas de água, ocorreu uma reação, surgindo bolhas na mistura. Ela juntou mais cal até o borbulhar cessar.*

"Agora lave-o, vejamos o que se dissolve." O aprendiz passou muito tempo molhando e limpando, e por fim conseguiu um pouco de uma mistura homogênea. "Separe-a", disse ela, "e vamos tentar dissolver o resto." Ao calor de uma chama, parte dele fundiu-se e depositou-se no fundo do caldeirão. "Vou guardá-lo", disse ela, e derramou o líquido em um recipiente.

"É necessário um fogo mais forte para a etapa seguinte", declarou ela, enquanto levava o material para a fornalha. Ela o aqueceu em um cadinho que ficou superaquecido, e o material começou a evaporar. Acima do cadinho, ela recolhia o vapor em uma cúpula de metal que o conduzia a um cano que atravessava um bloco de gelo e depois para uma jarra. Lentamente, o líquido condensado decorrente da

destilação acumulava-se na jarra, até não haver mais evaporação. Depois, colocando uma nova jarra no lugar da primeira, ela pegou o resíduo com uma longa tenaz. "Mantenha isso no fogo", ela o instruiu, e ele assim o fez, embora o fogo chamuscasse seus cabelos e queimasse suas mãos. Centelhas e fagulhas desprendiam-se do metal, mas ele o segurava firme. Finalmente, só restou um pequeno e límpido cristal. Ele sentiu-se aliviado ao livrar-se da tenaz em brasa.

"Encontramos a sua essência, e agora podemos fazer aquilo que você veio procurar aqui", disse ela ao aprendiz. "Mas quase tudo desapareceu", asseverou ele — "pulverizado, enferrujado, dissolvido, derretido, ou queimado." "Não", replicou ela, "todos os elementos dele ainda se encontram aqui, em formas mais utilizáveis. Mas utilizaremos apenas o que escolhermos. Qual é o seu desejo? Riqueza, paz, poder, consideração, saber?" O aprendiz refletiu por alguns momentos e depois disse: "Desejo o poder de corrigir o que estiver errado".

"Então farei para você uma medalha mágica que o tornará invulnerável; você jamais será derrotado por outra pessoa", disse a alquimista, e cortou o cristal e derramou o líquido destilado sobre ele. O resultado foi um disco muito resistente e brilhante que podia ser usado para refletir o sol direcionando-o para os olhos de um inimigo.

Todo esse processo foi observado por um espião que tomou notas e tentou fazer o mesmo para si próprio. Mas o disco que ele fez de um metal semelhante não tinha poderes especiais e, na primeira vez que ele tentou usá-lo, foi morto. O que o espião não tinha observado foi que o mais importante de todo o processo alquímico era descrever a prática do coração que o aprendiz realizava em seu quarto todas as noites, depois das instruções da alquimista naquele dia na linguagem codificada da química.

O que o aprendiz conseguira foi que o seu coração fosse purificado. O processo inicial fora uma entrega e um reprocessamento, que culminara em uma limpeza de sua parte amarga com a paciente tolerância da alquimista até que a paz fora restaurada. Seu angustiado arrependimento e seu sincero anseio por perdão eliminaram alguns dos traumas de seu coração, e os resíduos restantes dele foram dissolvidos pelo amor incondicional que a alquimista lhe manifestara. Então ele pôde lembrar o desejo ardente de sua vida e que aquela chama inflamara seu coração. O espírito de seu ser, que estivera preso em cativeiro, fora libertado e reconhecido em sua pureza essencial. Finalmente, sua intenção havia sido posta à prova no fogo da dedicação que ele mantivera durante todo o sofrimento da vida. O que restara em seu coração fora apenas sua absoluta convicção: o que não poderia jamais ser tirado dele. Por causa de sua purificação, seu coração pudera ser ajustado de acordo com o que ele mais desejara. A verdade da descoberta de sua alma tornou-se a luz em seu coração que o tornara tão radiante. O disco "mágico" era apenas uma medalha que ele usava em cima do verdadeiro poder que tinha no peito. O coração iluminado jamais seria derrotado, ele sempre ganharia no final porque havia derrotado o único inimigo que existia: a própria falsidade de uma pessoa.

No nível psicológico, o Elemento Fogo lhe dá vitalidade. Ele lhe dá coragem para defender aquilo em que acredita e também coragem para ser absolutamente direto e verdadeiro. Por conseqüência, a verdade está quase sempre associada com uma chama que queima intensamente; ela queima todas as impurezas. A verdade purifica a psique onde existem impostura e ambigüidade. [Vilayat Inayat Khan][12]

Tenha cuidado com os "deveria": você "deveria" fazer isso, ou você não "deveria" fazer aquilo. O único padrão ao qual você deve adequar a sua vida é o seu próprio padrão. Muitas coisas precisam desesperadamente ser feitas no mundo; você está em busca daquilo que *você* deve fazer. Suspeite das idéias que a mente gera. Nenhuma idéia tem força suficiente para ajudá-lo. Você necessita de uma convicção: uma idéia que não pode ser contraposta ou ignorada. Os israelitas tinham um pilar de fogo que os guiava através da escuridão do deserto. Quando você permitir que sua convicção o guie, terá também o poder de Moisés.

 DESCUBRA A INSPIRAÇÃO PARA REALIZAR UMA MUDANÇA SIGNIFICATIVA NO SEU EU QUE ORIENTE A SUA VIDA NA DIREÇÃO DA LUZ DA VERDADE. (FAÇA AS MUDANÇAS EXTERNAS COM CAUTELA; AS MUDANÇAS MAIS IMPORTANTES ESTÃO NAS SUAS ATITUDES.)

A Disseminação da Luz

Na Terra, o fogo é o substituto do sol, pois sua chama produz luz. O fogo desperta a mente para a luz interior. [Hazrat Inayat Khan][13]

Assim, quando você expirar pelo nariz, imagine que seu coração emite um forte raio de luz que atravessa o seu peito em direção ao espaço à sua frente. Esvazie todo o ar de seus pulmões para permitir que surja a maior quantidade de luz possível. Depois abra os lábios e inale a energia do ar respirado à sua frente para dentro do plexo solar. Quando você retém por pouco tempo a respiração, a energia do plexo solar surge como uma luz, atingindo o seu coração.

A circulação do ar respirado age como um bombeamento de energia, lançando calor para baixo e luz para cima. Quanto mais luz o coração puder enviar, mais o processo se firma.

O corpo humano, da mesma forma que os corpos da maioria dos seres vivos, emite realmente luz no âmbito visível. Em conseqüência de medições exatas com um contador de fótons, sei que a luz emitida está acima do âmbito infravermelho e que isso ocorre em um estado de alta intensidade. (No contador de fótons supercongelado, a luz que provém do corpo choca-se com uma placa de metal num tubo de vácuo e provoca uma corrente elétrica, um fluxo de elétrons, naquele tubo.) Esse estado de alta energia também produz inspiração e êxtase nas emoções, bem como vivacidade e clareza na mente.

> Para dar continuidade à Prática do Ritmo do Coração do Elemento Fogo, você tem de se identificar com a *luz*, o produto do fogo. Pense em si mesmo como se tivesse um corpo de luz. Seu coração é o centro desse corpo de luz.
>
> Quando você é estimulado, alguns dos elétrons em seu corpo físico dão um salto para níveis orbitais mais altos e depois caem de volta, emitindo sua energia excedente como fótons, ou partículas de luz. Os fótons tornam-se parte de uma aura radiante de luz que seu corpo irradia. Ao atingir esse estado de meditação na Prática do Ritmo do Coração, sua radiância aumenta extraordinariamente. Quando estiver consciente de que é luz e de que está enviando essa luz para outra pessoa, o número de fótons por segundo que seu corpo emite cresce dez mil vezes, segundo a medição exata na área visível.
>
> A luz de sua aura emite ondas de luz para o espaço em todas as direções. Se a luz escapar através de uma janela, ou se você estiver ao ar livre, essa luz irá viajar pelo espaço e chegar finalmente às estrelas, cuja luz estará simultaneamente incidindo sobre você. Inúmeros raios de luz no mesmo espaço não se chocam; eles realmente passam através uns dos outros. Deleite-se com essa percepção da mescla de luz de corpos e estrelas em todo o universo.

O corpo humano é luminescente — isto é, ele emite luz quando estimulado. A fonte de luz mais potente está no meio do peito, evidentemente o coração. Você pode ter certeza disso primeiro por suposição, depois descobrindo a realidade, que é muito mais forte do que provavelmente tenha imaginado.

> O aumento da taxa metabólica e a experiência de energia e poder internos que você sente lhe proporcionam uma maior autoconfiança e trazem de volta à sua mente todos os ideais que você já teve mas descartou como utópicos. Talvez eles *fossem* utópicos no estado de consciência e de energia normal, mas não neste estado.
>
> A relação causa e efeito entre a sua energia e os seus ideais é o inverso do que você poderia esperar. Para ser idealista, você deve estar em um

estado de energia elevada, mas também é verdade que o idealismo produz a energia que alimenta os seus ideais. Observe como a sensação de poder em seu peito aumenta à medida que você se dedica a algo que seja excelente, enriquecedor, inspirador e útil para todos.

Você pode se tornar ainda mais radiante dedicando-se à "verdade", da maneira que a entenda. A verdade certamente incorpora honestidade e integridade pessoal. Ela também inclui seus princípios mais elevados, aqueles com os quais você não transige. Quanto mais claros eles são para você, mais fortalecem suas ações.

Você não pode apenas pensar nessas coisas "a sangue-frio". Você deve readquirir o fervor que lhe permite lembrar que tem um objetivo na vida e pode readquirir esse fervor usando o Elemento Fogo. Então o seu objetivo o levará para sua realização e o ajudará a manter a energia interna de que você necessita para concretizá-lo.

Muitas pessoas neste mundo têm sido submetidas a sacrifícios; sofrimentos e dores lhes foram impostos, porém isso acontece apenas para pôr à prova suas virtudes, pois cada virtude tem de ser evidenciada passando por uma prova de fogo. Quando patenteada em sua prova, ela torna-se uma virtude incontestável. Isso pode ser praticado em cada uma das pequenas coisas que fazemos diariamente em nossa vida. Quando uma pessoa diz uma coisa em um momento e em outro momento diz outra coisa, até o seu coração começa a não acreditar nela. [Hazrat Inayat Khan][14]

Lembre-se do ideal que estava por trás das diversas decisões que você tomou na vida, como para a escolha de uma profissão ou para iniciar um relacionamento. Aquele ideal estará sempre com você e, ao reassumi-lo, você poderá recuperar seu vigor.

O sentido do ideal que o inflama e ilumina é muito atraente para os outros. Os princípios mais elevados aos quais você se consagra são como uma luz na escuridão, e você se torna um farol radiante. Pode esperar sucesso na profissão e na conquista de amigos, de acordo com a grandeza de seu ideal e da maneira como você o manifesta.

Incorporação da Luz

Uma história a respeito de Moisés relata que, quando estava à procura de fogo para assar o pão, aconteceu-lhe ver uma luz no alto de uma montanha. Para chegar àquele fogo, ele subiu ao topo da montanha — mas ali o fogo transformara-se em um clarão. Moisés não pôde se manter de pé diante daquela imensa claridade, e caiu no chão. Quando despertou, começou a comunicar-se com Deus.

Essa história é alegórica. Moisés estava procurando fogo para preparar o alimento que dava sustento à sua vida — mas não fora possível consegui-lo na terra onde se encontrava. Foi necessário que ele subisse aos planos superiores, ao topo. Ali ele encontrou não apenas uma luz, mas um clarão, uma luz que estava além de sua capacidade de resistência. Ele caiu por terra. Mas o que significava essa queda? Ele transformou-se em nada, ficou vazio. Ao atingir esse estado de vacuidade, seu coração tornou-se sonoro, e ele pôde se comunicar com Deus através de tudo o que existia no mundo. Nas rochas, nas árvores, ou nos vegetais, nas estrelas, no sol, ou na lua, em qualquer coisa que ele visse, encontrou um meio para se comunicar com a sua alma. Assim, tudo revelou sua natureza a Moisés. [Hazrat Inayat Khan][15]

Nesta seção, iremos examinar como fazer da luz o sustento de sua vida — isto é, como se recriar continuamente com a luz. Seu coração é a chave; ele é o centro de seu corpo de luz. Como já vimos, o coração pode irradiar sua luz como um sol e criar uma aura à sua volta.

Existe um outro aspecto com relação à experiência da aura. De acordo com o que vimos até agora a respeito da aura, o corpo físico, principalmente em torno do coração, emite o corpo de luz, da mesma maneira que alguns elétrons emitem energia como fótons de luz. O outro aspecto disso é que a matéria é, de algum modo, criada a partir da luz. A luz é a origem da matéria. O corpo não apenas irradia uma aura de luz, mas também absorve a aura. O corpo é *renovado* pela luz, continuamente recriado por ela. Ao que eu saiba, embora a emissão de luz por parte do corpo humano já tenha sido mensurada, o fenômeno oposto, a absorção de luz pelo corpo e a transformação dessa luz em substância do corpo, ainda não foi observada cientificamente. Portanto, contento-me em dizer que essa é uma experiência mística que pode ou não ter uma comprovação física. Porém, uma vez que a luz pode provocar o fluxo de uma corrente elétrica, a experiência de ser criado a partir da luz pode ter uma base científica ainda não detectada.

A luz que é absorvida pelo corpo provém de muitas fontes. A luz que está atingindo o seu corpo exatamente agora provavelmente origina-se do sol; luz de lâmpadas elétricas possivelmente também está incidindo sobre você. Essa luz está também refletida por muitas superfícies, o que afeta a cor e a polarização dela. Outra luz também é emitida por todas as pessoas e coisas que o cercam. Há também a luz das estrelas, não apenas à noite, mas em todas as horas. Toda essa luz está se tornando parte de seu corpo. Toda a luz que é absorvida no interior de seu corpo acumula-se para desenvolver o conjunto de características individuais e comportamentais que lhe são peculiares. Na meditação, *você* não está consciente de que está se transformando numa *estrela*; antes, porém, está consciente de que a *estrela* está se transformando em *você*. (O efeito oposto está ocorrendo no interior da estrela.)

> Participe de sua contínua e gloriosa criação, vivenciando como a luz concentra-se em si mesma e como esse foco de luz desenvolve uma estrutura física que se torna seu corpo. Assuma o ponto de vista da luz. Enquanto você — luz — expira, envia luz para dentro do seu corpo, que o incorpora em sua estrutura. Ao inspirar, você embebe o corpo em um campo de luz e lava-o com ela.
>
> Observe com atenção o modo como você, como luz, cria um corpo físico através de um intenso foco que condensa fótons em matéria. Essa criação física é contínua; a matéria deve ser recriada a cada instante. Ao inspirar, você está incorporando todas as fontes de luz do universo, inclusive a luz de outras pessoas. Ao expirar, você está realmente criando um corpo de luz, um corpo que se transforma em sua estrutura física.

Representação do Fogo e da Luz

Quando o fogo do amor produz sua chama, ilumina como uma tocha o caminho na vida da pessoa que ama, e toda a escuridão desaparece. [Hazrat Inayat Khan][16]

No estado produzido pelo Elemento Fogo, as características do fogo lhe serão inerentes. O fogo tem seus princípios peculiares, muito diferentes dos da terra ou da água. Em algum momento, em cada projeto, relacionamento, associação e norma de conduta, os princípios do fogo são apropriados e necessários. Qualquer tentativa de aplicar os princípios da água ou da terra naquele momento será malsucedida. Se a sua personalidade for de fogo, você finalmente utilizará o seu elemento e obterá sucesso. Se a característica do fogo não lhe for natural, então terá o desafio do crescimento, e o recurso do Elemento Fogo para enfrentar esse desafio.

Algumas pessoas dizem que o fogo destrói, mas na verdade ele apenas modifica radicalmente a forma das coisas, reduzindo-as à sua essência. A combustão rompe complexos vínculos nas extensas cadeias moleculares e libera o carbono em todas as substâncias nele baseadas, na forma de dióxido de carbono.

A seguir, alguns dos princípios do fogo:

- Num determinado momento, as coisas não mudam mais lentamente; para desenvolverem-se, têm de mudar radicalmente. Você evita dar pequenos passos e deve dar um grande passo. A fim de mudar, você deverá se sentir insatisfeito com a marcha dos acontecimentos. Esse sentimento deve ser muito forte para que você possa fazer uma verdadeira mudança. Do contrário, você irá, mais uma vez, dar outro pequeno passo ou até dar um passo atrás depois de tentar fazer uma mudança mais ampla.
- O que lhe pertence realmente não lhe pode ser tirado. Aquilo com que você está verdadeiramente ligado não pode ser separado de você. Mas quase sempre é difícil descobrir a verdade. Você pode usar o teste do Fogo para revelar a verdade. Libere as fronteiras que restringem a liberdade. O que é seu irá permanecer ou voltará para você. O resto será perdido ou destruído, mas isso era, antes de tudo, supérfluo ou não lhe pertencia. Esse é um risco que se corre com o Elemento Fogo. Mas o Elemento Fogo não vê isso como risco; ele o vê como prova da verdade de uma situação.
- Quando as coisas estão difíceis, você necessita de mais inspiração. Mais inspiração é a solução para todas as dificuldades. Sua inspiração, por sua vez, irá se propagar para os outros como uma centelha se propaga de uma acha de lenha para outra. As pessoas entram em ação quando estão energizadas e inspiradas. Seu ideal é a sua maior inspiração. Quando seu ideal está relacionado com a tarefa a ser desempenhada, não há nada que possa impedi-lo de agir.
- O princípio do fogo referente aos negócios consiste em ampliar os lucros através do aumento da importância e da qualidade do produto ou serviço, mesmo além do que é necessário ou esperado. Faça algo que seja absolutamente necessário, principalmente se nenhuma outra pessoa o estiver fazendo. O Elemento Fogo prepondera na competição, mas ele prefere as situações nas quais *não* exista competição.
- Mostre-se disposto a sorrir, erguendo os lábios; disposto a encorajar, erguendo a fronte; disposto a ajudar, erguendo a mão; disposto a entoar uma prece, erguendo a voz; disposto a encontrar o humor, elevando o coração.

OS ALEMÃES TÊM um *ditado popular: "As coisas podem ser importantes, mas não são ruins".*

Os austríacos têm um ditado popular: "As coisas podem ser ruins, mas não são importantes".

O ditado alemão expressa a perseverança e a fé do Elemento Terra. O ditado austríaco expressa o humor do Elemento Fogo.

14. O ELEMENTO AR

A evolução mais importante é ver as coisas também do ponto de vista de outra pessoa. Assim agindo, você não perde o seu ponto de vista, pois ele ainda está presente, mas o ponto de vista da outra pessoa soma-se ao seu; portanto, seu conhecimento torna-se maior. Isso significa uma maior expansão do coração e, às vezes, o coração sente dor quando você o expande. Porém, expandindo o coração e tornando-o cada vez maior, você o transforma no Livro sagrado. [Hazrat Inayat Khan][1]

O que é o Ar

De acordo com o pensamento dos místicos, o ar foi o primeiro elemento, o elemento original, a partir do qual o resto do universo foi criado. Quando uma centelha combina-se com o ar, surge o fogo, que deve ser alimentado pelo ar. O que se queima no fogo condensa-se mais uma vez e cai em forma de água. A água solidifica-se para, por fim, formar a terra e é necessária para que a terra seja fértil.

Portanto, a atividade do ar, manifestando-se ruidosamente em ziguezagues, produz eletricidade, o elemento fogo que pode ser visto nos raios, que têm a forma de ziguezague.

É essa atividade do Elemento Fogo que surge acima das nuvens, transforma-se no elemento água e cai como chuva, da mesma forma que o aquecimento do corpo é a causa da transpiração, e o aquecimento da mente é a causa das lágrimas.

É essa atividade do elemento água que se solidifica e produz o sal e minerais de diferentes espécies, que se transformam em rochas e montanhas, e depois se movem para baixo e se transformam em uma planície que faz parte da terra. Isso revela a origem da terra que provém da água. [Hazrat Inayat Khan]²

O Ar é também o elemento final. A água dissolve o elemento Terra, o fogo evapora o Elemento Água, e o ar apaga o Elemento Fogo. Há portanto uma conexão entre a terra, o elemento último e meta da criação, e o ar, o elemento original e final.

Essa seqüência é uma metáfora do processo de criação. O ar representa a idéia ou conceito original. Esse conceito deve ser convertido em ação (fogo), e a atividade deve gerar interesse e desejo nas pessoas (água). Finalmente, isso resulta em substância de alguma forma (terra). A substância contém todo o pensamento, o esforço e a criatividade que culminaram em sua criação.

Uma idéia deve ser concretizada para se manifestar, mas até um conceito que já foi formalizado continua a se desenvolver; ele não pode ser totalmente apreendido. Por exemplo: uma empresa é constituída a partir de uma idéia. Porém, mesmo quando a empresa toma forma, a idéia por trás dela continua a evoluir. Um outro exemplo: a vida infinita nasce em cada bebê, que depois continua a evoluir por si só, embora esteja também se desenvolvendo de uma maneira específica durante o crescimento daquela criança. Talvez essa criança, quando adulta, vá encontrar uma maneira para voltar a se conectar com o elemento que foi a sua fonte, o conceito que está por trás de sua forma, e fazer com que surja a versão atualizada de sua concepção, que continuou a evoluir, durante a sua vida. Esse é o místico "segundo nascimento".

No seu eu, o Elemento Ar produz a inteligência. Ele também está presente na sua liberdade de pensamento, na sua imaginação, na sua percepção e na sua imparcialidade. Embora todos tenham esse elemento em alguma proporção, ele pode ser desenvolvido ainda mais através do Elemento Ar da Prática do Ritmo do Coração.

UM CERTO HOMEM APANHOU um pássaro numa armadilha. O pássaro disse: "O senhor já comeu muitas vacas e carneiros na vida, e ainda está com fome. O pouquinho de carne nos meus ossos tampouco o satisfará. Se me soltar, eu lhe darei três conselhos plenos de sabedoria". O homem ficou interessado. Ele libertou o pássaro e deixou-o pousar em sua mão.

"Número um: não acredite em coisas absurdas, não importa quem as diga." O pássaro voou e pousou no telhado do homem. "Número dois: Não sofra pelo que é passado. Ele acabou. Nunca lamente o que aconteceu."

"A propósito", continuou o pássaro, "há em meu corpo uma enorme pérola que pesa tanto quanto dez moedas de cobre. Ela seria uma herança para você e seus

filhos, mas agora você a perdeu. Você poderia ter conseguido a maior pérola que existe."

O homem começou a gemer como uma mulher durante o parto. O pássaro falou: "Eu não disse 'Não sofra pelo que é passado' e também 'Não acredite em coisas absurdas'? Todo o meu corpo não pesa tanto quanto dez moedas de cobre. Como eu poderia ter uma pérola tão pesada dentro de mim?"

O homem voltou ao seu estado normal. "Muito bem, diga-me o número três." "Sim", disse o pássaro voando para longe. "Você fez bom uso dos dois primeiros." [Rumi][3]

Na história de Rumi, o pássaro representa o Elemento Ar, que está escarnecendo da mente obtusa do homem e ensinando-a.

O Elemento Ar e o Coração

Na Prática do Ritmo do Coração, são três os efeitos do Elemento Ar sobre o coração.

Primeiro: o sopro suave do Elemento Ar torna o coração muito mais sensível, principalmente às vibrações das outras pessoas, mesmo a distância, e à atmosfera de um lugar.

> A brisa que agita a rosa trouxe-me Teu perfume, Amada, que leva meu coração ao êxtase. [Hazrat Inayat Khan][4]

Segundo: o Elemento Ar desenvolve a capacidade do coração para expressar a si mesmo em palavras e para captar o sentimento dos outros a partir de sua expressão. A necessidade do Elemento Ar de expressar o coração é contada nesta parábola sufista a respeito da dificuldade de se expressar um sentimento profundo em palavras.

> Havia numa aldeia uma muralha cuja existência datava de séculos, e muitos dos que ali viviam tentaram escalá-la, mas poucos obtiveram sucesso. Os que conseguiram fazê-lo viram algo ao longe, sorriram, pularam para o outro lado e nunca mais retornaram. Os habitantes da aldeia começaram a ficar curiosos para saber que mágica e que atração seria aquela que fazia com que quem quer que passasse para o outro lado da muralha não mais voltasse. Então disseram: "Devemos mandar alguém que possa chegar ao topo da muralha, mas devemos amarrá-lo a uma corda para trazê-lo de volta". Quando o homem que eles tinham

mandado atingiu o topo da muralha, sorriu e tentou pular para o outro lado, eles o puxaram de volta. Quando as pessoas perguntaram com ansiedade, "O que você viu lá do alto?" ele não conseguiu responder, podia apenas sorrir. [Hazrat Inayat Khan][5]

Não é apenas o sofrimento e a angústia que temos dificuldade em expressar; até mesmo as visões celestiais são difíceis de serem expressas. Mas quer possa expressá-lo ou não, você certamente tem um ideal na vida, que está além de tudo que foi capaz de descobrir até agora. Essa visão pode permanecer submersa abaixo de sua consciência durante décadas (do outro lado da muralha) e depois emergir subitamente quando você finalmente tiver força suficiente no seu coração para lidar com ela (para subir tão alto). O encanto dessa situação é tão forte que, ao vê-la, você desejará mudar sua maneira de ser (pulando a muralha). Você pode descobrir um modo de vida no estado que sabe agora ser possível. No início, você não consegue dizer muito a respeito dele pelo fato de ele parecer *outro* lugar, diferente (do outro lado) do lugar onde você vive e onde vivem todos os que você conhece. Ma se você não puder expressar *alguma coisa* a respeito do motivo pelo qual esse ideal é tão atrativo, seus amigos e familiares serão deixados para trás. Isso geralmente acontece, mas não é necessário. A finalidade do Elemento Ar é comunicar aos outros, muito embora as palavras não sejam suficientes, sua visão do ideal, a maneira como seria o mundo se as pessoas vivessem com o coração, o que você sabe ser possível devido à experiência com o seu coração.

O terceiro efeito do Elemento Ar sobre o coração é que ele expande o coração da mesma maneira que o ar aquecido enche um balão movido a ar quente. Um amontoado de tecido inerte, tão logo o ar seja aquecido e soprado para dentro dele, toma forma e sobe para os céus. Seu coração se ergue e descobre seu objetivo, elevando sua perspectiva mental da insignificância para a grandeza.

> Uma pessoa nobre alargará a sua mente até chegar à amplitude de seu coração, e uma pessoa insensata a estreitará até chegar à dimensão de sua perspectiva. [Hazrat Inayat Khan][6]

O Elemento Ar também aumenta o alcance da influência do coração e sua capacidade interior, sua habilidade para crescer no futuro. O ar cria espaço em seu coração para proporcionar que ali você permaneça antes de se defrontar com suas limitações, as muralhas de seu coração.

> Como consegui superar a minha mesquinhez? Minhas muralhas começavam a ferir-me os cotovelos. [Hazrat Inayat Khan][7]

Para obter esses três efeitos sobre o coração, você necessitará, antes de tudo, se familiarizar totalmente com o Elemento Ar e sentir os seus efeitos, durante o procedimento para atingirmos um nível superior na Prática do Ritmo do Coração. Depois, iremos concentrar nossa atenção sobre o procedimento para chegar a um plano inferior.

Purificação Através da Expansão

O Elemento Ar é expansível; ele se expande para preencher cada espaço que lhe é dado. Começamos a Respiração do Ar com uma purificação através da expansão. Cada um dos quatro elementos realiza seu tipo específico de purificação: a terra filtra; a água lava; o fogo dissolve. Agora, o ar realiza a última purificação: o ar no interior de todas as coisas se expande quando é aquecido, e essa expansão permite uma inspeção do espaço interior da matéria.

Em termos pessoais, o ar realiza uma análise microscópica da estrutura de sua identidade. Ele amplia a sua psique e a difunde por um amplo espaço, permitindo que a luz da inteligência atinja todos os seus componentes e examine as mais diminutas características. A "caixa preta" que é a psique está então desmontada, e você pode inspecionar o seu interior. Agora não há mais mistérios para você a respeito do que ela faz, ou como e por que ela age. Você pode ver todas as conexões, traçar o caminho de cada impulso. Os mecanismos internos da psique estão completamente evidenciados para o seu entendimento.

Ao passar por essa purificação, você consegue compreender não apenas como sua psique funciona, mas como *a* psique funciona. Quanto mais profundamente o ar que você respira penetra na complexidade de sua personalidade, mais impessoal o conhecimento se torna. Por baixo das idiossincrasias de cada indivíduo encontra-se uma vasta base comum da dinâmica experiência humana.

Essa teoria é típica da filosofia sufista. Em vez de se afastar e de classificar as características humanas com base na observação exterior, o sufista investiga o ser humano penetrando no seu íntimo. Sua percepção descobre *por que* você tem um determinado sentimento, que estímulo interior ou exterior provoca esse sentimento, e como o sentimento estimula uma cadeia de pensamentos e comportamentos. Quando obtém esse conhecimento a respeito de si mesmo, então você obtém o conhecimento do ser humano em geral. Seu laboratório de pesquisa é você mesmo. Mas para que a sua descoberta seja relevante para os outros, você deve descobrir em si mesmo a base essencial que os outros partilham com você. O Elemento Ar desenvolve essa percepção demolindo suavemente o ego para mostrar-lhe a beleza que está oculta por baixo dele.

> Inspire e depois expire pela boca, de maneira suave e silenciosamente. Prolongue o ritmo de sua respiração, sem retê-la, para que o ar respirado seja imperceptivelmente leve. Certifique-se de que cada respiração termine prolongando conscientemente a exalação a fim de atingir o fundo de sua respiração.
> Torne o seu corpo difuso durante a exalação, deixando que o ar respirado penetre entre as células e até as moléculas de seu corpo, espalhando-as depois como folhas ao vento.
> Enquanto expira, você sente como se a força coesiva que mantém a integração do seu corpo tivesse sido reduzida, permitindo que o seu corpo se expandisse e se dispersasse. Quando inspirar, aquela força é restaurada, fazendo com que seu corpo volte a se integrar e concentrar em si mesmo outra vez.
> Essa é uma experiência agradável, que remove as limitações físicas que confinam o seu corpo a um espaço diminuto. Não force nenhuma experiência, permita apenas uma suave expansão em todas as direções.
> A imagem de seu corpo expandido a uma enorme dimensão, com grandes espaços em seu interior, permite que a consciência se mova livremente dentro desses espaços. Sua consciência está acostumada a identificar-se com o seu corpo. A sensação de expansão do corpo que você tem então lhe dá um espaço igualmente amplo para sua consciência. Você está em um espaço tão vasto quanto o seu corpo.

Essa prática contrasta com a sensação comum de que "minha consciência está contida em um espaço definido por minha pele que é bastante pequeno para acomodar minha visão em um único ponto, meu 'ponto de vista' ". A sensação da consciência expandida é o objetivo dessa prática. A sensação de expansão do corpo é um artifício para consegui-lo.

> O que ocorre a seguir é que na conscientização amplamente expandida seu corpo irá reaparecer como era na sua condição normalmente condensada. Mas seu corpo, representando a si mesmo, irá parecer como se fosse uma outra pessoa. "Você" tem a sensação de ser toda a platéia de uma peça teatral, enquanto "ele" ou "ela" (o seu eu) parece ser um ator no palco. Olhando respeitosamente para o ator com compassivo desapego, você pode começar a compreender e reconhecer o valor da força que estimula o ator e que motiva a sua maneira de ser que você percebe nitidamente.

Aqui, o termo *desapego* como é usado descreve a "objetividade isenta de preconceito e interesse próprio".[8] Ele não significa falta de interesse ou preocupação, como em *indiferença*. Assistir a uma peça teatral é um exemplo de desapego, desde que a platéia não seja diretamente afetada pelo seu significado, mas não é um exemplo de indiferença, a menos que a peça seja tediosa.

O primeiro sinal da expansão da sua psique, para que você possa tomar conhecimento dela, é a sensação de que a sua vida está se desenrolando em um palco diante dos seus olhos. Você observa os seus desejos, impulsos, emoções, ações e assim por diante, como se fossem os de uma outra pessoa. Observar essas ações objetivamente permite que você entenda melhor o seu coração. Você está muito interessado no personagem no palco à sua frente, mas não tem interesse no que acontece a ele ou ela a seguir. O que quer que venha a acontecer será interessante e irá instigá-lo a uma profunda compreensão e simpatia pelo protagonista. Você é sensível a todos os atores, não apenas a um deles, e deseja o melhor para todos, mas o o seu desprendimento a respeito das conseqüências permite que você perceba mais profundamente a situação do que eles.

 O DESPRENDIMENTO COMPASSIVO QUANTO AO SEU CORPO, A PARTIR DE UMA CONSCIÊNCIA EXPANDIDA, PERMITE QUE VOCÊ VEJA O SEU EU COMO UM ATOR NUM PALCO.

Libertação

Um prolongamento da sensação de ver a vida num palco é ver toda ela de um ponto de observação no topo de uma montanha ou de um avião. A vida parece muito diferente vista do alto, mas o Elemento Ar lhe proporcionará uma experiência que irá surpreendê-lo: o efeito dessa experiência no topo de uma montanha é uma sensação muito maior de liberdade no seu coração.

> Estenda o sentimento de desprendimento a tudo na sua vida. Esse desapego não significa desinteresse; é como se fosse um anjo ou um alienígena que observa a vida humana com extraordinária empatia mas sem qualquer domínio sobre ela. Os seres humanos devem solucionar os próprios problemas, e o farão, tão logo possam perceber como são as coisas.

Eu não estou defendendo a idéia do desprendimento como um modo de vida, apenas como uma atitude a ser tomada durante a prática do Elemento Ar a fim de desobstruir o seu pensamento. Isso irá, certamente, resultar em uma nova visão intuitiva de quão bela e gratificante a vida pode ser. No final da prática, você irá direcionar essa visão para a realidade prática.

Normalmente (por causa do Elemento Terra), você se sente responsável pelo modo como as coisas estão na sua vida. Você é responsável, é claro, mas sua sensação de domínio dessas coisas gera uma atitude defensiva que impede que você as veja como realmente são, ou como poderiam ser. No Elemento Ar, você não "possui" nada, assim você tem liberdade tanto para julgar quanto para ignorar o julgamento, e para observar as restrições mesmo que não esteja tolhido por elas.

Alguns dos problemas que você tem são característicos de seus antepassados e de sua cultura. Essas duas fontes são grandes sistemas que organizam os elementos dentro delas através de várias forças que operam em todos eles. Por exemplo: o sistema genético cria padrões para homens e mulheres que asseguram sua atração mútua e sua interdependência. Esses padrões são criados não para a felicidade ou a realização dos indivíduos, mas para o desenvolvimento e a estabilidade do sistema como um todo. O sistema cultural faz o mesmo. O sistema cultural dos Estados Unidos está baseado no desenvolvimento, que requer contínuos aumentos de consumo e a expansão da influência. Conseqüentemente, o *stress* ocorre nas pessoas dos Estados Unidos, que precisam ganhar mais dinheiro para poderem consumir mais; nas riquezas do mundo, que os norte-americanos consomem desproporcionalmente; e nas pessoas dos outros países, que são afetadas profundamente por isso. O sistema cultural precisa convencer os seus membros a defender os valores que ele necessita que sejam defendidos. Todos os sistemas fazem isso para sobreviver.

Você faz parte desses dois grandes sistemas, bem como dos subsistemas mais específicos de religião, classificação étnica, região, profissão, classe social, raça e sexo. Como tal, você já adotou alguns ou todos os padrões que eles promovem. Alguns desses padrões podem ser úteis para você como indivíduo, ajudando-o em sua manifestação e em sua realização. Os sistemas genético e cultural concedem aos homens certas oportunidades, através das quais eles são desafiados e recebem muitas alegrias. Ser norte-americano tem muitas vantagens. Na medida em que você conta com esses vários sistemas para obter ajuda, segurança ou formar sua personalidade, deve desempenhar algum papel para a manutenção deles. Mas esses sistemas também podem ser muito impiedosos na definição daquele papel.

LUKE TINHA SIDO *muito bem-sucedido na vida. Ele começara o próprio negócio e o desenvolveu, chegando a comercializar mais de 100 milhões de dólares por ano. Casou-se com uma mulher maravilhosa e inteligente, e tiveram vários filhos. Ele tornou-se presidente da associação comercial e diretor de uma das melhores orquestras sinfônicas do país. Era admirado e respeitado como pessoa, pois havia se revelado* um homem muito generoso. Todas as metas que havia definido para si mesmo quando estava na faculdade foram atingidas e muitas outras mais.

Luke disse-me: "Estou com 55 anos de idade. Que farei agora? Devo me aposentar e ir velejar?" "Não", disse-lhe eu. "Tudo o que você fez até agora foi um exercício, um ensaio para a sua verdadeira missão, que é incomparavelmente maior." "Mas como irei descobrir que missão é essa?", perguntou ele.

"Lembra-se da visão que teve quando estava na faculdade e que passou trinta anos concretizando-a?" "Por certo me lembro", disse Luke. "Ela serviu-me de grande inspiração." "O poço do qual veio aquela inspiração não secou", disse-lhe. "Você tem de voltar ao poço." "Você não quer dizer voltar para a faculdade, quer?", indagou ele. "Não, o poço é interior", asseverei.

"Esse tipo de inspiração pode ser muito perturbador. Ela pode mudar a minha vida", preocupou-se ele. "É verdade", concordei, "alguma mudança será necessária para prepará-lo para a próxima fase de sua contribuição de vida. Mas a próxima fase utilizará provavelmente os recursos e os relacionamentos que você conseguiu nesta fase."

"Eu não posso voltar ao poço", disse Luke. "Tenho muitos compromissos no momento." "Isso soa como um homem que está camuflando sua importância por trás de seus hábitos e convenções", disse eu. "É claro que você pode adiar os compromissos que ninguém mais pode cumprir, e até mesmo livrar-se daqueles que outras pessoas estão ansiosas para assumir."

"Não, apenas não posso me envolver num processo que irá me levar só Deus sabe para onde", asseverou Luke. "Tem razão", exclamei. "Mas você sabe tanto quanto Deus para onde ele o levará. Não se recorda de seu desejo, de seu sonho?" "Não vou modificar a minha vida por causa de um sonho", afirmou Luke. "Muito bem", falei, "então imagine que está prestes a morrer. Você tem algum remorso?" "Sim", disse ele, "mas não sei o que fazer a esse respeito."

"Está bem, Luke", redargüi, "então coloque sua vida no piloto automático, e deleite-se sendo levado ao sabor dos ventos. Se puder se manter acordado sob essas condições, irá notar que a corrente o está levando para o sucesso, mas é improvável que você o atinja antes de morrer, a menos que comece a remar. Você pode ser mentalmente limitado pelas regras, pelos deveres e obrigações, mas seu inconsciente ainda está livre e em expansão. O desejo de crescer e evoluir ainda mais não pode ser ignorado, ele provém de seu coração."

> Na vida normal, só ocasionalmente você nota a existência dos sistemas em larga escala e o poder que eles exercem sobre você. Mas com desapego, você vê as pessoas dentro desses sistemas como, por assim dizer, cortiça flutuando em um rio, carregada pelas correntes. Embora as cor-

> rentes em um rio sejam fortes, elas não têm nenhum efeito sobre o ar, e esta é a chave para a liberdade: fique no ar.
>
> A cortiça pode elevar-se para fora do turbilhão da água, enfatizando seu desapego e sua independência, o que a torna leve e capaz de elevar-se no ar.

Desapego e independência são as duas asas que possibilitam o vôo da alma. [Hazrat Inayat Khan][9]

Além dos dois grandes sistemas, a genética e a cultura, você também é moldado pela própria e singular experiência. Sua biografia é diferente da de qualquer dos seus irmãos. Seu lugar na ordem de nascimento faz uma substancial diferença. Seu relacionamento com seus pais e com outras pessoas próximas a você, as experiências pelas quais já passou e todas as opções que fez contribuem para essa singularidade.

> Enquanto prossegue na Prática do Ritmo do Coração com o Elemento Ar, fique ciente de que três fatores de influência convergiram para formar sua psique: sua cultura, sua descendência (genética) e sua experiência de vida.
>
> Examine um momento importante na sua vida, no passado ou no presente, e observe as atividades simultâneas dessas três influências. Talvez você possa observar que, naquele momento, estava agindo ou pensando como uma típica mulher (ou homem), um típico Smith (ou seu sobrenome), um típico habitante da Nova Inglaterra (ou de sua região), um típico membro da elite tecnológica (ou de sua profissão), ou uma típica pessoa de meia-idade (ou de seu grupo etário), um típico primogênito (ou da posição que você ocupa na ordem de nascimento de seus irmãos), um típico católico (ou de sua religião) e assim por diante.
>
> A fim de libertar o seu pensamento, você deve, antes de tudo, conscientizar-se de como ele está limitado.

 CONSCIENTIZE-SE DO QUE, NA SUA PSIQUE, PROVEIO DA SUA ASCENDÊNCIA, DO QUE PROVEIO DA SUA CULTURA, DO QUE PROVEIO DE SUA SINGULAR EXPERIÊNCIA PESSOAL DE VIDA.

A par dessas três influências, você ainda tem alguma liberdade para escolher o que gostaria de ser. Sem dúvida, você pode escolher onde morar e (dentro dos limites) onde trabalhar, que livro ler e se levará um guarda-chuva quando sair de casa. Mas suas escolhas — da pessoa com quem vai se casar, de quanta responsabilidade irá assumir no trabalho, de qual será o seu peso e de como irá educar os seus filhos — são quase totalmente determinadas por aquelas três influências. Você *poderá* tomar decisões autônomas se, antes de tudo, compreender como suas escolhas são predeterminadas.

> Decida de que maneira gostaria de reagir à situação que você evocou. A fim de agir de maneira diferente, você terá de ver a situação de modo diferente. O Elemento Ar pode lhe proporcionar uma sensação de liberdade que livra seu pensamento das limitações da cultura, da genética e de sua experiência anterior.
>
> Você saberá quando está livre quando o seu pensamento o surpreender. Não tente criar um pensamento sem limitações; apenas deixe que o seu pensamento seja inspirado pelo desapego e pela independência.

Se você, deliberadamente, tentar criar um pensamento que não tenha limitações, irá descobrir que criou simplesmente um pensamento negativo, ou oposto, das opiniões de todos que o cercam. Para ter um pensamento sem limitações, você deve estar livre de sua programação mental, principalmente do conceito que tem de si mesmo. Todos os sistemas aos quais você pertence o fizeram adotar um conceito de si mesmo a fim de favorecê-los e mantê-los. Você adotou esse conceito porque ele lhe dá uma explicação quando você não tem nenhuma, e lhe mostra uma maneira de colaborar com os outros. Na meditação, você começa a descobrir sua alma específica e sua missão específica na vida. Essa compreensão lhe proporcionará independência de alguns dos padrões que você aceitou de sua cultura, de seus ancestrais e de sua experiência passada.

Quando você tiver realmente libertado o seu pensamento, será imensamente estimulado por ele. Ele não receberá apoio nem oposição direta de sua cultura, de seus familiares e amigos. Ele é independente daqueles sistemas, como a terceira dimensão em um espaço bidimensional.

> A conseqüência do batismo do Ar é essa fantástica libertação da coerção do corpo, da mente, das emoções e da hereditariedade. Você sente-se liberto da pressão do ego, portanto essa é a liberdade do que você faz a si mesmo, não do que o mundo faz a você.
>
> Você está livre do que no budismo é chamado de "determinação", de karma, porque nesse estágio você superou a lei que refreia.[10]

Transformação de Partícula em Onda

Do ponto de vista do Elemento Ar, o mundo todo é constituído de vibrações. A física moderna nos informa que a matéria pode aparecer como vibrações ou como partículas, dependendo do que a pessoa procura. Se você procura um sinal de partículas, por exemplo em uma câmara de bolha, a matéria aparecerá como partículas. Se procurar um sinal de matéria como vibração, por exemplo em padrões de interferência de onda, a matéria irá aparecer como vibrações. A matéria nunca frustra a expectativa, ela é da maneira como você a vê.

O pensamento também pode aparecer em forma de partícula ou de onda. Pensamentos em forma de partículas são isolados e específicos; os que estão em forma de ondas são genéricos e globais. Os pensamentos em forma de partículas são gerais e globais e podem ser identificados pelo objeto específico a que dizem respeito: eles referem-se a uma pessoa, a um lugar ou a um determinado momento. (Isso envolve quase todos os pensamentos.) Os pensamentos em forma de ondas independem de pessoa, lugar e tempo. Nada neles é individual, não têm nenhum contexto pessoal. O mesmo pensamento em forma de onda poderia ter ocorrido a qualquer pessoa, em qualquer lugar, em qualquer outro momento, e provavelmente isso já aconteceu. (Este parágrafo manifesta um pensamento em forma de onda.)

Embora os pensamentos em forma de partículas sejam importantes para controlar a nossa vida, estão limitados ao próprio contexto, da mesma forma que uma partícula está limitada a um momento do espaço-tempo. Os pensamentos em forma de onda combinam os acontecimentos ajustando totalmente uns aos outros. Sem esses pensamentos, os acontecimentos da vida não seriam interligados, freqüentemente conflitando-se e dispersando-se amplamente. Como disse Platão, você pode ver mil mesas diferentes sem perceber o arquétipo, a função da mesa, da qual todas elas são exemplos. Muitos pensamentos em forma de partículas reunidos não causam necessariamente sequer um pensamento em forma de onda. Mas se tivéssemos apenas pensamentos em forma de onda, não existiríamos como pessoas com experiências pessoais no decorrer do tempo.

Um pensamento em forma de onda assume a forma de partícula quando é posto em prática. Um pensamento em forma de partícula assume a forma de onda quando é generalizado.

Pensamento em Forma de Partícula	Pensamento em Forma de Onda
Tim ama Camila e deseja estar ao lado dela.	O amor harmoniza as pessoas.
Tim teme que Camila vá magoá-lo.	Na vulnerabilidade do amor, as pessoas podem ser facilmente magoadas.
Tim sente que está sendo analisado por Camila.	As pessoas vão ao encontro daquilo que mais temem.
Tim está tentando decidir se um relacionamento com Camila irá valer a pena para ele naquele momento.	Qualquer relacionamento irá provocar medo numa pessoa até que esse medo seja compreendido, independentemente do relacionamento.

Nossas observações e experiências procedem quase totalmente de pensamentos em forma de partículas. A partir deles, podemos criar pensamentos em forma de ondas de compreensão e percepção. A maior parte de nosso raciocínio também provém de pensamentos em forma de partículas, muito embora eles não resultem em uma conclusão sem um pensamento em forma de onda. É inútil tentar tomar uma decisão com um pensamento em forma de partículas. Tim não será capaz de decidir a respeito de Camila baseado em um raciocínio em forma de partículas. Provavelmente, ele irá deixar que ela decida, ou que algumas circunstâncias forcem uma decisão.

O Elemento Ar favorece o pensamento em forma de onda, o que resulta em maior compreensão e percepção.

Enquanto você exala pela boca, não tem mais de utilizar a respiração para dispersar as partículas de seu corpo, uma vez que seu corpo já está disperso por todo o universo como uma onda, junto com todas as coisas que o cercam, todas as pessoas e coisas que já viu, e com todas as pessoas e coisas das quais já ouviu falar. Todas elas coexistem no espaço, do mesmo modo que as transmissões radiofônicas partilham o mesmo espaço, embora permaneçam distintas.

Conscientize-se do aspecto de onda da matéria enquanto exala. Quando inalar através da boca, retorne para o aspecto de partícula. As partículas de matéria estão localizadas no espaço, mas as ondas de matéria não têm limites e coexistem com todas as outras ondas. Portanto, o espaço ocupado pelas partículas de seu corpo é também preenchido com parte do aspecto de onda de todas as coisas do universo. Em seu aspecto de onda, você coexiste com o sol, a lua e todas as estrelas, bem como com todas as pessoas vivas em todos os lugares.

A realidade da coexistência da matéria tem um efeito em seu pensamento. Enquanto prossegue com a Prática do Ritmo do Coração do Elemento Ar, observe que "seus" pensamentos têm a forma de ondas, não de partículas.

Anteriormente, usamos o conceito do corpo físico expandido para criar uma consciência expandida. Da mesma maneira, estamos usando agora o conceito do aspecto de onda da matéria para criar o pensamento em forma de onda. A maneira como nós consideramos a matéria influencia a nossa maneira de pensar de um modo geral.

Um ponto importante nesta prática é a sensação de ausência de limites. À medida que o aspecto de onda de seu corpo se espalha por todo o universo, a infinidade torna-se uma experiência real.

O Uso da Intuição

Agora, concentre seus pensamentos em forma de onda nos problemas práticos com os quais você se defronta. À medida que você se lembrar de quais são esses problemas, seu interesse por eles irá reunir as ondas de pensamento transformando-as em partículas de pensamento. Esse é o processo da intuição, não do raciocínio. O raciocínio provém do processamento de pensamentos em forma de partículas, considerando atentamente fatos específicos, como a entrada de dados em um computador. A intuição provém de ondas de pensamento não-específicas, globais, que são subitamente concentradas no momento.

Em vez de tentar tomar uma decisão ou chegar a uma conclusão, deixe que seus pensamentos em forma de onda se transformem em pensamentos em forma de partículas. Não os controle. Seu vasto inconsciente e sua mente impessoal irão fazer o trabalho, levando em conta todo o conhecimento que existe, não apenas o que você conscientemente sabe. Você tem apenas de observar o processo do pensamento com desapego.

Quando quiser fazer uso da intuição, você terá de privar-se temporariamente de sua capacidade de avaliação porque ela utiliza pensamentos em forma de partículas. Isso significa que se você tem uma decisão preferida, um resultado ou uma conclusão em mente, você não pode fazer uso da intuição porque sua capacidade de avaliação iria orientar o processo intuitivo em direção ao resultado desejado. Sua intuição seria distorcida para se ajustar à sua avaliação.

A intuição é uma poderosa e acurada faculdade que é inata e natural a todas as pessoas. Ela nunca o abandona, mas você tem de saber como discriminar entre intuição e raciocínio. Os dois processos são tão diferentes quanto poderiam ser dois processos quaisquer. Você irá, cada vez mais, sentir a diferença à medida que for ganhando experiência com o processo da intuição.

Pensamentos sem uma Pessoa que Pensa

Até agora você tem utilizado o Elemento Ar para dispersar o seu corpo físico. Agora, repita essa dispersão com a mente. Até os pensamentos em forma de ondas requerem uma pessoa que pense.

Uma etapa adicional na experiência do Elemento Ar é: um momento de não-pensamento. Você chega até ele ao ampliar o seu desapego — uma preocupação compassiva no presente que não tem uma predisposição contra seu impacto no futuro.

- Primeiro, você admitiu em seu pensamento o desapego a respeito de si mesmo.
- Depois, você ampliou esse desapego para o seu pensamento a respeito de todos e de tudo.
- Agora você adota o desapego em seu modo de pensar.

Seu senso de identidade é uma força de coesão que atrai seus pensamentos para um conjunto de padrões identificáveis e característicos com os quais você se identifica. Isto é, você diz: "Estes são meus pensamentos", identificando-se com a pessoa que pensa. Na verdade, eles são simples pensamentos gerados por um circuito neural de alta velocidade semelhante a um computador, a partir de sensações e da memória associativa. A força de coesão para os seus pensamentos é seu interesse neles. Os pensamentos que não atraem seu interesse se dissipam naturalmente, enquanto os pensamentos que o interessam são mantidos.

Ao exalar através da boca utilizando o Elemento Ar, veja o seu pensamento com desinteresse: a partir da transferência de dados de sua memória e de suas sensações, o cérebro-computador não pode criar nada mais do que pensamentos, e pensamentos são restritivos e tediosos. Esse ponto de vista permite que os pensamentos (todos e quaisquer dos seus pensamentos) se dissipem, e você começa a sentir algum distanciamento entre os pensamentos em sua mente.

Por um instante, no final da exalação, você pode sentir-se isento de pensamentos. Você não pode conceber ou imaginar quem é você, pode apenas "senti-lo". Nesse momento, utilize a inalação através da boca simplesmente como um intervalo entre as exalações. A exalação a seguir dispersa ainda mais os pensamentos e gera cada vez mais espaço para o não-pensamento.

Depois de alguns minutos utilizando a exalação dessa maneira, você pode sentir que o espaço de não-pensamento não está mais aumentando. Nesse momento, volte a atenção para a inalação. Enquanto respira, observe seus pensamentos com um novo interesse. "O que estou pensando agora?" Será uma verdadeira revelação observar o que você está pensando a respeito de alguma coisa.

Ainda durante a inalação, tente descobrir de onde vem o seu pensamento. É uma continuação da série anterior de pensamentos, ou ele foi provocado por uma sensação? Se não, se ele parece ter nascido espontaneamente, ele é então uma "mensagem" de sua mente inconsciente. Esse tipo de pensamento poderá ser muito valioso, uma vez que ele representa um "novo" e não condicionado pensamento, em vez de uma reedição de seu "antigo" pensamento.

A combinação de dispersar seus pensamentos com desinteresse durante a exalação e atrair novos pensamentos durante a inalação revigora a mente e produz surpreendentes e inovadoras idéias. Quando uma dessas idéias aparecer, observe-a durante tempo suficiente para que possa relembrá-la mais tarde, depois a descarte, como uma pessoa que solta um peixinho a fim de pegar um outro maior. Com a prática, a experiência aha! virá cada vez mais freqüentemente.

A Existência sem um Centro

Até agora, essa prática tem sido centralizada na pessoa. Embora você estivesse expandindo e contraindo, o seu centro permaneceu imutável.

Agora vamos expandir e contrair sem um centro de convergência. Em vez de pensar que está respirando, adote uma atitude passiva e permita que o respirem.

Identifique-se com o ar respirado que flui para dentro e para fora do seu corpo. Quando o ar flui para dentro do corpo, como uma onda que chega na praia, os pulmões se expandem para aceitá-lo. Quando o ar flui para fora mais uma vez, os pulmões se retraem enquanto vão se esvaziando. O mesmo ar flui para dentro e para fora de todos os outros organismos que respiram. Se puder fazer essa transição súbita na identidade, você obterá um tipo de pensamento/experiência que é impessoal e por isso não limitado por sua perspectiva pessoal.

À medida que você inspira, compreende que está recebendo o suporte lógico do universo em seu pensamento. À medida que você expira, compreende que seu pensamento é o pensamento do universo.

"Você descobre então que a sua mente é a mente do universo. Não é uma fração dela."[11] Essa é a experiência da unicidade.

Finalmente, respire normalmente e observe seu atual enigma/dilema em ação. Com o saber de toda a experiência para pôr as coisas em ordem, mas sem a limitação de sua interpretação dessa experiência, deixe que sua mente desenvolva uma solução que irá surpreendê-lo.

A Expansão de seu Coração

Retornaremos agora à aplicação direta do Elemento Ar ao desenvolvimento de seu coração. A Prática do Ritmo do Coração prossegue na fase dirigida para baixo que é característica da Meditação PSI. A experiência de unicidade é seguida diretamente pela recriação de um centro individual. O centro que você deseja criar é o seu coração. Seu coração, portanto, torna-se o centro de tudo o que você reconhece ser nessa consciência expandida e unificada.

Enquanto você expira pela boca, imagine que está levando suavemente o Elemento Ar para dentro de um coração, a fim de criar um foco de tudo o que você é. Esse coração que você está imaginando é o seu coração, mas sem um corpo. Ele não pode ficar limitado à forma e às características de seu corpo físico. Esse coração que sua exalação está formando é imenso.

Transfira agora a sua identidade da fonte infinita da respiração para o seu coração, o receptáculo do ar respirado. Você pode fazer isso durante a inalação, que também deve ser feita através da boca. Esse coração não se encontra dentro de você; você está dentro dele. O coração, nessas condições, ocupa um vasto espaço, da mesma forma que o corpo que foi difundido anteriormente no Elemento Ar.

Isso lhe proporciona uma inusitada e maravilhosa experiência de estar literalmente dentro de seu coração. O seu "coração" é tão grande que você pode caminhar dentro dele. Tente isto: enquanto estiver começando a criar o seu coração, durante a exalação, e levando o ar respirado para dentro dele durante a inalação, levante-se, caminhe pelo aposento, depois para fora dele, mas dentro do edifício, e observe que para onde você vá, encontra-se dentro do espaço de seu coração. Tudo e todas as coisas que você vê estão também dentro do seu coração. Quando alguém se aproxima de você, entra em seu coração. Quando caminham para longe de você, levam consigo a bênção do seu coração. Todas as coisas que estão contidas no coração estão interligadas para que estejam totalmente integradas no seu interior, unidas em sentimento, experiência, compreensão e objetivo.

Isso é o que significa estar "amando". Para onde quer que você vá, esse amplo coração permanece à sua volta, e você e tudo o que está perto de si vive dentro desse amor.

Essa é uma experiência crucial de viver com o coração, pois isso demonstra experimentalmente que o coração é uma "capacidade", uma capacidade para o amor. Eis uma descrição sufi da experiência do Elemento Ar do coração:

Cada forma que eu vejo é a Tua forma, meu Senhor,
E cada som que eu ouço é a Tua voz,
No perfume das flores percebo a fragrância do Teu espírito,
Em cada palavra dita para mim ouço a Tua voz, meu Senhor,
Tudo o que me toca é o Teu toque,
Em tudo o que provo desfruto o sabor do Teu delicioso espírito,
Em cada lugar sinto a Tua presença, meu Amado,
Em cada palavra que cai nos meus ouvidos, ouço a Tua mensagem,
Tudo o que me toca faz-me vibrar com o êxtase do Teu beijo,
Aonde quer que eu vá, encontro a Ti, onde quer que eu chegue, descubro a Ti, meu Senhor,
Para onde quer que eu olhe, vejo a Tua gloriosa imagem,
O que quer que eu toque, toco a Tua amada mão,
Para quem quer que eu olhe, vejo a Ti na sua alma,
O que quer que eu receba, recebo de Ti.
A quem quer que eu presenteie, humildemente ofereço a Ti, Senhor,
Quem quer que venha a mim, és Tu que vens,
A quem quer que eu chame, chamo a Ti. [Hazrat Inayat Khan][12]

Representação do Elemento Ar

O Elemento Ar está representado na vida pela vastidão de seu coração e é focalizado pelo seu olhar. Quando você puder concentrar a vastidão de seu coração dentro de seus olhos, irá desenvolver um olhar poderoso.

Ao sair da prática do Ar — com a sensação de ter a sua mente mesclada com a programação lógica do universo e ter seu coração expandido para incluir tudo com que você se preocupa no mundo — seus olhos abertos transformam-se em janelas entre o finito e o infinito. Em vez de levar a imagem do mundo para dentro de seus olhos, a brilhante luz de seu coração flui para fora de seus olhos. É como se seus olhos fossem lâmpadas, acesas pela luz da consciência. Você tem a sensação de estar atrás de seus olhos, olhando através das janelas para um mundo transfigurado que se revela à medida que seu coração flui para dentro dele.

Seus olhos têm a capacidade de iluminar as coisas de tal maneira que você pode examinar a natureza delas. Essa visão não apenas capta a luz que está refletida pela superfície de um objeto, como na visão normal. Ela ilumina as coisas com um tipo de luz de raio-X. Essa é apenas uma metáfora, porque o que você quer ver não é o interior de um objeto, mas a *natureza* do objeto.

Por exemplo:

- Ao olhar para uma flor, você vê a beleza, a vida, a graça e tudo o mais que a flor representa.
- Ao olhar para a pessoa, sua visão revela não apenas a aparência e a atual situação dela, mas suas qualidades e seus potenciais.
- Ao olhar para uma situação, sua visão revela a causa que está por trás da causa aparente, e para qual objetivo ela é útil.
- Em cada problema, você vê o seu contexto. O problema aparece como o centro de um problema maior. Tratar o problema maior de uma maneira específica o leva a tomar decisões sábias.

O mais surpreendente a respeito dessa visão, do seu imenso poder, é que ela é criativa: ela cria o que vê. As pessoas realmente se ajustam cada vez mais à maneira como você as vê. As situações se desenvolvem de acordo com a maneira como você as entende. Você mesmo torna-se aquilo que você sabe que é.

O desafio é manter os olhos carregados com luz e evitar a auto-ilusão. Você pode recarregar seus olhos com visão criativa, utilizando o Elemento Ar. Você evita a auto-ilusão não assumindo que cria os seus pensamentos. Os seus pensamentos sempre contêm auto-ilusão porque o ego distorce a única e singular realidade com seu conceito de individualidade.

O pensamento no qual você pode confiar baseia-se na harmonia.

Através de um estudo da vida, o sufista aprende e pratica a essência de sua harmonia. Ele estabelece harmonia com o eu, com outras pessoas, com o universo e com o infinito. Ele identifica-se com outra pessoa, vê a si mesmo, por assim dizer, em cada outro ser. Ele preocupa-se em não fazer crítica nem elogio, considerando ambos como algo que provém de si mesmo. [Hazrat Inayat Khan][13]

De que maneira você poderá desenvolver essa atitude? Você não poderá fazê-lo voluntariamente. Essa atitude de harmonia com os outros vem apenas da experiência de unicidade. Ela é testada pelas dificuldades da vida, mas a pessoa que compreende a verdade da unicidade não pode pensar de nenhuma outra maneira.

Se uma pessoa deixasse cair da mão um objeto pesado e, assim o fazendo, ferisse o próprio pé, não poderia culpar a sua mão por tê-lo soltado, reconhecendo a si mesmo tanto na mão quanto no pé. De maneira semelhante, o sufista é tolerante quando ferido por outra pessoa, considerando que o ferimento foi causado apenas por ele mesmo. [Hazrat Inayat Khan][14]

Se os outros não concordarem com você, você ainda pode concordar com eles. Que diferença faz se você ou o outro mudar? Para o Elemento Ar, a mudança é natural. À medida que sua compreensão se alarga e se aprofunda, mais você aprende como agir com pessoas de todos os tipos, compondo uma música que inclua as notas delas, não as excluindo ou menosprezando.

[O sufista] usa o contraponto, harmonizando a conversa desagradável do amigo e transformando-a em uma fuga. [Hazrat Inayat Khan][15]

Logicamente, você sente que o cuidado com o seu coração expandido está sob sua responsabilidade e depende de você, uma vez que o que quer que aconteça em seu coração acontece a você. Seus sentimentos preenchem o espaço de seu coração e depois continuam a vibrar e a ressoar dentro dele por muito e muito tempo. Você vive na atmosfera de seu coração, qualquer que seja ela, portanto tem interesse em torná-la alegre.

Quanto mais você a entende, mais interessante a vida se torna. O que você vê é a imagem que seu coração cria, e o que seu coração cria é a vida que você vive.

Quarta Parte

CONTINUAÇÃO DA PRÁTICA POR TODA A VIDA

15. PROBLEMAS COMUNS COM A MEDITAÇÃO

Quando as pessoas estão aprendendo a Prática do Ritmo do Coração, encontram certos problemas previsíveis. Muita gente já trilhou esse caminho antes de você, portanto os mestres experientes já conhecem todos os problemas que você tem ou terá. Uma vez que este livro está sendo utilizado como um professor que tem algumas deficiências, incapaz de responder a algumas dúvidas, pelo menos alguns dos problemas a respeito dos quais você irá indagar devem estar aqui relacionados. Se no momento você não tem nenhum problema com a prática, poderá ter mais tarde, portanto pode guardar este capítulo para quando isso acontecer.

Não Consigo Meditar

"Meu problema é simplesmente que não me sobra tempo para meditar. A meditação me parece exigir um grande empenho, e não estou certo de que gostaria disso. Gosto de ler a respeito da meditação, mas acho que não estou preparado para meditar realmente."

Antes de tudo, se você está interessado na meditação, isso vale alguma coisa. Em vez de sentir-se culpado porque *não* está fazendo determinada coisa, fique feliz pelo fato de *estar* pensando em fazê-la. Tente pensar ainda mais a respeito da meditação. Lembre-se das histórias e dos conceitos a respeito dela que você já ouviu. Reflita sobre o que o faz sentir-se pouco à vontade com relação à meditação e sobre o que lhe atrai.

Você pode tentar fazê-la gradualmente. Alguns exercícios preparatórios podem ser feitos informalmente, em qualquer lugar: enquanto dirige o carro, quando estiver assistindo à televisão, ao colocar as crianças na cama, numa reunião, de pé numa fila. Você pode ficar atento à sua respiração a qualquer hora. Pode tentar dar ritmo à sua respiração ou prolongar sua exalação sempre que pensar nela. No caso de sentir-se bem fazendo isso em um ambiente informal, pode sentir-se estimulado a tentar fazê-lo numa posição formal.

Você possui tudo de que necessita para realizar essas práticas: sua respiração e seu batimento cardíaco. Não é preciso nenhuma preparação mental especial. Se puder perceber as batidas de seu coração, você é uma pessoa afortunada.

Se você despertar à noite e não puder dormir, sente-se sobre o travesseiro e faça a respiração rítmica até ficar novamente com sono. Se o seu inconsciente está repetidamente o despertando à noite para meditar, talvez seja melhor prestar atenção a essa mensagem e começar a meditar deliberadamente.

Se necessitar de ajuda para conseguir meditar, faça um planejamento. Criar uma rotina irá fortalecer a sua capacidade de "sentar-se", superando o primeiro e pior obstáculo na Prática do Ritmo do Coração. Você estabelece uma rotina em um estado de espírito de determinação e sábia dedicação. Então, quando se encontrar em um estado de espírito diferente — logo cedo, quando tem de se levantar e resiste ao chamado do jornal da manhã — sua determinação retornará para ajudá-lo.

MINHA MENTE ESTÁ *desanuviada e ocupada de manhã. Enquanto tomo banho, minha mente está preparando planos para o dia e soluções para os problemas adiados de ontem. Enquanto me visto, minha mente já está trabalhando. Então meu estômago interfere e exige comida. Prometo satisfazê-lo, mas peço que tenha paciência. Estou interessado no que minha esposa está dizendo: interpretação de seus sonhos, continuação das discussões da noite passada, ajustes para o dia que está começando. Acordo o meu filho de 12 anos e faço com que ele se levante, apesar de seus protestos. O cão precisa ser levado para passear. Para seguir os planos que fiz durante o banho, devo procurar alguns documentos para levá-los comigo no trem.*

Meu banquinho para meditar me chama, e eu o ouço. Caminho para a Sala de Meditação (como somos afortunados por termos uma!) e tiro os sapatos. Sou movido pela fé pois se tivesse pensado se deveria ocupar esse tempo meditando, não o faria. Minha mente está, como sempre, defendendo meus interesses, e estou interessado em tudo o que me cerca. Mas tão logo me sento, minha mente começa a mudar. Agora lembro-me de como aumentei a fé em que a meditação é algo de que necessito, a despeito dos questionamentos por parte de minha mente. Ondas de energia derramam-se sobre mim, e a gratidão eleva-se de meu coração. Quase deixei de obter isso — e como sou grato por isso não ter acontecido! Que prazer é meditar pela

> manhã quando estou atento e não sonolento! Minha mente também se deleita com isso, sempre de acordo com os meus interesses. É um prazer passar por todas as etapas da prática, descobrir as batidas de meu coração e redescobrir os elementos como se fosse a primeira vez.

Encontrar pelo menos uma outra pessoa que o acompanhe na prática irá mudar fundamentalmente a sua experiência. Um pequeno grupo que se reúna regularmente é melhor. Na segurança da pluralidade, os "temores" de ter um coração consciente irão diminuir. Finalmente, a prática irá chamá-lo, e você será por ela atraído sem qualquer resistência.

Não Consigo Ficar Sentado e Imóvel

"Não consigo permanecer sentado e imóvel pelo tempo suficiente para me beneficiar com isso."

O corpo está adaptado ao movimento, e mantê-lo imóvel pode parecer uma tortura. Se permanecer sentado e imóvel lhe parecer uma tortura, então você pode combinar a prática da respiração com o movimento. A forma mais simples dessa combinação é a mais eficiente: a Prática da Respiração Caminhando (do Capítulo 6).

Quando você se senta, seu sistema nervoso sofre uma mudança que leva à meditação. Também é muito difícil sentir o batimento cardíaco enquanto está se movimentando, a menos que você esteja se esforçando consideravelmente. Naturalmente, os sensores de pressão continuam em plena atividade, portanto você não se sente aliviado da sobrecarga sensorial. A respiração perfeita não ocorre durante a movimentação; as emoções mais puras são subjugadas. Por todas essas razões, é preferível sentar-se e permanecer com o corpo imóvel. Você pode fazer isso com uma atitude amistosa em relação ao corpo se observar sua respiração e procurar sentir as batidas do seu coração.

Uma vez que tenha descoberto o batimento cardíaco, é muito mais fácil permanecer sentado e imóvel. O batimento cardíaco é a porta de entrada para o mundo interior.

Você pode aumentar gradualmente o tempo em que permanece sentado. Comece com cinco minutos. Você pode utilizar um despertador para indicar o fim do período. Depois, pode passar para dez minutos. É apenas a via de acesso para o mundo interior que parece causar medo. O interior é um palácio, embora do exterior pareça estar em ruínas. É um palácio que você já visitou quando estava dormindo. Na escuridão, ele parece assustador, mas uma luz interior revela a beleza do palácio. Na verdade, ele é o seu verdadeiro lar, e guarda para você tudo o que constitui um "lar". O interior é seguro; o palácio jamais foi violado; as guerras exteriores não causaram danos a ele.

Pensamentos no Meio do Caminho

"Sempre que tento realizar a Prática do Ritmo do Coração, meus pensamentos e os sons à minha volta distraem-me e interpõem-se no caminho de minha meditação."

Antes de tudo, reconheça que sua mente está continuamente produzindo pensamentos. Sua mente é semelhante a um computador que está constantemente exibindo imagens para o seu deleite. Você não pode desligá-la. O que pode fazer é concentrá-la em sua prática.

Não quero, de maneira nenhuma, ofender a sua mente. Ela é uma estrutura no alicerce da identidade, isto é, nós nos identificamos com a nossa mente. É a nossa singular memória que nos confere a nossa individualidade. Mas existem planos da mente — existe lógica, intuição e a sutil percepção da mente. A mente pode ser concentrada no modelo de uma mesa; na utilidade de uma mesa; nas lembranças associadas a uma mesa; na construção de mesas, no arquétipo da mesa, na função de mesa; no arquétipo da função de mesa, na função dos objetos, e assim por diante.

De que modo você pode sintonizar a sua mente com um plano "superior" que lhe permita descobrir a essência de sua natureza? Isso exige treinamento, e esse treinamento tem etapas. Às vezes, seus pensamentos vêm do fundo do coração, refletidos em sua mente; isso é maravilhoso, como escutar uma missa de Bach no rádio. Outras vezes, a mente produz o equivalente a um comercial de rádio, ou até o ruído de uma má sintonia.

Em primeiro lugar, considere o plano comum de seu pensamento como algo comparável à ruidosa conversação entre crianças. Geralmente não somos perturbados pelas crianças. Elas gostam de brincar e também de usar a voz. A mente delas é como um brinquedo novo, e elas adoram observar o que ela pode fazer. Você pode sentar-se cercado pelas vozes das crianças em sua mente e não ser perturbado por elas porque você sabe que são crianças.

Outra imagem que eu gosto de utilizar é a de que o rendimento da minha mente é semelhante ao de uma tela de computador. Não é uma maravilha o que pode ser feito com um computador? Eu determino o meu modo de vida através da minha mente, mas estou ciente de suas grandes limitações. Se ela não for alimentada a partir de um profundo poço de emoções, torna-se inteiramente mecânica. Todas as imagens que a mente delineia na sua tela têm certa semelhança. Todas elas são imagens adaptadas para serem exibidas, e a pessoa se cansa dessas imagens. Embora o computador não possa ser desligado, você pode deslocar a tela para que ela fique virada para a parede.

Quando você menospreza seus pensamentos, eles perdem seu apelo e sua força. Para "mudar o canal", você deve ser capaz de excluir a atual manifestação. Essa é uma etapa decisiva na sintonização de sua mente.

Digamos que você está sentado para meditar e um carro de bombeiros passa lá fora. Parte de sua mente corre para a janela, como uma criança, e gera diversos pensamentos a respeito do carro, de incêndios, de casas, de sua casa, e assim por diante. A parte mais madura de sua mente não está interessada no som da sirene. Esse desinteresse remove as obstruções. Isso corresponde à metade do treinamento da mente: a mente produz apenas pensamentos, e nenhum pensamento pode ser realmente interessante.

A segunda metade do treinamento direciona a mente para fortalecer a prática. Então os seus pensamentos são o ponto focal de sua consciência. Eles o acompanham em quase toda a jornada interior. (Em um nível muito elevado de meditação, a consciência torna-se completamente desfocada, e assim os pensamentos, que constituem o ponto focal da consciência, se dispersam. Entretanto, até você atingir esse nível, e depois disso, seus pensamentos estarão sempre com você.) Quando você está interessado no que está experimentando através dos sentidos, seus pensamentos estão presentes. Quando seu interesse se volta para o que você está sentindo interiormente, seus pensamentos estão presentes. Quando a Prática do Ritmo do Coração o interessa, seus pensamentos estão direcionados para ela.

O interesse direciona a mente. Portanto, para manter a mente direcionada para a prática, você tem de tornar a prática interessante. Você pode fazer isso lembrando-se do que o levou a aprender a meditar. Quanto mais específico for o seu objetivo, mais forte será a motivação que ele cria.

Outra parte do treinamento consiste em desenvolver a capacidade de controlar totalmente a mente. A primeira etapa desse treinamento é ficar sentado e imóvel.

> Uma pessoa a quem falta controle sobre seus sistemas nervoso e muscular não tem controle sobre sua mente; ela conseqüentemente o perde. Mas tendo controle sobre os sistemas muscular e nervoso, a pessoa tem também controle sobre a mente. [Hazrat Inayat Khan][1]

Uma vez que você tenha desenvolvido desinteresse e interesse e aumentado o seu controle mental, os pensamentos que lhe vêm à mente durante a

Prática do Ritmo do Coração serão importantes, considere-os com respeito. Essa é a hora em que o inconsciente fala com o consciente, assim esteja atento ao significado de seus pensamentos.

Você pode ter um pensamento que surge como uma diretriz: "Faça isso!" Pensamentos desse tipo normalmente arrebatam a pessoa, pelo fato de parecerem muito inspirados. De que maneira você pode saber se um pensamento é algo que surge em uma tela de um computador com uma inusitada inteligência ou uma informação verdadeiramente valiosa de orientação interior? Submeta-o a um teste.

1. Sempre que lhe ocorre um pensamento que tenha grande especificidade, criatividade e uma aparente solução para os seus problemas, anote-o e depois suprima-o — force-o de volta para o inconsciente, para baixo da superfície da mente consciente.
2. Depois de alguns momentos, ele voltará. Dessa vez, ele será diferente, mas ainda identificável como a evolução do pensamento anterior. Ele foi beneficiado tanto pelo fato de ter sido percebido conscientemente como por ter sido forçado a voltar para sua origem, onde foi desenvolvido e adaptado a um escopo mais amplo. Agora, tendo evoluído, é um pensamento mais sábio. Então suprima esse pensamento pela segunda vez.
3. Quando ele voltar a surgir mais uma vez, aceite-o. A terceira versão é a correta.

Esse processo pode ter lugar durante uma única meditação ou durante muitas meditações. Os pensamentos que permanecerem depois desse processo são raros e especiais; anote-os.

Não Consigo Ar Suficiente

"Quando faço a Respiração Simétrica ou qualquer respiração alongada, acho que fico sem ar, assim tenho de respirar normalmente algumas vezes antes da respiração seguinte da prática."

Esse problema tem em geral duas causas: exalação incompleta e uma forte emoção. Primeiro, verifique a técnica que você usa para respirar. Se quiser conseguir mais ar, precisa fazer uma exalação mais completa. Até um pequeno prolongamento da exalação irá fazer uma grande diferença na inalação seguinte. Segundo, verifique a sua postura. Se estiver inclinado para a frente, mesmo que ligeiramente, seus pulmões estarão comprimidos e não poderão encher-se de ar totalmente.

Mas se for acometido por uma ansiedade durante a meditação, você precisará seguir a recomendação contrária. A ansiedade é agravada pela exalação plena e pela retenção da inalação. Se surgir ansiedade, é importante saber como reduzi-la. Ao aprender a aumentar e a diminuir a ansiedade, você obterá controle sobre essa emoção — controle que pode exercer sempre que surgir a ansiedade em sua vida.

Diminua a ansiedade mantendo o ritmo de sua respiração, inspirando e expirando sem interrupções. Não prenda a respiração de maneira nenhuma, e não prolongue a exalação. Utilize a variação normal da respiração, de maneira rítmica, como um pêndulo movimentando-se para dentro e para fora. Geralmente você descobrirá que, quando a ansiedade começa, o movimento da respiração é interrompido.

Há muitas outras emoções que você poderá sentir durante a meditação. Todas as emoções, exceto paz, requerem uma quantidade extra de ar. Quando você se sentir ansioso, alegre ou triste, irá necessitar de mais ar. Se ficar preocupado em realizar a prática da respiração corretamente, isso poderá se transformar numa espiral que vai de mal a pior: a preocupação requer uma quantidade maior de ar respirado, que interrompe o fluxo suave e rítmico e faz você ofegar, o que faz com que você se preocupe ainda mais com que está fazendo. Quando isso acontecer, apenas dê um grande suspiro e elimine a preocupação.

As emoções podem ser sentidas em estado bruto ou refinado conforme a quantidade de ar respirado que elas requerem. As emoções em estado bruto requerem uma longa respiração, e as emoções em estado refinado requerem apenas um pouco de ar. Cada emoção tem uma versão em estado bruto e outra em estado refinado. Por exemplo:

Emoção	*Estado Bruto*	*Estado Refinado*
Amor	paixão	admiração e respeito
Raiva	furor	determinação
Medo	pânico	sinal de advertência
Regozijo	alegria	felicidade

Como em geral é difícil discernir com precisão os nossos sentimentos, quase sempre só tomamos conhecimento de nossas emoções em estado bruto. Com a Prática do Ritmo do Coração, você fica mais consciente de seus sentimentos puros, e esses sentimentos se expandem até se tornarem vastos e profundos. Uma das características de viver de acordo com o coração é sentir essas emoções puras.

Sentir as emoções em estado bruto é como viver na terra; sentir as emoções em estado puro é como viver no céu.

Respirar consciente e ritmicamente e tornar a sua respiração pura também irá tornar puras as suas emoções. Quando isso acontece, sua respiração fica mais pura ainda.

A palavra em latim que significa "espírito" é a mesma que, também em latim, significa "ar respirado". O Sermão da Montanha fala, portanto, a respeito da bênção de sentir as emoções puras.

Bem-aventurados os pobres [puros] de espírito [ar respirado].

Sonolência Durante a Meditação

"Fico sonolento quando estou sentado. Não noto quando o sono está chegando, mas de repente percebo que estou dormindo."

É muito comum ficar com sono durante a meditação. A concentração é cansativa. Quando a sonolência está presente, ela serve como um limite para a sua consciência. Você não consegue "ultrapassá-la" e perde momentaneamente a consciência. Você pode "descer", no sentido de se tornar mais consciente de seu corpo e de sua mente, mais desperto. Mas o verdadeiro despertar espiritual é muito diferente.

A primeira técnica a ser empregada quando esse problema ocorrer é fazer uma pausa. Se puder dar um cochilo, faça-o: você ficará extraordinariamente descansado. Cair no sono por causa da meditação é uma felicidade.

> Não é necessário que façam sua meditação tentando evitar adormecer; se ao fazer a meditação vierem a adormecer tanto melhor, pois a meditação continua durante o sono no subconsciente. [Hazrat Inayat Khan][2]

> Mesmo se você prescrever a um estudante fazer uma determinada meditação à noite, antes de ir dormir e durante essa meditação adormecer, isso poderia fazer um efeito mil vezes maior do que se o estudante se ocupasse em fazer várias coisas entre a meditação e o sono. [Hazrat Inayat Khan][3]

A segunda técnica é adotar a Respiração do Fogo. A sonolência é uma barreira impenetrável para a consciência mais elevada, mas você pode ultrapassá-la se tiver energia suficiente.

A sonolência pode estar acontecendo porque você "interrompeu o circuito", como disse Pir Vilayat Inayat Khan. A realidade não se ajusta a nenhum compartimento no qual armazenamos nossas idéias; ela não pode ser reduzida por nossos conceitos. Ela é esmagadora; elimina nossos conceitos. Quando você se confronta muito de perto com a realidade — uma grande dose da verdade –, ela não pode ser prontamente incorporada ou assimilada. A mente se fecha, de maneira inofensiva, durante um curto período de tempo.

Perda da Noção do Tempo

"Quando eu meditava, ficava surpreso pelo tempo que havia decorrido. Pensava que haviam passado apenas alguns minutos, mas se passara meia hora."

Inconscientemente, medimos o tempo contando as batidas de nosso coração e as respirações. Quando se está meditando, as respirações são mais longas do que o normal. Assim se respira menos vezes por minuto. Normalmente, deve-se fazer 6 respirações por minuto, uma a cada 10 segundos, mas quando se está meditando, uma única respiração pode levar 25 segundos ou mais, o que significa 2,4 respirações por minuto. Na proporção de 6 respirações por minuto, supõe-se que sejam realizadas 180 respirações em meia hora mas, quando estamos respirando, respiramos apenas 72 vezes em meia hora. Normalmente, 72 respirações levariam 12 minutos. Seu contador inconsciente de respirações computou apenas quarenta por cento do tempo real de 30 minutos.

Outro problema com respeito à determinação do tempo é que, quando a respiração e o batimento cardíaco tornam-se conscientes, seu contador inconsciente de respirações e de batidas do coração é desativado. A respiração e o batimento cardíaco são conscientes ou inconscientes. Quando você realiza a Prática do Ritmo do Coração, a mente consciente assume o controle de sua respiração e também, até certo ponto, do ritmo de seu coração, portanto o seu inconsciente, que é normalmente o cronometrista, não tem acesso a seus relógios. Seu método usual de medir o tempo torna-se inoperante. Conseqüentemente, podemos ter a impressão de que tenha decorrido até menos de quarenta por cento do verdadeiro tempo. Como expusemos no Capítulo 7, pode parecer que o tempo pára completamente.

Se você tiver de terminar a sua prática em uma determinada hora — para pegar o metrô para ir para o trabalho, por exemplo — deverá utilizar um despertador. Isso tem o benefício adicional de remover uma possível fonte de ansiedade. O fato de saber que o alarme do despertador irá encerrar a meditação vai liberá-lo interiormente.

Dores de Cabeça

"Quando medito, sinto dor de cabeça na região da testa."

Não é raro aparecer uma dor de cabeça na fronte das pessoas que estão começando a meditar. Depois de adquirirem mais experiência, ela se transforma numa sensação de pressão, indolor. Finalmente, essa dor desaparece por completo. Ela ocorre pelo fato de a pessoa não ser capaz de controlar a energia crescente que chega à cabeça, principalmente na Respiração do Fogo. Há três soluções que posso recomendar:

1. Fique de joelhos e coloque a testa de encontro ao solo. Quando o ponto mais alto do corpo, a cabeça, fica no mesmo nível do ponto mais baixo, os pés, a energia "esgota-se". Imagine que a energia dentro da cabeça derrama-se através de sua testa. Isso proporcionará um rápido alívio, embora desperdice energia.
2. Volte a meditar e concentre-se no ponto exato localizado no topo de sua cabeça, a moleira. Essa é a última parte do crânio a se fechar em um bebê, assim diversas comissuras encontram-se nesse local. Imagine esse ponto se abrindo a fim de permitir que a energia crescente que subiu para a cabeça escape para o alto. Se você dispuser de tempo para meditar por cerca de mais uma hora, essa é uma maneira adequada de se utilizar a energia.
3. Faça a Respiração da Água, o antídoto para experiências de energias estranhas. Ela é particularmente eficiente como medida preventiva. Se você for predisposto a dores de cabeça, dê ênfase à Respiração da Água e interrompa a Respiração do Fogo.

Dor na Região do Coração

"Desde que comecei a meditar, de vez em quando sinto uma dor intensa no peito."

Esse é um problema que eu tenho e já vi muitas vezes em outras pessoas. Ele pode ocorrer em um estágio avançado da prática. Pode surgir quando você está caminhando, dirigindo ou fazendo alguma atividade a qualquer hora. A dor é aguda e muito localizada, seja no coração físico, do lado esquerdo do peito, ou no centro do peito no nível do coração. É muito dolorosa e fica difícil respirar. Depois de dois ou três minutos, com certeza menos de dez, ela desaparece completamente.

Ela assemelha-se à dor de um ataque cardíaco. Naturalmente, você deve fazer imediatamente um exame do coração porque pode *ser* um ataque cardíaco. Mas, segundo minha experiência, ela não é física, e os médicos não conseguem descobrir algo a seu respeito. Ela é provocada por uma abertura no *coração* imaginário.

No nível de concentração da Prática do Ritmo do Coração, você fica consciente do coração no interior de seu corpo. No nível da contemplação, você fica consciente de estar no interior do coração. No nível da meditação, o coração dentro do qual você sente estar, é o coração da humanidade, e você começa a sentir tudo o que está nesse coração. Você sente essas incomensuráveis e intensas sensações entrando e atravessando todo o seu coração físico, o que é o mesmo que tentar despejar o oceano numa xícara através de um funil. O coração individual não pode conter todas as emoções, do amor à dor, por isso sofre um espasmo.

Se você puder se lembrar no que estava pensando exatamente antes de a dor ter aparecido, provavelmente irá descobrir que era um pensamento de ternura e preocupação para com outras pessoas. Não era um sentimento de angústia, de perda de controle, ou uma espécie de ansiedade. Essas coisas provocariam dor no estômago. A dor na região do coração ocorre no momento em que o coração do mundo entra em contato com o seu coração.

Isso é, infelizmente, um sinal de um coração que está em atividade.

> A pessoa está viva quando seu coração está em atividade, e o coração está em atividade quando despertou para a comiseração. O coração vazio de ternura é pior do que uma pedra, pois a pedra tem utilidade, mas o coração vazio de ternura produz antipatia. [Hazrat Inayat Khan][4]

Um coração que se tornou acessível e sensível é um coração que pode sentir uma genuína ternura por outras pessoas. Onde você sente a dor do coração dos outros? No próprio coração, como uma dor física, como uma dor em seu coração. À medida que você evolui, seu coração vai ficando maior — isto é, ele desenvolve um espaço maior para as emoções — e então a dor cessa.

Pense nessa dor como uma dor da evolução de seu coração.

Choro

"Sempre que medito, meus olhos enchem-se de lágrimas, e eu não consigo refreá-las."

Esse é o problema do excesso da Corrente PSI descendente (ver Respiração da Água no Capítulo 12). Ele pode ocorrer nas pessoas muito criativas e nas pessoas com um coração sensível. O restante de nós acolheria de bom grado esse fluxo de experiência emocional e muitos o preferem ao deserto da não-emoção, mas para os que não conseguem parar de chorar, isso não é um consolo. Tão desejável quanto ser capaz de entrar em contato com o coração, queremos manter algum controle sobre nossa condição de vida.

As lágrimas podem surgir logo no início de sua meditação ou mais tarde. Elas podem expressar o intenso desejo de seu coração de retornar "para casa". Podem surgir para limpar seu coração depois que for descoberto um ferimento nele. Podem indicar a abertura de seu coração — uma das experiências da superação de obstáculos do desenvolvimento interior.

Não recomendo que tente endurecer o coração para ficar menos sensível às emoções. Isso é provavelmente o que você faz durante todo o dia. Na hora da meditação é que você pode desfrutar da qualidade natural do seu coração. Tudo de que você precisa é uma maneira de sintonizá-lo num nível mais elevado para que possa permanecer dentro dele sem ficar assoberbado. A maneira de conseguir isso é meditar ainda mais.

A Respiração do Ar é a chave para desenvolver uma emoção mais pura. Aperfeiçoando sua respiração, você torna-se mais vasto, e sua experiência torna-se mais difusa. Suas emoções não desaparecem; elas tornam-se mais impessoais. As lágrimas irão parar, mas seu coração permanecerá aberto. (Ver também o problema anterior, "Não Consigo Ar Suficiente".)

Falta de Sono

"Quando medito à noite, não consigo dormir depois da meditação."

De manhã cedo e tarde da noite são as duas melhores horas para meditar. No entanto, você deve escolher a prática apropriada para a ocasião. De manhã, você precisa das práticas que produzem revitalização, inspiração e vigor. De noite, você precisa de expansão, receptividade e luz. As práticas que produzem paz ou amor podem ser realizadas a qualquer hora. Se você não dispuser de tempo para meditar à noite, poderá então realizar qualquer prática de manhã.

À noite, um pouco antes de ir para a cama, faça a Respiração do Ar. Depois, deite-se enquanto ainda estiver sentindo seus efeitos, e vá dormir. Evite a Respiração do Fogo à noite.

Acho a Filosofia Tediosa

"Faço as práticas que você descreve, mas não me preocupo com os seus comentários filosóficos."

Não é necessário que você aceite qualquer filosofia que encontrar neste livro. A filosofia consubstancia e surge da metodologia, mas não é indispensável. Se há algo neste livro de que você não gosta, despreze-o. Talvez uma parte específica do livro seja útil para você. Ele não é um conjunto; você pode usar a parte de que gosta e deixar o resto de lado.

16. PRÁTICA INDIVIDUAL OU EM GRUPO

A não ser que já faça parte de um grupo de pessoas que praticam a Meditação PSI, é provável que você, inicialmente, tente a Prática do Ritmo do Coração por iniciativa própria. Uma vez que a tenha aprendido, com certeza poderá continuar a fazê-la sozinho. Algumas pessoas são capazes de aprendê-la e continuar a realizá-la por si mesmas. No entanto, a maioria das pessoas necessita de ajuda para dominar a prática.

Há muitas vantagens em compartilhar a Prática do Ritmo do Coração com um grupo, com ou sem um instrutor. Se alguém lhe recomendou este livro, você tem uma grande vantagem, pois tem alguém com quem debater, com quem partilhar suas experiências e dúvidas. Espero que tenha oportunidade de realizar a prática junto com essa pessoa amiga. Então você irá descobrir o que todo meditador descobre — que a experiência é muito mais intensa quando realizada em grupo do que sozinho.

Talvez você venha a sentir que pode passar adiante essa vantagem, oferecendo-se para receber o grupo em sua casa ou ajudar a preparar uma Prática do Ritmo do Coração. Se quiser encontrar ou propor a criação de outro grupo, por favor visite o *site* do Instituto PSI na internet. Teremos todo o prazer em ajudá-lo a encontrar outras pessoas de sua região que estejam interessadas na Prática do Ritmo do Coração.

As experiências de realizar a Prática do Ritmo do Coração sozinho, em grupo sem um instrutor, e com um instrutor são totalmente diferentes, e cada uma apresenta desafios e oportunidades.

Meditação Solitária

É difícil dominar a fundo a Prática do Ritmo do Coração por si mesmo, mas você pode conseguir muito do seu objetivo tentando realizá-la. Os únicos obstáculos que terá de enfrentar são aqueles que você cria, assim você irá receber os benefícios por superar obstáculos interiores bem como os benefícios da prática.

Sua mente é muito astuta, e ela pode se sentir ameaçada pela experiência da meditação, que não é lógica nem estritamente pessoal. Dessa forma ela irá criar todos os tipos de pretextos e digressões. Irá lhe dizer, por exemplo:

- "A meditação é muito subjetiva. Por que desperdiçar tanto tempo consigo mesmo?"
- "Meditação é para os ricos que dispõem de tempo ocioso."
- "A meditação não me parece ser algo muito divertido."
- "Isso não é para você. Você já fez coisas como essa antes, e elas de nada lhe valeram."
- "Como práticas tão simples podem produzir alguma experiência valiosa?"
- "Você só vai ficar totalmente frustrado. Então, por que começar?"
- "Você não está suficientemente preparado para fazer algo tão avançado."
- "Você é muito importante para gastar seu precioso tempo dessa maneira."
- "Você conhece tudo o que está neste livro, portanto deve estar além dessas práticas."
- "Ninguém mais sabe o que você deveria estar fazendo".

E inúmeras outras versões e combinações das frases acima.

Essas desculpas irão testar a sua intenção. Se for capaz de superá-las, irá demonstrar o seu compromisso em viver de acordo com o seu coração.

ESTABELEÇA UM OBJETIVO

O caminho para obter sucesso quando está praticando sozinho é formular um objetivo definido. Esse objetivo deve ser um que a Prática do Ritmo do Coração possa ajudá-lo a atingir: "realizar uma mudança na sua vida" ou "obter uma determinada habilidade ou qualidade" como as descritas no Capítulo 2. Alternativamente, seu objetivo pode ser o aprendizado da própria Prática do Ritmo do Coração. As Metas PSI oferecidas do começo ao fim deste livro pretendem servir como esses objetivos.

Eis alguns outros exemplos de objetivos relacionados com o aprendizado da prática:

- Ser capaz de executar a Prática do Ritmo do Coração sozinho por 20 minutos.
- Ser capaz de fazer sozinho uma das quatro Respirações dos Elementos.
- Ser capaz de atingir o estágio de contemplação com a Prática do Ritmo do Coração.
- Ser capaz de atingir o estágio de meditação com a Prática do Ritmo do Coração.
- Ser capaz de executar a Prática do Ritmo do Coração com os olhos abertos, enquanto está trabalhando.

Para atingir esses objetivos, você precisará saber como resolver os problemas freqüentemente encontrados, descritos no Capítulo 15.

FAÇA UM PLANEJAMENTO

[Uma pessoa] tem de descobrir como se recarregar. Em vez disso, ela geralmente afirma "não ter tempo" para meditar. No entanto, a meditação é exatamente o que irá lhe proporcionar tempo, e a maioria das coisas para si mesma, para seu bem-estar. [Hazrat Inayat Khan][1]

Se houver uma atividade constante e se toda a atenção estiver direcionada para o mundo exterior, como o homem poderá ficar, alguma vez, cara a cara consigo mesmo? Em vez disso, com o passar dos anos, ele fica mais velho e, com freqüência, demonstra perda de vitalidade. Pois não é apenas quando o corpo está fatigado e a mente cansada que essa perda se manifesta, mas também em todas as manifestações de sentimentos. [Hazrat Inayat Khan][2]

Quando estiver praticando sozinho, é essencial que você faça um planejamento para si mesmo. Um planejamento também é útil se estiver praticando com um grupo, mas se está fazendo isso sozinho, ele é imperioso. Você deve estabelecer um horário para realizar a prática, todos os dias, mas sem deixar de fazer tudo o que está acostumado a fazer. Você vai precisar da ajuda que um planejamento pode lhe oferecer.

Se você seguir essas simples orientações, irá ficar satisfeito com os resultados. Nessa ocasião, você deve realmente sentar-se em seu banco ou em sua almofada, suspirar, como eu faço, em agradecimento por não ter perdido esse momento, essa sensação e essa oportunidade.

Há uma vantagem quando a meditação é feita sempre no mesmo lugar... Dessa maneira, o lugar oferece a acomodação correta para as vibrações mais elevadas e mais puras, e cria uma atmosfera de tranqüilidade. Isso a torna mais fácil para as outras pessoas que vêm para um lugar como esse. [Hazrat Inayat Khan][3]

Primeiro estágio: Escolha um local em sua casa para ser o seu lugar de meditação. Sente-se sempre no mesmo lugar. Mantenha ali o objeto que você utiliza para sentar-se: uma almofada, um banco ou uma cadeira.

Você poderá dizer que a meditação torna a sua vida muito enfadonha. Sua mente concebeu isso, sua repetição o alimenta, seu desenvolvimento faz com que ele cresça.

A meditação atrai seres invisíveis, maravilhosos que se reúnem na hora determinada para desfrutar a atmosfera de sacralidade. Se você mudar a hora e o lugar, ou não realizar uma reunião, esses seres vão embora frustrados e levará algum tempo antes que eles voltem outra vez. [Vilayat Inayat Khan][4]

Segundo estágio: Determine a hora do dia em que irá meditar. Faça isso de maneira especificada: "6:15" ou "21:30", não "depois do banho" ou "antes do café da manhã".

É melhor meditar regularmente uma determinada hora, todos os dias, se possível. Isso também contribui para a harmonia da vida. [Hazrat Inayat Khan][5]

Talvez a sua vida não mantenha o ritmo suficiente para que você possa ser específico. Nesse caso, uma boa maneira de começar é fixar uma hora exata para a meditação. Assim, o resto do dia pode girar em torno dela. Sua meditação torna-se o ponto fixo no areal da vida.

Tenha em vista os horários para a sua prática tanto pela manhã como à noite.

Deve ser prescrito ao aluno fazer seus exercícios quando despertar pela manhã e exatamente antes de ir dormir. A importância desse procedimento está em gravar todas as práticas em sua mente subconsciente, pois é lá que o fenômeno está oculto. [Hazrat Inayat Khan][6]

Terceiro estágio: Ajuste um despertador para soar depois de 15 a 20 minutos. Isso vai permitir que você deixe de lado a preocupação com a possibilidade de perder a noção do tempo. Você *vai* esquecer o tempo decorrido, mas o despertador não esquecerá. Você não é obrigado a desligar o despertador quando ele disparar, mas pode fazê-lo.

> Quinze minutos por dia regularmente ajudarão a pessoa muito mais do que duas horas por dia quando lhe for conveniente. [Hazrat Inayat Khan][7]

A questão a respeito da duração da prática, por 15, 20 ou 30 minutos, pode ser solucionada experimentalmente. É importante chegar à "sensação monolítica" descrita no Capítulo 3. Essa condição fisiológica pode surgir tanto aos 10 minutos iniciais quanto aos 30 minutos. Se você sentar-se totalmente imóvel e já tiver passado por essa experiência, a sensação surgirá mais cedo. O movimento e a inexperiência a retardarão.

Se você não puder praticar durante 15 minutos, faça-o então durante 5 minutos. Se não puder praticar até mesmo durante 5 minutos, faça-o pelo menos durante 3 respirações. Essas respirações irão prolongar a prática — por pouco tempo. A repetição é importante. Os efeitos da meditação são cumulativos: eles se associam.

> O efeito das práticas espirituais é obtido como lucro ou capital. As práticas nem sempre produzem efeito enquanto a pessoa as está realizando, mas uma vez realizadas, jamais serão em vão. Elas são sementes espalhadas no solo da mente subconsciente da pessoa e devem dar frutos com o decorrer do tempo. Sem dúvida, as condições podem ser adversas, o que poderá retardar o resultado das práticas, mas isso não ocorre com freqüência. [Hazrat Inayat Khan][8]

Quarto estágio: Mantenha o esquema diário durante seis dias por semana. Medite sempre na mesma hora, no mesmo lugar. Se estiver viajando, mantenha o que foi planejado, adaptando-o ao horário local. No sétimo dia, medite sempre que tiver vontade. Talvez você queira que sua meditação se prolongue por mais tempo nesse dia.

> Embora todo o corpo, a mente e a alma estejam unidos na meditação, é importante ter uma hora definida ou períodos delimitados para meditar, conciliar o tempo pessoal de tal modo que haja horas para trabalhar, divertir-se e comer, estudar e meditar, e manter esse horário tanto quanto possível. [Hazrat Inayat Khan][9]

Quinto estágio: Obedeça a seqüência dos capítulos deste livro, só prosseguindo depois de se inteirar do principal objetivo de cada capítulo. Deixe o restante para o estágio seguinte. (O primeiro conjunto de fitas gravadas contém este material.) Anote minuciosamente o planejamento de leitura feito por você mesmo, da maneira a seguir, mas com datas específicas:

Semana	Capítulo
1	3 — Postura e ambiente
2	4 — Respiração consciente
3	5 — Respiração rítmica
4	6 — Exalação total
5	7 — Retenção da respiração
6	8 — Respiração e batimento cardíaco
7	9 — Respiração direcionada
8	11 — Respiração da Terra
7	12 — Respiração da Água
10	13 — Respiração do Fogo
11	14 — Respiração do Ar
12	Respirações da Terra, da Água, do Fogo e do Ar
13–26	Repita as respirações da Terra, da Água, do Fogo e do Ar, dedicando mais tempo ao elemento do qual você acha necessitar mais nessa semana

Sexto estágio: Depois de realizar sozinho a Prática do Ritmo do Coração durante seis meses, é extremamente recomendável que você procure um instrutor PSI e consiga uma avaliação e recomendações.

Sétimo estágio: Para a segunda metade do ano, o seu esquema irá depender das recomendações do instrutor PSI. Uma possibilidade seria a releitura de cada seção, dessa vez demorando-se mais em cada uma delas.

Semana	Capítulo
27	Todo o Capítulo 3
28	Todo o Capítulo 4
29–37	Todos os Capítulos de 5 a 14, aprofundando-se mais em cada seção
38	Respirações da Terra, da Água, do Fogo e do Ar
39–52	Respirações da Terra, da Água, do Fogo e do Ar, seguidas de uma meditação sem um objetivo intrínseco que surja no momento

Oitavo estágio: Faça uma pausa após cada objetivo no livro e verifique por si mesmo se pode fazer o que o objetivo descreve, antes de passar para o objetivo seguinte.

Nono estágio: Quando terminar o último objetivo na Respiração do Ar, você estará pronto para o curso seguinte na Meditação PSI. Para receber autorização para a realização desse curso, você necessitará fazer um curso sobre a Prática do Ritmo do Coração ou demonstrar a sua proficiência a um instrutor PSI em uma sessão particular.

Um Grupo sem Instrutor
BENEFÍCIOS DA PRÁTICA EM CONJUNTO

A seguir, eis algumas vantagens genéricas em fazer parte de um grupo de Prática do Ritmo do Coração.

Primeiro, qualquer pessoa pertencente ao seu grupo pode comprovar a sua experiência com a Prática do Ritmo do Coração. Geralmente, dispõe-se de um simples aparelho eletrônico que mostra o seu batimento cardíaco. Ele permite demonstrar que você sente seu coração bater e comprova essa sensação. Com o instrumento preso ao seu dedo indicador, há uma emissão de luz sem que você a veja; a outra pessoa pede que você produza um som quando sentir o seu batimento cardíaco. Ela pode, então, verificar se os seus sons correspondem aos sinais luminosos do instrumento, tanto quando você prende a respiração como quando você a altera.

Outra maneira de verificar o seu batimento cardíaco é realizar a Respiração Simétrica enquanto observa o instrumento que revela as batidas do coração. Se você já realizou essa prática, sabe que o sucesso obtido através dela requer mais do que o simples conhecimento dessa técnica. A habilidade para manter a Respiração Simétrica, na qual o batimento cardíaco e o padrão da respiração estão em harmonia, requer harmonia e estabilidade em suas emoções, e paz em lugar de medo. Atingir isso é uma grande realização de integração pessoal e espiritual.

A segunda razão para se realizar a Prática do Ritmo do Coração em grupo é que a meditação é muito mais fácil em grupo do que sozinho, principalmente quando você está no início do aprendizado. O aprendizado não exige um instrutor tanto quanto um grupo de outras pessoas que estejam empenhadas nisso.

Os estudantes de assuntos espirituais, combinando seus esforços, criam uma atmosfera, uma área de silêncio e tranqüilidade, o centro de vibrações puras, que se transforma num centro de cura. As pessoas geralmente crêem em peregrinações para obtenção de curas e algumas não acreditam em curas miraculosas, mas isso é um erro. A fé das pessoas, suas orações, cria aquela atmosfera e as que são saudáveis curam realmente o doente, e o doente, na região daqueles átomos purificados, fica são. [Hazrat Inayat Khan][10]

Há um motivo para que as pessoas meditem em grupo, com ou sem um instrutor ou líder. O trabalho do instrutor ou líder tem como objetivo a união de todos, mantê-los em harmonia, como o regente de uma orquestra mantém em harmonia os músicos e seus instrumentos. Na orquestra, não são apenas os instrumentos que devem estar afinados uns com os outros, mas os próprios músicos. Na sala de meditação, a atmosfera ajuda a sintonizar os corações dos discípulos, levando-os, por assim dizer, a um nível de consonância. [Hazrat Inayat Khan][11]

Surgirão problemas em sua meditação, outras pessoas poderão se lembrar das soluções por experiência própria ou a partir de uma interpretação diferente das instruções contidas neste livro. Também surgirão problemas em sua vida, e os outros poderão ajudá-lo a ajustar a Prática do Ritmo do Coração aos desafios que você enfrenta.

Terceiro, você conhecerá pessoas maravilhosas. Irá sentir-se desarmado, em paz, vulnerável e compreendido por um grupo de pessoas com o qual você partilha uma profunda e intensa experiência emocional. É uma experiência vital para se viver de acordo com o coração.

FORMAÇÃO DE UM GRUPO

Uma maneira de encontrar um grupo do Ritmo do Coração é deixar um recado na livraria que vende este livro. Outra maneira é colocar um aviso no *site* do Instituto PSI na Internet.

Se for possível, seu grupo deve destinar um espaço exclusivamente para a Prática do Ritmo do Coração, ou utilizar um espaço que seja destinado apenas à meditação. Esse lugar irá produzir uma sensação maravilhosa. Uma segunda opção será a utilização de um aposento que seja usado para propósitos reservados e contemplativos, como uma dependência de uma igreja, de um templo, ou de uma biblioteca. Uma terceira opção seria a de usar um espaço que seja utilizado para outros propósitos mas está habitualmente disponível para o grupo, como um aposento na casa de um dos membros. Uma quarta opção seria uma sala que tenha diversas finalidades em uma instituição pública como uma escola ou um centro comunitário.

Cada aspecto da formação de um grupo é a própria prática de viver de acordo com o coração. Você precisará envolver todos os elementos do coração em seu grupo, para desenvolver, por exemplo:

Qualidade do Grupo	*Elemento*
Desejo de compreender profundamente a si mesmo e essa prática	Ar
Entusiasmo pela prática	Fogo
Amizade e aceitação	Água
Segurança e comprometimento	Terra

Segurança significa tanto discrição e privacidade quanto confiabilidade e firmeza do grupo. Os encontros devem ser realizados todas as semanas à mesma hora e no mesmo local. (Ver "Faça um Planejamento" neste capítulo.) *Amizade* entre os participantes e para com os recém-chegados é uma característica natural do coração. *Entusiasmo* provém da compreensão de como a prática é importante tanto para a sua vida mundana quanto para a sua vida espiritual. Sua felicidade é partilhar essa prática com outras pessoas: para ajudá-las e para ser por elas estimulado e ajudado. Tudo isso favorece o objetivo da *compreensão* — de que maneira a respiração e os ritmos do coração afetam a si mesmo e aos outros? Com essa compreensão, você pode melhorar seu estado de saúde, manter relacionamentos mais profundos, ser mais autêntico e mais alegre, e mais útil para os outros.

O material com o qual vocês vão trabalhar é a experiência do grupo com a prática, tanto no local da reunião quanto fora dele, na vida. Depois de uma prática, partilhe a sua experiência com o grupo. Será útil e servirá de incentivo, para os outros ouvir tanto as suas dificuldades quanto os seus sucessos obtidos através dela. Relate também o modo como a prática funciona em sua vida, tão minuciosamente quanto possível. Persista na sua experiência, aquela que é real e mais útil do que qualquer explicação.

Sugiro que vocês alternem a liderança do grupo. Quando for a sua vez de liderá-lo, seus pensamentos deverão tratar de como ser útil. Você deve decidir que preparativos devem ser feitos de antemão. Pode querer que sejam feitos preparativos físicos como alongamento ou exercícios de ioga. A atmosfera deve ser criada mediante a utilização de música, incenso, silêncio ou abraços amistosos, de acordo com a sua intuição. Você pode repassar as instruções dos capítulos iniciais deste livro, prosseguindo até o atual capítulo.

Depois, selecione que parte deste capítulo deverá ser lida e o que dizer em suas próprias palavras. Determine o ritmo da prática para que o grupo possa segui-lo e também não se impaciente. Você pode ter de adaptar o ritmo a membros do grupo que tenham iniciado mais cedo ou mais tarde que os outros e que, por esse motivo, possuem diferentes aptidões. Depois que a prática acabar, você pode prolongar a reunião, estimulando os participantes a relatar suas experiências.

Quando estiver na liderança, a coisa mais importante que você deve fazer é transmitir os sentimentos de seu coração através de sua voz, ajudando os outros a encontrar o próprio coração, a penetrar nos sentimentos ali existentes, a reverenciar o que descobrirem, e a se sentirem seguros na Prática do Ritmo do Coração.

A vantagem para você como líder do grupo é que irá aprender cada vez mais. Mesmo que você já conheça a prática, irá estudar o que já aprendeu. Não sabemos o quanto sabemos até que tenhamos de ensiná-lo.

O grupo pode debater se deve repetir o mesmo capítulo na semana seguinte ou se deve avançar para outro capítulo. O debate é também uma maneira de praticar a vida a partir do coração. Não há necessidade de uma aprovação imediata, é melhor ouvir todos os participantes do grupo. Cada um irá progredir a uma velocidade diferente, dependendo de sua experiência e de sua personalidade. Às vezes, se a experiência de um capítulo o estiver confundindo, a melhor maneira de "consegui-la" é avançar para a próxima experiência.

Ao determinar o ritmo do grupo, você também necessitará contrabalançar o aprendizado da prática com a sua aplicação. Algumas pessoas desejarão demorar-se por mais tempo em um capítulo, como o que trata da exalação plena, acreditando que o resultado aparecerá. Há diferentes métodos de aprendizado, e eles devem ser adaptados.

UM EXEMPLO

Anyville, 1997. Um grupo do Ritmo do Coração sem instrutor está reunido. Algumas pessoas eram amigas há anos e descobriram um interesse comum na meditação. Algumas delas estabeleceram uma conexão através do diretório que o Instituto PSI mantém na Internet. A mãe de uma das participantes veio inicialmente estimulada pela filha, e então descobriu que gostou disso. Um recado que um deles colocou no quadro de avisos da igreja atraiu outra pessoa. Não houve problema em reunir um grupo de dez, sete dos quais vieram em uma semana. A estabilidade do grupo é ajudada pela manutenção constante do local de reunião.

A liderança se alterna por diversos motivos. Primeiro, ninguém se sente instruído o suficiente para assumir a responsabilidade de ser um "professor".

Segundo, o grupo geralmente tem muito cuidado com "reuniões", e nenhum dos participantes está procurando "envolver-se" com alguma coisa. Terceiro, uma oportunidade de partilhar a liderança é parte da atração.

A reunião começa com uma invocação ou declaração de fé e de objetivo comum:

> No caminho para o Uno, a perfeição do amor, da harmonia e da beleza, o Ser Único, unido com todas as almas iluminadas que constituem a corporificação do espírito de orientação. [Hazrat Inayat Khan][12]

Depois da invocação, os participantes do grupo se apresentam. "Alguém gostaria de partilhar alguma coisa, antes que a prática tenha início?" pergunta o líder do dia. "Diversos problemas podem estar envolvidos na escuta das batidas do coração." Uma pessoa fala a respeito de seus conflitos com o planejamento, outra fala das dificuldades em seu casamento. Ninguém está ali para culpar os outros. Os desafios da vida são vistos como dilemas interiores. Não há nenhuma discussão a respeito dos relatos das pessoas, talvez com exceção de uma questão de esclarecimento. Mas todos são tocados pelas revelações dos outros e, manifestando os seus sentimentos, oferecem apoio e empatia mútua.

Hoje à noite é a vez de David conduzir a reunião. Ele pensou nisso durante toda a semana desde a última reunião, mas não "preparou" nada. Ele confia no seu inconsciente, principalmente pelo fato de ele ter sido direcionado pelo foco de uma semana e inspirado pelas próprias meditações diárias. O grupo vem se reunindo há um ano, assim eles já examinaram todos os capítulos deste livro, gastando de uma a três semanas em cada um deles. Agora, estão na Parte 3 em sua segunda revisão. Eles se apóiam mutuamente na tentativa de atingir os objetivos de cada capítulo, mas nem sempre os atingem. Seja como for, o grupo prossegue, e quase sempre uma pessoa consegue atingi-los mais tarde. Se isso não ocorrer, há sempre mais uma releitura. Eles continuam a fazer isso até consegui-lo, ou decidem tentar no curso seguinte.

David está lendo uma seção que estimula o debate. No início, os participantes do grupo costumavam tentar superar-se mutuamente devido ao seu zelo, ou à intensidade dos fenômenos que vivenciavam, ou à sua perspicácia, ou ao seu nível de compreensão. Parte dessa competitividade permanece, mas todos sabem como soa uma voz que fala a partir de sua verdadeira experiência, de tal forma que a maneira de falar a verdade torna-se o padrão. As palavras que manifestam opiniões e conjecturas tornam-se óbvias por contraste. Os participantes defendem suas opiniões como verdadeiras, falando a respeito de suas experiências na meditação e aplicando-as à vida. O objetivo comum é saber executar a Prática do Ritmo do Coração e relacionar-se com os outros utilizando essa prática. Eles já descobriram que, até certo ponto, podem fazer voltar aquele estado no meio da vida, quando dele necessitarem. A todos foi conferida a esperança de mudar as coisas que quiserem mudar e realizar aquilo que quiserem realizar.

David lê as instruções para a prática, desde o início, pulando estágios à medida que acha necessário, concentrando-se nas novas instruções. A leitura delas em voz alta constitui uma grande ajuda, permitindo assim que todos mantenham os olhos fechados. O próprio estado meditativo de David, transmitido através de suas palavras, inspira os outros participantes. Todos eles dizem a mesma coisa — que meditar em grupo é sempre mais fácil e melhor do que meditar sozinho. Alguma coisa acontece nesse momento que faz com que todos partilhem na criação e na aceitação. Mas eles também praticam sozinhos para melhorar sua experiência e sua habilidade.

Através desse processo, eles criaram um conjunto de experiências partilhadas em comum que raramente se desenvolve em grupos, e esse processo os mantém totalmente próximos. Tendo partilhado as batidas de seus corações, acham fácil manifestar entre si o que lhes vai no coração. Não ficam reticentes, mas estão abertos e vulneráveis. Tornaram-se versados em compartilhar, em permanecerem em silêncio e na mais íntima permuta, na respiração e nas batidas do coração. Eles olharam-se mutuamente através dos olhos que permanecem abertos por sua consciência interior e viram a face que está por trás da face — o belo semblante da alma de uma outra pessoa. Tendo visto de relance o que uma pessoa foi, é mais fácil ver o que ela será. Essa é a sagrada responsabilidade que eles conservam entre si — lembrar quem são quando esquecem. "Lembro quem é você quando você esquece, e você lembra quem eu sou quando eu esqueço." Eles podem fazer isso por causa da Prática do Ritmo do Coração.

Um Grupo com um Instrutor

Se você considera seu instrutor seu irmão ou sua irmã, isso é verdade; se você considera seu instrutor seu amigo, isso também é verdade; e se você considera seu mestre espiritual seu servo, isso também é verdade. Além disso, não há espaço para discussão. [Hazrat Inayat Khan][13]

O trabalho do professor é ajudar outra pessoa a aprender por si mesma, a desenvolver-se e a descobrir o que é verdade e o que não é. Não há ensinamentos a serem ministrados. Não há princípios a afirmar. Não há preceitos aos quais a vida dos discípulos deva estar restrita. O mestre é apenas um guia ao longo do caminho. O mestre é apenas aquele que acende a luz que já está no discípulo. [Hazrat Inayat Khan][14]

AS VANTAGENS DE SE TER UM INSTRUTOR

Meditar em um grupo é mais fácil do que meditar sozinho, e meditar com um instrutor é ainda mais fácil. Um instrutor é alguém que é totalmente versado numa prática e no seu método de ensino. Um instrutor já foi anteriormente um estudante. Ele ou ela é considerado um instrutor quando tiver demonstrado proficiência na prática, tanto na técnica como na aplicação.

É fácil tornar-se um instrutor, mas difícil tornar-se um aluno. [Hazrat Inayat Khan][15]

Há fundamentalmente quatro vantagens em se trabalhar com um instrutor. Primeira: o instrutor "abre a janela", influenciando a experiência da consciência superior de todo o grupo. A "janela" é o limite que normalmente existe na capacidade das pessoas de atingir um estado de meditação. O instrutor já aprendeu não apenas a meditar, mas também a manter a janela aberta para todo um grupo de pessoas. Uma técnica específica que se aprende com um instrutor permite que o grupo ultrapasse facilmente os limites normais.

O instrutor pode, por estar presente, fazer os ajustes para vibrações ainda mais puras. Assim, há pelo menos uma vantagem em se ter um instrutor que é mais que um guia, que pode elevar a atmosfera de um ambiente. Não importa qual seja a fé das pessoas, suas orações e suas atitudes também ajudam a potencializar a atmosfera de uma capela, de uma sala de reuniões ou de um templo. [Hazrat Inayat Khan][16]

A respiração do instrutor é, por assim dizer, a escada através da qual o estudante sobe no seu caminho para Deus. A respiração do instrutor serve para determinar o ritmo na meditação e também para purificar a atmosfera. Quanto mais sutis as vibrações de um ambiente, maior o benefício para os que participam em silêncio. Se o aluno for capaz de ajustar sua respiração à do professor, isso é ainda mais proveitoso. Ao mesmo tempo, o instrutor faz o que pode para atingir o coração de cada aluno em sua presença. [Hazrat Inayat Khan][17]

Antes de você ter aprendido a atingir o estado de meditação, é muito difícil imaginar o que é isso. Lembro-me quando meu filho que ainda caminhava com passos incertos entrou pela primeira vez em uma piscina. Ele estava com medo, confuso e não tinha idéia do que fazer. Com uma mão embaixo da barriga dele, mantive-o na superfície enquanto ele movimentava os braços para todos os lados. Ele estava extasiado! Obviamente sentia-se bem, e tinha uma sensação de que podia realmente nadar! Meditar com um instrutor é a mesma coisa. Requer muito pouco esforço, é completamente seguro e a pessoa sente-se maravilhosamente bem.

Depois de uma ou muitas dessas experiências, o estudante novato irá querer aprender a realizá-la sozinho. Então a contribuição do instrutor deixa de ser uma intervenção direta, uma "abertura da janela", para transformar-se no ensino das técnicas e atitudes necessárias para abrir a própria janela da pessoa.

A segunda vantagem em se trabalhar com um instrutor é que ele pode verificar a experiência dos participantes do grupo com as Respirações dos Elementos. Essa verificação é feita quando o instrutor PSI senta-se em um lugar diretamente oposto ao participante e medita com ele. O instrutor experimenta sensações dentro de si mesmo que repercutem na energia que o participante sente em seu interior. Conseqüentemente, o instrutor pode sentir a imediata expansão do campo magnético do coração de uma outra pessoa na Respiração da Terra, o Fluxo de energia PSI descender para eles durante a Respiração da Água, a luz de seus corações na Respiração do Fogo e a atmosfera de sacralidade na Respiração do Ar. Não existe atualmente nenhum instrumento para medir esses fenômenos, mas a pessoa pode aprender a senti-los, e é para fazer isso que os instrutores de PSI são treinados.

Terceira vantagem: o instrutor mostra como se relacionar com a Prática do Ritmo do Coração. Ele é o exemplo de alguém que está tentando viver de acordo com o coração.

Expressar isso como um objetivo não é muito comum e deixa o instrutor vulnerável às críticas. Ter um ideal elevado é um elemento (fogo) do coração e, à medida que aprendemos a viver de acordo com o coração, queremos ter nossos ideais inspirados e confirmados por um exemplo vivo. No entanto, o instrutor pode ter um ideal diferente, pode estar trabalhando com diferentes aspectos da vida a partir do coração, ou pode simplesmente falhar, como ocorre às vezes com todo mundo. Quando analisam o exemplo do instrutor, os participantes do grupo podem demonstrar que compaixão e aceitação são também elementos (água) da vida a partir do coração. Você deve manter seus ideais, mas ajustá-los a si mesmo, dedicar compaixão e aceitação aos outros, até a seus instrutores.

Finalmente, pensar em seu instrutor tornará a sua meditação mais fácil quando você estiver sozinho. Muitas coisas a respeito da meditação não podem ser ensinadas, mas podem ser percebidas. Quando se sentar para meditar, pense que está em conexão com o seu instrutor e que está meditando ao mesmo tempo que ele ou ela. Você descobrirá que os seus obstáculos costumeiros são removidos.

Quanto mais o aluno permanece em silêncio diante do instrutor, mais fácil é harmonizar a respiração do instrutor e do aluno. É assim que o aluno recebe o encorajamento do instrutor. Isso pode não ter nada de especial. No entanto, significa que o coração torna-se mais sensível e através dessa sensibilidade pode crescer em saber, perspicácia, compaixão e amor. [Hazrat Inayat Khan][18]

COMO ENCONTRAR UM INSTRUTOR

Em todas as partes dos Estados Unidos e da Europa existem instrutores competentes que estão prontos a partilhar a metodologia da Prática do Ritmo do Coração conforme está descrita neste livro. Alguns desses instrutores possuem um certificado do Instituto PSI e seguem o método meticulosamente. Seus conhecimentos são ministrados pelo Instituto e irão enriquecer e ampliar a prática. Outros instrutores atingiram níveis mais adiantados de aprendizado da Meditação PSI e incorporaram esses métodos à Prática do Ritmo do Coração. Instrutores de outras escolas usam o material aqui apresentado para aperfeiçoar o método que aprenderam.

Quem quer que tenha um certificado de instrutores da Meditação PSI faz parte do corpo docente do Instituto PSI. Todo esse corpo docente utiliza o material PSI, inclusive este livro, para a Prática do Ritmo do Coração, seu manual de ensino, e prepara outros livros para os cursos posteriores sobre Meditação PSI. Os custos dos cursos PSI e de aperfeiçoamento e instrução pessoais são padronizados pelo corpo docente. O Instituto PSI o ajudará a localizar um instrutor que resida perto de você pela Internet, no endereço www.psi-institute.org.

UM EXEMPLO

Ipswich, 1995. Esta noite, no salão de reuniões do centro comunitário anexo a nossa casa, minha esposa e eu iremos dirigir um grupo de meditadores em um curso de Prática do Ritmo do Coração. Às oito horas, aproximadamente, o grupo começa a se reunir. Bill e Ken virão juntos de carro por morarem longe. Alima apanha Duncan no caminho. Liz vem a pé. Terry está participando do curso como continuação de um programa de treinamento PSI que ela fez no local de trabalho. Teresa foi encaminhada por seu neurologista. Lynn e Dave preferem vir juntos, mas às vezes chegam em ocasiões diferentes. Lisa telefonou lamentando não poder vir e pediu uma fita da sessão para permanecer atualizada. Charles vem diretamente do trabalho. Gail e Steve tomaram conhecimento do curso pela Internet e começaram com uma semana de atraso.

A maioria das pessoas traz um banquinho para se sentar. Charles prefere duas almofadas. Duncan precisa de uma cadeira por causa de seus joelhos; uma cadeira de espaldar reto está à sua disposição. Bill fica no sofá até chegar a hora de meditar; então ele muda para um banquinho. Liz prefere uma almofada em frente ao sofá. Os demais trazem um banco para meditar. Nós nos sentamos formando um círculo irregular para que todos possam ser vistos.

Todos ficam de olhos fechados. Rapidamente penetramos num estado de quietude interior. Susanna ou eu conduzimos a meditação, falando suavemente para o grupo a respeito dos estágios que necessitamos ultrapassar. Quando estou orientando, gosto de lembrar que estou em um refúgio, de frente para o sol, preenchendo-o com a luz do meu coração para que ele possa refleti-la. Cada pessoa do grupo torna-se um sol para mim, e interagimos em silêncio através da respiração e das batidas do coração.

A atenção de cada pessoa está voltada para o que está acontecendo em seu interior. Qualquer que seja a energia que estamos partilhando, ela parece emergir de dentro de cada um de nós, não do exterior. A energia nos proporciona uma sensação física definida, mas a experiência mais maravilhosa está acontecendo na nossa mente e nas nossas emoções e mudando a nossa maneira de pensar. Ela está solucionando problemas, respondendo indagações, removendo obstáculos e construindo um poderoso mecanismo do coração.

Fazemos isso juntos, e posso dizer o que está acontecendo no grupo porque também está acontecendo em mim. Às vezes, Susanna sente-se estimulada a falar quando estou calado, e ela eleva o nível, por assim dizer. Às vezes falo novamente, descrevendo a experiência que estou tendo ou dando uma instrução que irá provocar uma outra mudança.

As horas passam sem ninguém notar. Uma hora e meia pode passar se o grupo tiver experiência, sem que ninguém se queixe da absoluta tranqüilidade ou se perca nos espaços etéreos da mente. Uma palavra ocasional, fazendo lembrar a todos nós a técnica ou a aplicação desse estado, nos mantém em sintonia com nosso coração.

Então nos deslocamos mais um pouco, e os olhos vêem o exterior daquele mundo que vínhamos sentindo no interior. As mais belas visões são os olhos de cada uma das outras pessoas.

Notas

Introdução

1. Hazrat Inayat Khan, "Githa 3, Dhyana 3", in *Complete Works of Pir-o-Murshid Hazrat Inayat Khan, Original Texts: Lectures on Sufism* [Obras completas de Pir-o-Murshid Hazrat Inayat Khan, textos originais: Palestras sobre o sufismo], 1923, vol. I, janeiro-junho (Londres/The Hague: East-West Publications, 1989), pp 307-8.
2. Hazrat Inayat Khan, "The Secret of Breath" [O segredo da respiração], in *The Sufi Message of Hazrat Inayat Khan* [A mensagem sufista de Hazrat Inayat Khan], *vol. 4, Healing and the Mind World* [A cura e o mundo mental] (Londres: Barrie and Rockliff, 1960-64), p. 191.
3. Jelal-ud-Din Rumi, *The Mathnavi* [O Mathnavi], (Londres: Luzac & Co., 1925-40).
4. É uma interessante coincidência o fato de os sufistas muçulmanos estarem às vezes organizados em escolas dirigidas por um *Pir*, ou superior, que pode ter um ou mais estudantes velhos chamados *Sheiks*. O diretor da escola deve então ser citado como "Sheiks' Pir", que soa como o nome do bardo inglês.
5. Idries Shah, *The Sufis* [Os sufistas], (Nova York, Anchor Doubleday, 1971), p. 257.
6. Vilayat Inayat Khan, *Toward the One* [Rumo à unicidade] (Nova York: Harper and Row, 1974).
7. *Biography of Pir-o-Murshid Hazrat Inayat Khan* [Biografia de Pir-o-Murshid Hazrat Inayat Khan] (Londres: East-West Publications, 1979); Vilayat Inayat Khan, *The Message of Our Time: The Life and Teachings of the Sufi Master Pir-o-Musrshid Inayat Khan* [A mensagem de nosso tempo: A vida e os ensinamentos do mestre sufista Pir-o-Murshid Inayat Khan] (São Francisco: Harper and Row, 1978); e Jean Overton Fuller, *Noor-un-nisa Inayat Khan (Madeleine)* (Roterdã: East-West Publications, 1971).

8. Hazrat Inayat Khan, "Seeking for the Ideal" [Em busca do ideal], in *The Sufi Message of Hazrat Inayat Khan, Vol. 9, The Unity of Religious Ideals* [A mensagem sufista de Hazrat Inayat Khan, vol. 9, A unidade dos ideais religiosos] (Londres: Barrie and Rockliff, 1960-64), p. 28.

Capítulo 1: O que é a Prática do Ritmo do Coração?

1. Hazrat Inayat Khan, "Aphorisms" [Aforismas], in *The Complete Sayings of Hazrat Inayat Khan* [As máximas completas de Hazrat Inayat Khan] (New Lebanon, N.Y.: Sufi Order Publications, 1978), p. 181.
2. "Over the River and Through the Woods" [De um lado a outro do rio e através do bosque], canção.
3. Atribuído a Hazrat Inayat Khan.
4. Herbert Benson, *The Relaxation Response* [A reação do relaxamento] (Nova York: William Morrow, 1976).
5. Herbert Benson e Mary Stark, *Timeless Healing: The Power and Biology of Belief* [A cura infinita: o poder e a biologia da fé] (Nova York: Scribner, 1996).
6. Hazrat Inayat Khan, "Gayan, Boulas", in *Complete Sayings* [Máximas completas], p. 251.
7. Hazrat Inayat Khan, "Githa 3, Dhyana 3", in *Complete Works* [Obras completas], 1923, I, pp. 305-6.
8. Hazrat Inayat Khan, "Mystic Relaxation" [Relaxamento místico], in *Sufi Message* [Mensagem sufista], vol. 4, p. 168.
9. Hazrat Inayat Khan, "Sanghata 2", in *Complete Works of Pir-o-Murshid Hazrat Inayat Khan, Original Texts: Lectures on Sufism* [Obras completas de Pir-o-Murshid Hazrat Inayat Khan, textos originais: Palestras sobre o sufismo], 1922, I, janeiro-agosto (Londres/The Hague: East-West Publications, 1990), p. 465.
10. Hazrat Inayat Khan, "Gatha 1, Insight 1, Safa", in *The Sufi Message of Hazrat Inayat Khan* [A mensagem sufista de Hazrat Inayat Khan], vol. 13, *The Gathas* [Os Gâthâs] (Katwijk aan Zee, Holanda: Servire BV, 1982), p. 51.
11. Lawrence LeShan, *How to Meditate: A Guide to Self-Discovery* [Como meditar: um guia para a descoberta de si mesmo] (Boston: Little, Brown, 1974), p. 60.
12. Hazrat Inayat Khan, "Githa 3, Dhyana 2", in *Complete Works* [Obras completas], 1923, I, pp 305-6.
13. Vilayat Inayat Khan, citação que contribuiu para este livro.
14. Hazrat Inayat Khan, "Sangatha 1, Riyazat", in *Esoteric Papers* [Ensaios esotéricos] (inédito).
15. Hazrat Inayat Khan, "Sangatha 2", in *Complete Works* [Obras completas], 1922, vol I, p. 465

16. Hazrat Inayat Khan, "Mystic Relaxation" [Relaxamento místico], in *Sufi Message* [Mensagem sufista], vol.4, p. 172.
17. Vilayat Inayat Khan, citação que contribuiu para este livro.
18. Hazrat Inayat Khan, "Githa 3, Dhyana 3", in *Complete Works* [Obras completas], 1923, vol. I, pp. 307-8.
19. Hazrat Inayat Khan, "Gayan, Ragas", in *Complete Sayings* [Máximas completas], p. 63.
20. Hazrat Inayat Khan, "Nirtan, Gamakas", in *Complete Sayings* [Máximas completas], p. 164.
21. Hazrat Inayat Khan, "Githa 1, Dhyana 1", in *Complete Works* [Obras completas], 1923, vol. I, p. 225.

Capítulo 2: Os Benefícios e os Elementos

1. Hazrat Inayat Khan, "Githa 2, Dhyana 1" in *Complete Works* [Obras completas] 1923, vol. I, p. 265.
2. Hazrat Inayat Khan, "Insight", in *Sufi Message* [Mensagem sufista], vol. 4, p. 220.
3. Pir Vilayat e eu nos encontramos com "Dave" e Pir teve imediatamente a sensação de que ele mesmo era culpado.
4. Hazrat Inayat Khan, "Insight", in *The Sufi Message of Hazrat Inayat Khan* [A mensagem sufista de Hazrat Inayat Khan], vol. 3, *The Alchemy of Happiness* [A alquimia da felicidade] (Londres. Barrie and Rockliff, 1960-64), p. 22.
5. Hazrat Inayat Khan, "Poetry", in *The Sufi Message of Hazrat Inayat Khan* (A mensagem sufista de Hazrat Inayat Khan), vol. 10, *The Path of Initiation* [O caminho da iniciação] (Londres. Barrie and Rockliff, 1960-64), p. 208.
6. Vilayat Inayat Khan, uma expressão corriqueira.
7. Hazrat Inayat Khan, "Gatha 3, Metaphysics 2, Sympathy", in *Sufi Message* [Mensagem sufista], vol. 13, p. 270.
8. Dalai Lama, "Forward", in *Thoughts Without a Thinker, Psychotherapy from a Buddhist Perspective* [Pensamentos sem um pensador, psicoterapia sob uma perspectiva budista] (Nova York, Harper Collins Publishers, 1995), por Mark Epstein.
9 Hazrat Inayat Khan, *Tales Told by Hazrat Inayat Khan* [Histórias narradas por Hazrat Inayat Khan], New Lebanon, (Nova York, Sufi Order Publications, 1980), p. 7.

Capítulo 3: Postura e Ambiente

1. Hazrat Inayat Khan, "Githa 1, Dhyana 1" in *Complete Works* [Obras completas], 1923, vol. I, pp. 223-4.
2. Hazrat Inayat Khan, "Githa 2, Dhyana 7", in *Complete Works* [Obras completas], 1923, vol. I p. 287.

3. Itzhak Bentov, *Stalking the Wild Pendulum. On the Mechanics of Consciousness* [Busca com a utilização de um pêndulo rústico: sobre a mecânica da consciência] (Rochester, Vt.: Destiny Books, 1977), p. 42.
4. Hazrat Inayat Khan, "Githa 1, Dhyana 3A", in *Complete Works* [Obras Completas], 1923, vol. I, p. 233.
5. Hazrat Inayat Khan, "Sangitha 1, Ta'lim" , in *Esoteric Papers* [Ensaios esotéricos] (inédito).
6. Hazrat Inayat Khan, "Githa 1, Dhyana 3", in *Complete Works* [Obras completas], 1923, vol. I, p. 231.
7. Jalal al-Din Rumi, *The Essential Rumi* [O Rumi essencial], trad. Coleman Barks (São Francisco: Harper, 1995).
8. "Till There Was You", canção.
9. Hazrat Inayat Khan, "Gatha 1, Kashf 10, Insight", in *Sufi Message* [Mensagem sufista], vol. 13, p. 61.
10. Hazrat Inayat Khan, "Githa 1, Dhyana 1", in *Complete Works* [Obras Completas], 1923, vol. I, pp. 223-4.
11. *Bíblia Sagrada*, Marcos 7:18-20.
12. *Bíblia Sagrada*, Marcos 16:18.
13. Hazrat Inayat Khan, "Gatha 1, Everyday Life 5, Inner Ablutions", in *Sufi Message* [Mensagem sufista], vol. 13, pp. 212-3.
14. Hazrat Inayat Khan, "Sangitha 2, Riyazat", in *Esoteric Papers* [Ensaios esotéricos] (inédito).

Capítulo 4: Respiração Consciente

1. Hazrat Inayat Khan, "Gatha 1, Breath 3, Prana" in *Sufi Message* [Mensagem sufista], vol. 13, p. 138.
2. Hazrat Inayat Khan, "Gatha 1, Breath 1, The Power of the Breath", in *Message Sufi* [Mensagem Sufista], vol. 13, p. 135.
3. Hazrat Inayat Khan, "Gatha 2, Breath 10, Communication Through the Breath", in *Sufi Message* [Mensagem sufista], vol. 13. p. 156.
4. "smell" [cheiro], na *Encyclopedia Britanica*, na Internet www.eb.com.
5. Hazrat Inayat Khan, "Githa 1, Astar ul-Ansar 6", in *Esoteric Papers* [Ensaios esotéricos] (inédito).
6. *Webster's Ninth New Collegiate Dictionary*.
7. Hazrat Inayat Khan, "Vadan, Boulas", in *Complete Sayings* [Máximas completas], p. 118.
8. Hazrat Inayat Khan, "Aphorisms", in *Complete Sayings* [Máximas completas], p. 196.
9. Hazrat Inayat Khan, "Unlearning", in *Sufi Message* [Mensagem sufista], vol. 4, p. 109.
10. Hazrat Inayat Khan, "Githa 1, Pasi Anfas 3" in *Esoteric Papers* [Ensaios esotéricos] (inédito).

11. Hazrat Inayat Khan, "Githa 2, Dhyana 6", in *Complete Works* [Obras completas], 1923, vol. I, p. 283.
12. Hazrat Inayat Khan, "Githa 1, Dhyana 7", in *Complete Works* [Obras completas], 1923, vol. I, p. 287.
13. Essa regra é semelhante ao "Princípio da variável" de Heisenberg na Física.

Capítulo 5: Respiração Rítmica

1. Hazrat Inayat Khan, "Githa 1, Dhyana 2A", in *Complete Works* [Obras completas], 1923, vol. I, p. 229.
2. Hazrat Inayat Khan, "Githa 3, Shafayat 4", in *Esoteric Papers* [Ensaios esotéricos] (inédito).
3. Hazrat Inayat Khan, "Mental Purification", in *Sufi Message* [Mensagem sufista], vol. 4, p. 168.
4. Ibid., pp. 165-66.
5. Hazrat Inayat Khan, "Sangatha 2, Ryazat" in *Esoteric Papers* [Ensaios esotéricos] (inédito).
6. Hazrat Inayat Khan, "Githa 1, Dhyana 2", in *Complete Works* [Obras completas], 1923, vol. I, p. 227.
7. Hazrat Inayat Khan, "Gayan, Talas", in *Complete Sayings* [Máximas completas] p. 73.
8. Hazrat Inayat Khan, "Mental Purification", in *Sufi Message* [Mensagem Sufista], vol. 4, p. 168.
9. Hazrat Inayat Khan, "Githa 2, Ryazat", in *Esoteric Papers* [Ensaios esotéricos] (inédito).
10. Ibid.

Capítulo 6: Exalação Plena

1. Hazrat Inayat Khan, "Sangitha 1, Ryazat", in *Esoteric Papers* [Ensaios esotéricos] (inédito).
2. *Webster's Ninth New Collegiate Dictionary.*
3. Hazrat Inayat Khan, "Nirtan, Chalas", in *Complete Saying* [Máximas completas], p. 174.
4. Hazrat Inayat Khan, *Tales* [Contos], p. 198.
5. Hazrat Inayat Khan, "Githa 1, Dhyana 1", in *Complete Works* [Obras completas], 1923, vol. I, p. 225.
6. Hazrat Inayat Khan, "Gayan, Alapas", in *Complete Sayings* [Máximas completas], p. 7.

Capítulo 7: Retenção da Respiração

1. Hazrat Inayat Khan, "Githa 1, Dhyana 3", in *Complete Works* [Obras completas], 1923, vol. I, p. 231.

2. Hazrat Inayat Khan, "Githa 1, Dhyana 2", in *Complete Works* [Obras completas], 1923, vol. I, p. 227.
3. Hazrat Inayat Khan, "Gatha 2, Saluk 4, Morals: The Training of the Ego", in *Sufi Message* [Mensagem sufi], vol. 13, p. 185.
4. Até os balões de ar quente elevam-se pela força de gravidade, da mesma forma que os submarinos vêm à superfície. Se não houvesse gravidade, nem os balões nem os submarinos poderiam subir. Os aviões voam através do princípio da sustentação, uma propriedade de um fluido em movimento. Nenhum material é imune à gravidade.

Capítulo 8: Respiração e Batimentos Cardíacos

1. Hazrat Inayat Khan, "Githa 3, Dhyana 2", in *Complete Works* [Obras completas], 1923, vol. I, pp. 305-6.
2. Hazrat Inayat Khan, "Githa 3, Dhyana 1", in *Complete Works* [Obras completas], 1923, vol. I, p. 303.
3. Hazrat Inayat Khan, "Githa 3, Dhyana 4", in *Complete Works* [Obras completas], 1923, vol. I, pp. 309-10.
4. Hazrat Inayat Khan, "Gatha 1, Tasawwuf 2, Metaphysics", in *Sufi Message* [Mensagem sufista], vol. 13, p. 245.
5. Hazrat Inayat Khan, "The Secrete of Breath", in *The Sufi Message of Hazrat Inayat Khan*, vol. 2, *The Mysticism of Sound* [O misticismo do som] (Londres: Barrie and Rockliff, 1960-64), p. 47.
6. Hazrat Inayat Khan, "Githa 3, Dhyana 3", in *Complete Works* [Obras completas], 1923, vol. I, pp. 307-8.
7. Hazrat Inayat Khan, "Githa 1, Dhyana 1", in *Complete Works* [Obras completas], 1923, vol. I, p. 225.
8. Hazrat Inayat Khan, "Githa 2, Ryazat", in *Esoteric Papers* [Ensaios esotéricos] (inédito).
9. Hazrat Inayat Khan, "Mystic Relaxation", in *Sufi Message* (Mensagem sufista], vol. 4. pp. 165-6.
10. Ibid.
11. Hazrat Inayat Khan, "Githa 3, Dhyana 3", in *Complete Works*, [Obras Completas], 1923, vol. I, pp. 307-8.

Capítulo 9: Respiração Direcionada

1. Peter Tompkins, *The Secret Life of Plants* [A vida secreta dos vegetais] (Nova York: Harper and Row, 1973).
2. Hazrat Inayat Khan, "Githa 1, Breath", in *Sufi Message* [Mensagem sufista], vol. 13, p. 135.

Capítulo 10: Os Quatro Elementos

1. Hazrat Inayat Khan, "The Mysticism of Sound and Music", in *Sufi Message* [Mensagem sufi], vol. 2, p. 124.
2. Hazrat Inayat Khan, "Githa 1, Mysticism, The Direction of the Elements", in *Esoteric Papers* [Ensaios esotéricos] (inédito).
3. Hazrat Inayat Khan, "Sangatha 1", in *Esoteric Papers* [Ensaios esotéricos] (inédito).
4. Ibid.
5. Hazrat Inayat Khan, "Githa 2, Esotericism, Purification of the Breath", in *Esoteric Papers* [Ensaios esotéricos] (inédito).
6. Hazrat Inayat Khan, "Healing and the Mind World", in *Sufi Message* [Mensagem sufista], vol. 4, p. 28.
7. Ibid.
8. Ibid.
9. Hazrat Inayat Khan, "Gatha 2, Everyday Life, The Purity of the Body", in *Sufi Message* [Mensagem sufista], vol. 13, p. 219.

Capítulo 11: O Elemento Terra

1. Hazrat Inayat Khan, "Githa 3, Mysticism, The Universe in Man", in *Esoteric Papers* [Ensaios esotéricos] (inédito).
2. *Bíblia Sagrada*, Mateus 16:18.
3. Hazrat Inayat Khan, "Vadan, Tanas", in *Complete Sayings* [Máximas completas], p. 110.
4. Hazrat Inayat Khan, "Gayan, Chalas", in *Complete Sayings* [Máximas completas], p. 36.

Capítulo 12: O Elemento Água

1. Hazrat Inayat Khan, "Pearls from the Ocean Unseen", in *The Sufi Message of Hazrat Inayat Khan* [A mensagem sufista de Hazrat Inayat Khan], vol. 5, *Spiritual Liberty* [Liberdade espiritual] (Londres: Barrie and Rockliff, 1960-64), p. 195.
2. Vilayat Inayat Khan, 'Purification Breaths", in *The Retreat Manual* [Manual do recolhimento] (New Lebanon, NY, The Sufi Order Publications, 1980), p. 6.
3. Ibid., p. 7.
4. Hazrat Inayat Khan, "The Law of Rhythm", in *The Sufi Message of Hazrat Inayat Khan* [A mensagem sufista de Hazrat Inayat Khan], vol. 11, *Philosophy, Psychology, Mysticism* [Filosofia, psicologia, misticismo] (Londres: Barrie and Rockliff, 1960-64), p. 46.
5. Vilayat Inayat Khan, "Purification Breaths", in *The Retreat Manual* [Manual do recolhimento], p. 6.

6. Um califa é um líder numa escola sufista.
7. Jalal al-Din Rumi, *The Essential Rumi* [O Rumi essencial], p. 199.
8. Hazrat Inayat Khan, 'Gayan, Tanas", in *Complete Sayings* [Máximas completas], p. 78.
9. Vilayat Inayat Khan, "Purification Breaths", in *The Retreat Manual* [Manual do recolhimento].
10. Hazrat Inayat Khan, "Gayan, Chalas", in *Complete Sayings* (Máximas completas], p. 42.

Capítulo 13: O Elemento Fogo

1. Hazrat Inayat Khan, "Githa 1, Esotericism, Zikr", in *Esoteric Papers* [Ensaios esotéricos] (inédito).
2. Hazrat Inayat Khan, "Githa 1, Mysticism, The Form of the Elements", in *Esoteric Papers* [Ensaios esotéricos] (inédito).
3. Vilayat Inayat Khan, "Purification Breaths", in *The Retreat Manual* [Manual do recolhimento], p. 9.
4. Hazrat Inayat Khan, "Vadan, Alankaras", in *Complete Sayings* [Máximas completas], p. 78.
5. Vilayat Inayat Khan, "Tools of Meditation" [Instrumentos de meditação] (Seattle: Sufi Order International, 1996), p. 31.
6. Ibid., p. 9.
7. Jalal al-Din Rumi, *The Essential Rumi* [O Rumi essencial], p. 43.
8. *Bíblia Sagrada*, Marcos 1:8
9. Vilayat Inayat Khan, uma expressão corriqueira.
10. Elisabeth Kubler-Ross, *On Death and Dying* [Sobre a morte e o moribundo] (Nova York: Macmillan, 1969).
11. Vilayat Inayat Khan, "The Cosmic Celebration" [A celebração cósmica], uma peça teatral dramática e culto religioso envolvendo todas as religiões.
12. Vilayat Inayat Khan, "Tools of Meditation" [Instrumento de meditação], p. 31.
13. Hazrat Inayat Khan, "Zarathustra", in *The Sufi Message of Hazrat Inayat Khan* [A mensagem sufista de Hazrat Inayat Khan], vol. 9, *The Unity of Religious Ideals* [A unidade dos ideais religiosos] (Londres, Barrie and Rockliff, 1960-64), p. 176.
14. Hazrat Inayat Khan, *The Sufi Message of Hazrat Inayat Khan* [A mensagem sufista de Hazrat Inayat Khan], vol. 3, *The Art of Personality* [A arte da personalidade] (Londres: Barrie and Rockliff, 1960-64), p. 223.
15. Hazrat Inayat Khan, "Cosmic Language: Inspiration", *Sufi Message*, vol. 2, pp. 261-2.
16. Hazrat Inayat Khan, "The Bowl of Saki, June 18", in *Complete Sayings* [Máximas completas], p. 244.

Capítulo 14: O Elemento Ar

1. Hazrat Inayat Khan, "Githa 1, Mysticism 3", in *Esoteric Papers* [Ensaios esotéricos] (inédito).
2. Hazrat Inayat Khan, "Githa 1, Asrar ul-Ansar 6", in *Esoteric Papers* [Ensaios esotéricos] (inédito).
3. Jalal al-Din Rumi, *The Essential Rumi* [O Rumi essencial].
4. Hazrat Inayat Khan, "Vadan, Alankaras", in *Complete Sayings* [Máximas completas], p. 95.
5. Hazrat Inayat Khan, "The Privilege of Being Human: Truth", in *The Sufi Message of Hazrat Inayat Khan* [A mensagem sufista de Hazrat Inayat Khan] vol. 8, *Sufi Teachings* [Ensinamentos sufistas], (Londres, Barrie and Rockliff, 1960-64).
6. Hazrat Inayat Khan, "Vadan, Talas", in *Complete Sayings* [Máximas completas], p. 130.
7. Hazrat Inayat Khan, "Vandan, Gamakas", in *Complete Sayings* [Máximas completas], p. 111.
8. "Detachment" [Desapego], Webster *Ninth New Collegiate Dictionary*, (Merriam-Webster Inc., Primeira edição digital, NEXTSTEP, 1988).
9. Hazrat Inayat Khan, "Gayan, Boulas", in *Complete Sayings* [Máximas Completas], p. 19.
10. Vilayat Inayat Khan, "Purification Breaths", in *The Retreat Manual* [Manual do retiro], p. 15.
11. Vilayat Inayat Khan, *Rehearsal for Life* [Preparação para a vida] (inédito), p. 82.
12. Hazrat Inayat Khan, "Vadan, Ragas", in *Complete Sayings* [Máximas completas], pp. 103-4.
13. Hazrat Inayat Khan, "Harmony", *Sufi Message* [Mensagem sufista], vol. 2, p. 31.
14. Ibid.
15. Ibid.

Capítulo 15: Problemas Comuns com a Meditação

1. Hazrat Inayat Khan, *Mastery Through Accomplishment* [Domínio através da realização] (New Lebanon, N.Y.: Sufi Order Publications, 1978), p 173.
2. Hazrat Inayat Khan, "Sangitha", in *Esoteric Papers* [Ensaios esotéricos] (inédito).
3. Ibid.
4. Hazrat Inayat Khan, "Gatha 3, Metaphysics 2, Sympathy", in *Sufi Message* [Mensagem sufista], vol. 13, p. 270.

Capítulo 16: Prática Individual ou em Grupo

1. Hazrat Inayat Khan, "Githa 1, Dhyana 5", in *Complete Works* [Obras completas], 1923, vol. I, p. 239.
2. Hazrat Inayat Khan, "Sangitha", in *Esoteric Papers* [Ensaios esotéricos], (inédito).
3. Ibid.
4. Ibid.
5. Ibid.
6. Ibid.
7. Ibid.
8. Ibid.
9. Ibid.
10. Ibid.
11. Ibid.
12. Hazrat Inayat Khan, "The Invocation".
13. Hazrat Inayat Khan, "Class for Mureeds: Mureedship", in *Classes for Mureeds* [Aulas para Murreeds].
14. Hazrat Inayat Khan, "Mysticism VII", in *The Supplementary Papers"* [Ensaios adicionais] (inédito).
15. Hazrat Inayat Khan, "Gayan, Boulas", in *Complete Sayings* [Máximas completas], p. 28.
16. Hazrat Inayat Khan, "Sangitha", in *Esoteric Papers* [Ensaios esotéricos] (inédito).
17. Ibid.
18. Ibid.